国家社科基金
GUOJIA SHEKE JIJIN HOUQI ZIZHU XIANGMU
后期资助项目

动态技术外部性、创新竞争与国家的长期经济增长

Dynamic Technological Externalities, Innovation Competition and the Long-term Economy Growth of Countries

刘毅群　著

ZHEJIANG UNIVERSITY PRESS
浙江大学出版社
·杭州·

图书在版编目（CIP）数据

　　动态技术外部性、创新竞争与国家的长期经济增长 /
刘毅群著. —杭州 :浙江大学出版社，2022.12
　　ISBN 978-7-308-23400-9

　　Ⅰ.①动… Ⅱ.①刘… Ⅲ.①中国经济－经济增长－
研究 Ⅳ.①F124.1

　　中国国家版本馆 CIP 数据核字(2022)第 242426 号

动态技术外部性、创新竞争与国家的长期经济增长

刘毅群　著

策划编辑	吴伟伟
责任编辑	陈思佳(chensijia_ruc@163.com)
责任校对	李　琰
封面设计	周　灵
出版发行	浙江大学出版社
	（杭州市天目山路 148 号　邮政编码 310007）
	（网址:http://www.zjupress.com）
排　　版	浙江时代出版服务有限公司
印　　刷	杭州钱江彩色印务有限公司
开　　本	710mm×1000mm　1/16
印　　张	13.75
字　　数	250 千
版 印 次	2022 年 12 月第 1 版　2022 年 12 月第 1 次印刷
书　　号	ISBN 978-7-308-23400-9
定　　价	68.00 元

国家社科基金后期资助项目
出版说明

后期资助项目是国家社科基金设立的一类重要项目,旨在鼓励广大社科研究者潜心治学,支持基础研究多出优秀成果。它是经过严格评审,从接近完成的科研成果中遴选立项的。为扩大后期资助项目的影响,更好地推动学术发展,促进成果转化,全国哲学社会科学工作办公室按照"统一设计、统一标识、统一版式、形成系列"的总体要求,组织出版国家社科基金后期资助项目成果。

全国哲学社会科学工作办公室

前　言

　　本书是我在博士学位论文基础上改写而成的。博士学位论文完成时间是 2014 年 10 月，距今已 8 年有余。重新审阅博士学位论文，我发现其论点仍有一定现实意义。首先，它强调了创新竞争的重要意义。在 2014 年，不同经济体之间的创新竞争并未受到像如今一样的广泛重视。当时中国经济发展进入转折点，强调新发展理念，但是创新竞争问题并不显得突出。2018 年以后，随着中美经贸摩擦升级，创新竞争问题受到全球重视。其次，它研究了全球半导体产业的动态竞争问题，强调了技术外溢对产业发展产生了重要影响。2018 年以后，美国政府针对中国企业加强了技术封锁，限制技术产品向中国出口。全球经济发展环境有所转变，探索中国的创新发展道路非常重要。在国家社会科学基金的资助下，我对博士学位论文进行了修改和完善，补充了相关论点。

　　中国经济的长期增长与国际竞争力取决于自身创新能力发展，而这一创新能力的构建离不开"巨人的肩膀效应"。创新发展本身就是不同个体间互动的过程。技术知识具有一定的非竞争性、非排他性和累积性。如果中国与世界其他经济体形成良好的竞争互动，在吸收全球技术成果的同时加速中国劳动力结构转变，就能为创新增长奠定基础，也能助推全球创新增长。本书强调技术外溢在技术资本形成与产业竞争中的动态效应，并分析其作用发挥的限制性条件，就不同经济体的增长差异给出一定解释。

　　第一章是导论，它呈现了第二次世界大战以来全球不同经济体之间的增长差异，强调创新发展差异与不同经济体之间的增长差异有重要关联。

　　第二章是文献回顾，梳理了经济增长理论、产业组织理论、区域经济增长理论以及知识产权政策理论等相关研究，重点分析了技术外溢在这些理论中的作用机制，指出了现有研究的不足。

　　第三章构建了一个基于技术外溢以及不同类型企业之间的竞争互动的产业创新增长模型。模型强调技术外溢可以强化产业竞争，它降低了新企业的进入门槛，并促使在位企业加大研发投入，使得整个产业脱离低速创新增长的不利状态。利用 2005—2007 年的中国工业企业数据做了实证分析，结果显示：外资企业进入中国市场促进了新的内资企业产生，并且，新进入企业也促成对内资在位企业、外资企业的竞争压力，促使其加大研发投入，这种竞争效应不仅显著且随着新进入企业的成长而增大。对外开放与竞争互动是中国工业加速创新发展的重要原因。

第四章探究了外溢吸收投资的限制性因素及其影响。技术外溢并非来自"天堂的甘露"，它需要一定的消化吸收投资。产业竞争、产业发展的周期性、企业技术资本累积过程中的报酬递增效应以及来自其他领域的投资比较收益是影响企业外溢技术消化吸收投资的重要因素，它们使得异质性企业的发展具有路径依赖特性，并成为企业间发展差异扩大化的重要原因。利用 Osiris 数据库的全球 4467 家上市公司的数据进行实证检验，结果显示：企业的市场地位，即企业的市场份额，由企业的相对技术资本水平与外溢吸收投资决定。逆周期的外溢吸收投资能够在一定程度上改变企业的市场地位。企业从一个经济体获得的外溢吸收效应要强于其从所在城市获得的外溢吸收效应，这表明技术外溢效应在适度空间范围内发挥作用，受到产业竞争、溢出多样性以及交易成本等因素影响。

第五章研究了全球半导体产业的动态竞争，分析了在技术创新赶超过程中企业即期 R&D（研发）投入与以往累积的技术资本所发挥的作用。在推进新一代技术发展中，如果企业的即期 R&D 投入与前期累积的技术资本发挥替代性作用，那么后发企业有机会通过实施战略性 R&D 投入实现赶超，战略性 R&D 投入可以弥补其在技术资本累积方面的劣势。反之，如果这种关系为互补性的，那么后发企业的赶超变得困难。利用 1990—2015 年全球半导体产业中的 146 家企业的数据进行分析，结果显示：企业的技术资本影响其市场地位，当企业的技术专利累积量占全球的专利总量的比例提升 1% 时，它可以获得 0.38% 的市场份额；在创新发展中，R&D 投入与技术资本作用呈现替代关系，企业的 R&D 投入增加可以减少对技术资本的依赖，它使得技术专利累积量的市场效应从 0.38% 降低到 0.13%。这表明后发企业通过策略性 R&D 投入能够赶超领先企业。

第六章探讨了歧视性技术外溢限制政策对不同经济体的高科技产业发展的影响。理论模型显示，开放的市场竞争与针对特定经济体的技术外溢限制政策相结合使得部分具有发展潜力的经济体的高科技产业发展反而滞后，并促成非受限经济体形成产业发展的动态比较优势，最终导致经济体间的产业发展差异。利用 Osiris 数据库的 60 个行业的 2988 家企业的数据进行了实证分析，检验了《瓦森纳协议》中的技术外溢限制对中国高科技产业发展的影响,结果显示:外溢限制政策导致中国 15 个受限行业平均每年每个行业少产生近 1 家上市公司。技术外溢限制政策对中国的高科技产业发展产生显著的负面效应。

第七章分析了产业竞争与合作创新激励,指出如果合作成员之间的技术外溢形成的互补效应大于替代效应,就存在合作创新激励。互补效应不仅来自技术外溢形成的创新成本节约,也来自合作成员对外市场竞争力整体提升产生的收益。本书还比较了技术分享协议、研发联盟和 R&D 合资三种合作模式的创新绩效。

第八章是结论,提出了促进中国创新发展的相关建议。本书强调保持高水平对外开放是促进中国经济创新发展的关键。开放发展不仅能获得技术外溢,形成有效的竞争互动,还能促进中国要素结构转变,为创新发展奠定坚实基础。

最后,我要感谢导师黄先海教授。黄老师将我引入经济学研究领域,指导研究中国经济增长问题,我从黄老师的指导中受益很多。我要感谢同门师兄弟和浙江财经大学的同事们,与他们的交流让我受益匪浅。我还要感谢家人,正是有她们的关心、支持,我才有足够时间进行思考并完成本书写作。书中不当之处,请读者批评指正。

刘毅群

2022 年 12 月

目　录

第一章 导 论

一、全球经济增长差异

探寻经济增长的动因一直是经济研究的重点。第二次世界大战以来，全球经济增长呈现显著差异。部分发展中经济体成功转型为发达经济体，而另一部分发展中经济体长期陷入增长停滞，还有一些发达经济体实现了低速但持续的经济增长。什么因素导致了不同经济体之间的增长差异呢？新一阶段的全球经济增长呈现何种特征？如何更好地推进中国经济的长期增长？这些问题值得探究。

依据世界银行提供的数据（见表1-1），如果选取2019年人口总数大于500万人且人均GDP超过8000美元的经济体作为样本，可以发现以下特征：

第一，全球有42个经济体符合此标准，占全球217个经济体[1]的19. 35%。按照联合国的衡量标准，一个经济体的人均GDP达到8000美元，意味着它达到中上等发达经济体的经济发展水平。因此，全球达到这一标准的经济体约占1/5。

第二，在42个经济体中，有24个经济体在1960—2019年的GDP年均增长率超过3%；有12个经济体的GDP年均增长率分别在1960—2019年、1960—1980年、1981—2000年、2001—2019年都超过3%，它们分别是：智利、中国、哥斯达黎加、多米尼加、中国香港、以色列、韩国、马来西亚、波兰、新加坡、斯洛伐克、土耳其[2]。这表明全球只有5.53%的经济体实现了持续性经济增长并在2019年达到中上等发达经济体的经济发展水平。

第三，考察1961年人均GDP水平相对较低的经济体，发现仅有少数经济体实现了跨越式增长。例如，1961年，世界的人均GDP水平为451美元，

---

[1] 部分经济体未纳入世界银行统计范围。

[2] 波兰、捷克、斯洛伐克等前社会主义经济体在1960—1990年的增长数据缺失。

低于这一初始人均 GDP 水平且获得较快经济增长的经济体仅有 7 个：哥斯达黎加、多米尼加、中国、中国香港、马来西亚、韩国和新加坡①。"后发优势"并未在一些发展中经济体的经济增长中得到体现。"后发优势"理论由美国经济史学家格申克龙（Gerchenkron）于 1962 年提出，他在分析落后经济体的经济发展时指出，落后经济体可以通过大量引进先进经济体的机器设备和技术而实现工业化快速发展。世界银行（2008）的报告也显示：二战以来只有少数经济体获得了快速且持续性的经济增长，它们包括博茨瓦纳、巴西、中国、中国香港、印度尼西亚、日本、韩国、马来西亚、马耳他、阿曼、新加坡、中国台湾和泰国共 13 个经济体。

表 1-1 42 个经济体的经济增长

经济体	GDP 年均增长率/%				人均 GDP /美元	R&D 投入占 GDP 比例/%			
	1960—2019 年	1960—1980 年	1981—2000 年	2001—2019 年	2019 年	1996 年	2015 年	2017 年	2018 年
阿联酋	4.82	16.23	2.86	3.88	43103	—	0.90	—	1.30
阿根廷	2.42	3.39	1.73	2.13	9912	0.42	0.62	0.54	—
澳大利亚	3.44	4.05	3.37	2.86	55057	1.67	1.92	1.87	—
奥地利	2.74	4.20	2.43	1.54	50122	1.58	3.05	3.05	3.17
比利时	2.63	4.13	2.13	1.59	46345	1.73	2.46	2.70	2.82
保加利亚	1.87	—	0.24	3.59	9828	0.42	0.96	0.75	0.77
巴西	3.97	7.35	2.20	2.29	8717	—	1.34	1.26	—
加拿大	3.28	5.03	2.24	2.55	46190	1.61	1.70	1.67	1.57
瑞士	1.66	1.30	1.73	1.79	81989	2.45	3.37	3.37	—
智利	4.03	3.70	4.70	3.68	14896	—	0.38	0.36	—
中国	8.17	5.60	9.90	9.04	10217	0.56	2.07	2.15	2.19
哥斯达黎加	4.50	5.84	3.69	3.93	12244	0.30	0.42	0.42	—
捷克	2.08	—	0.61	2.85	23490	0.89	1.93	1.79	1.93
德国	1.96	2.91	2.14	1.27	46468	2.14	2.91	3.04	3.09
丹麦	2.43	3.51	2.39	1.34	60213	1.81	3.05	3.05	3.06
多米尼加	5.30	6.67	4.22	4.99	8282	—	—	—	—

---

① 上述分析样本中未包括中国台湾。中国台湾在 1960—2019 年也取得了快速且持续性的经济增长。

续表

经济体	GDP 年均增长率/%				人均GDP/美元	R&D 投入占 GDP 比例/%			
	1960—2019 年	1960—1980 年	1981—2000 年	2001—2019 年	2019 年	1996 年	2015 年	2017 年	2018 年
西班牙	3.40	5.55	2.88	1.67	29565	0.79	1.22	1.21	1.24
芬兰	2.83	4.19	2.78	1.45	48771	2.45	2.89	2.76	2.77
法国	2.79	4.69	2.30	1.29	40496	2.22	2.27	2.21	2.20
英国	2.40	2.68	2.72	1.76	42329	1.59	1.67	1.70	1.72
希腊	2.85	6.62	1.58	0.21	19581	—	0.96	1.13	1.18
中国香港	5.92	9.03	5.41	3.35	48713	—	0.76	0.80	0.86
匈牙利	2.29	—	1.72	2.56	16730	0.63	1.36	1.35	1.55
以色列	5.00	6.71	4.95	3.25	43589	2.59	4.26	4.82	4.95
意大利	2.38	4.78	2.05	0.22	33226	0.95	1.34	1.38	1.40
日本	3.61	6.97	2.92	0.81	40247	2.69	3.28	3.21	3.26
哈萨克斯坦	3.01	—	−3.35	6.35	9813	—	0.17	0.13	0.12
韩国	7.37	9.45	8.63	3.85	31846	2.26	4.22	4.55	4.81
墨西哥	3.83	6.76	2.71	1.93	9946	0.25	0.43	0.33	0.31
马来西亚	6.32	7.40	6.63	4.86	11414	0.22	1.30		
荷兰	2.83	4.22	2.78	1.41	52295	1.84	1.98	1.98	2.16
挪威	3.09	4.46	3.14	1.60	75420	—	1.93	2.09	2.07
波兰	3.79	—	3.81	3.79	15695	0.64	1.00	1.03	1.21
葡萄牙	3.24	5.76	3.10	0.73	23214	0.55	1.24	1.33	1.37
罗马尼亚	2.33	—	−1.09	4.13	12913	0.67	0.49	0.50	0.51
俄罗斯联邦	0.83	—	−3.56	3.37	11585	0.97	1.10	1.11	0.99
沙特阿拉伯	5.04	14.74	0.79	3.38	23140	—	—	—	—
新加坡	7.21	9.13	7.47	4.92	65233	1.32	2.18	1.94	—
斯洛伐克	3.93	—	3.95	3.93	19266	0.89	1.17	0.88	0.83
瑞典	2.57	3.35	2.17	2.17	51648	—	3.26	3.40	3.34
土耳其	4.71	4.77	4.52	4.83	9127	0.45	0.88	0.96	—
美国	3.03	3.67	3.39	1.98	65298	2.45	2.72	2.82	2.84
世界	3.48	4.61	2.95	2.84	11433	1.97	2.09	2.14	2.27

注："—"表示数据缺失。数据来自世界银行数据库。

第四,在 42 个经济体中,2018 年或 2017 年的 R&D 投入占 GDP 比例接近或超过 2% 的有 17 个,它们分别是奥地利、比利时、捷克、瑞士、德国、丹麦、中国、芬兰、法国、以色列、日本、韩国、荷兰、挪威、新加坡、瑞典、美国,它们绝大部分是发达经济体。其中,韩国和以色列的 R&D 投入占 GDP 比例接近 4.8%,远高于其他经济体。中国、新加坡、韩国和以色列是既能保持较高速度经济增长又拥有较高的 R&D 投入占 GDP 比例的经济体。世界平均的 R&D 投入占 GDP 比例在 2% 左右。这表明发达经济体和发展中经济体在创新发展中呈现较大差异,只有达到较高的人均 GDP 水平的经济体才会加大创新投入。不过,也有像中国这样的少数发展中经济体成功转向创新发展,它们的创新强度正在接近或超过发达经济体。这一特征也表明实现创新驱动转型发展并不容易。

第五,不同地区 GDP 增长差异显著(见表 1-2)。一方面,后期人口红利的国家(地区)在 1960—2019 年的 GDP 年均增长率最高,为 5.24%;东亚与太平洋地区的 GDP 年均增长率也较高,为 5.11%。另一方面,欧盟、北美和东亚与太平洋地区是世界经济中的三大创新中心,其 2017 年、2018 年的 R&D 投入占 GDP 比例均超过 2%,且逐年递增,其中北美地区的创新强度最大。

表 1-2 不同地区的 GDP 增长

国家(地区)	GDP 年均增长率/%				人均 GDP /美元	R&D 投入占 GDP 比例/%		
	1960—2019 年	1960—1980 年	1981—2000 年	2001—2019 年	2019 年	1996 年	2017 年	2018 年
世界	3.48	4.61	2.95	2.84	11433	1.97	2.14	2.27
中欧和波罗的海	2.76	—	1.52	3.41	16298	0.73	1.09	1.21
东亚与太平洋地区	5.11	6.42	4.44	4.42	11503	2.22	2.36	2.51
欧洲与中亚地区	2.19	3.16	2.07	1.82	24743	1.65	1.97	1.98
欧盟	2.19	3.37	2.32	1.44	34913	1.70	2.17	2.18
拉丁美洲与加勒比地区	3.54	5.79	2.30	2.47	8870	—	0.71	—
北美	3.05	3.80	3.28	2.03	63343	2.39	2.73	2.74
经合组织成员	3.06	4.42	2.91	1.79	39482	2.12	2.51	2.58
后期人口红利	5.24	6.36	3.57	5.82	9972	—	1.73	1.85

国家（地区）	GDP 年均增长率/%				人均GDP/美元	R&D 投入占 GDP 比例/%		
	1960—2019 年	1960—1980 年	1981—2000 年	2001—2019 年	2019 年	1996 年	2017 年	2018 年
人口红利之后	2.99	4.37	2.86	1.69	45615	2.17	2.59	2.64
中高等收入	4.70	5.72	3.13	5.29	9014	—	1.53	1.73
高收入	3.09	4.47	2.91	1.82	44612	2.16	2.55	2.59

资料来源：世界银行数据库。

二、经济增长理论与增长因素

影响经济增长的因素很多，对此，不同的理论也有不同的解释。对于不同的经济体而言，影响经济增长的因素也不同。Solow(1957)的新古典增长理论将资本要素积累作为最重要的增长因素。资本要素包括生产所用的机器设备、厂房和基础设施等。工业化生产建立在大规模制造的基础上，通过资本要素积累实现生产的扩张。并且，新古典增长理论认为，初始人均GDP 水平低的经济体的资本要素边际投资回报率较高，因而其有着更强的投资激励和更高的经济增长率。新古典增长理论预测发展中经济体通过资本要素积累可以实现与发达经济体的人均 GDP 水平收敛。

不过，对此的反对意见也很多。Baumol(1986)、Abramovitz(1986)并未发现大部分经济体之间存在收入差距绝对收敛的证据，并指出存在其他因素影响了增长收敛。Abramovitz(1986)认为制度差异、技术吸收能力等因素影响了收入差距收敛。Barro and Sala-I-Martin(1995，1997)、Barro(1998)提出了所谓的"条件收敛"，即稳态的人均 GDP 水平除了与资本要素积累有关，还取决于储蓄倾向、人口增长率和公共教育等。[①] Lucas(1988)发现资本要素并不倾向于流向发展中经济体，发展中经济体具有较高的资本要素回报率是存在疑问的。Mankiw et al.(1992)引入了人力资本变量，

[①] 条件收敛是指初始人均 GDP 对 GDP 增长率的影响是有条件的，即在控制某些解释变量后，才能预测具有更低的初始人均 GDP 水平的经济体有着更高的增长率。这些解释变量包括受教育程度、预期寿命、公共教育开支、投资比率(I/Y)、政府消费和贸易条件等。值得注意的是，经济增长与 I/Y 之间的关系很微弱。两者之间的关系反映了经济增长对投资倾向的影响，I/Y 趋于随着受教育程度、预期寿命的上升而上升。

拓展了"资本"概念,在广义资本条件下,资本要素积累造成的边际收益递减倾向有所减弱。这可以解释为何那些拥有更高的人力资本水平的发达经济体可以保持一定的持续性增长。

对于一些发展中经济体而言,工业生产资本积累也存在一定困难。市场规模过小、民众的收入普遍过低和储蓄不足,这些因素导致投资激励不足。另外,发展中经济体的各个经济部门之间缺乏联动,也容易陷入"低增长循环"的困境(Murphy et al.,1989)。

20 世纪 80 年代末,Romer(1986,1990)、Lucas(1988,1990)等提出新增长理论,为发达经济体的持续性增长提供了解释。Lucas(1990)提出一个问题:"为何资本不从富国流入穷国?"如果穷国具有较高的投资回报率,那么为何资本要素不从富国流入穷国? 这一问题引发了经济学界对经济增长机制的重新思考。沿着 Young(1928)提出的报酬递增经济思想,Romer(1986,1990)和 Lucas(1988,1990)将技术外部性引入增长理论中,强调技术外部性的存在使得经济体可以突破报酬递减规律,进而获得持续性增长。Grossman and Helpman(1991)、Aghion and Howitt(1992)拓展了 Schumpeter(1934,1942)的创新发展理论,建立了以产品质量升级为核心的"创造性破坏"发展理论,完善了新增长理论的微观基础。

新增长理论让创新发展得到重视。R&D 投入、教育等成为解释经济增长的重要因素。对于发达经济体而言,创新在实现长期经济增长中的作用尤为突出。如图 1-1 所示,1996—2018 年,几乎所有类型的经济体的 R&D 投入占 GDP 的比例都有提升,其中发达经济体的 R&D 投入比例一直处于相对高的水平。不过,包括中国在内的少数发展中经济体的 R&D 投入比例的提升也很快,与发达经济体的差距在不断缩小。

图 1-2 显示了人均 GDP 增长率与 TFP 增长率[①]之间的关系。TFP 增长率是衡量创新发展的一个重要指标。从图 1-2 来看,人均 GDP 增长率与 TFP 增长率紧密正相关,说明 TFP 增长率是收入增长的重要保证。图 1-3 显示了世界其他经济体与美国的相对人均 GDP 水平与 TFP 增长率的关系,可以发现两个特征:一是低收入经济体的 TFP 增长率呈现出"两极分化"的趋势,一些经济体的 TFP 增长较快,而另一些经济体的 TFP 增长停滞,甚至倒退;二是与美国的人均 GDP 水平接近的经济体一般有着正的

---

① TFP 增长率的全称是"total factor productivity growth",即全要素生产率增长率,是衡量一个经济体的技术进步速度的变量。这里的数据来自荷兰格罗宁根大学的 GGDC 数据库。

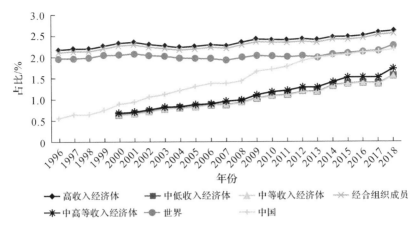

图 1-1　1996—2018 年不同经济体的 R&D 投入占 GDP 的比例

资料来源:世界银行数据库。

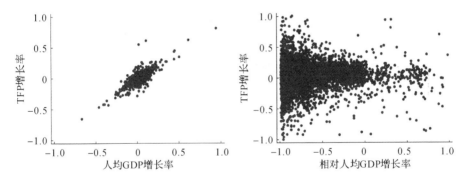

图 1-2　人均 GDP 增长与 TFP 增长　　图 1-3　相对人均 GDP 增长与 TFP 增长①

资料来源:Penn World Table。

TFP 增长率。这些特征表明:高收入经济体的 TFP 增长率尽管低于一些发展中经济体,但是其能实现持续性增长。

除此之外,一些学者还引入其他解释经济增长差异的因素,例如贸易开放(Helpman,2004;Grossman and Helpman,2015)、制度变革(North,1990;Acemoglu et al.,2001,2002)、要素禀赋差异以及发展中的路径依赖特性(Landes,1998;Sachs,2001)等。Alfaro et al.(2008)利用 1970—2000年的国家面板数据检验了"Lucas 悖论",研究结果表明制度质量是影响跨国资本流动的重要因素,间接地影响长期经济增长。

---

① 以美国为参照。

三、本书的研究问题

从经验数据来看,创新活动越来越重要,它已经成为一些高收入经济体经济增长的主要推动因素。但是,新增长理论在解释创新增长方面还存在一定缺陷。主要体现在以下方面:一是新增长理论中的规模经济问题。正如 Jones(1995,1999)所指出的,大多数基于 R&D 的创新增长模型具有规模经济效应。按照该理论推论:一个经济体的人口规模越大,其增长速率应该越高。但是这一推论与现实经济发展不相符。之所以出现这一情况是因为 Romer(1986,1990)的理论中假定技术外溢的无摩擦性,即技术外溢无限制地惠及他人,促进产品多样化发展。当一个经济体的规模较大时,这种基于外部性的经济增长理论自然有规模经济效应。Grossman and Helpman (1991)的"创造性破坏"理论中也有技术外部性,产品质量阶梯模型中的创新者能自动继承上一期的技术,推动产品创新。但是,实际中,技术外溢是有摩擦性和成本的,知识产权保护、技术信息的私有性、技术扩散的地理空间限制以及学习吸收能力、外溢限制政策等都使得这种基于技术外部性的经济增长受限。二是新增长理论较少讨论异质性个体之间的技术外溢与竞争互动。一方面,来自领先企业的技术外溢在一定程度上会促进后发企业与前者的竞争互动;另一方面,竞争互动也可能抑制后发企业的技术吸收投资。最终的产业创新绩效如何?现有研究较少讨论这些问题。

本书将讨论特定竞争条件下的技术外溢效应与创新增长机制,并指出技术外溢与市场竞争是推动创新发展的重要因素,不过,它们的作用发挥还存在一些限制性条件。本书讨论了五个主题(见图 1-4):一是技术领先企业与后发企业的竞争互动如何影响产业的创新增长,以及技术外溢在这种竞争互动中起到何种作用。本书的第三章给出了一个产业创新增长模型,并利用中国工业企业的微观数据来验证其中的作用机制。二是外溢技术吸收投资的限制性因素是什么,它们如何影响不同经济主体之间的发展差异。本书的第四章构建了一个基于技术资本差异的异质性企业竞争模型,探讨了产业竞争、企业的技术资本积累效应等对外溢吸收投资的影响以及它们最终如何影响企业的市场地位(市场份额)。[①] 三是探讨企业的创新函数中

---

① 外溢技术的边际收益问题很重要,它除了取决于外溢受益方的吸收能力,还取决于受益方的数量、产业竞争等因素。外溢技术的价值实际上具有很大的不确定性。

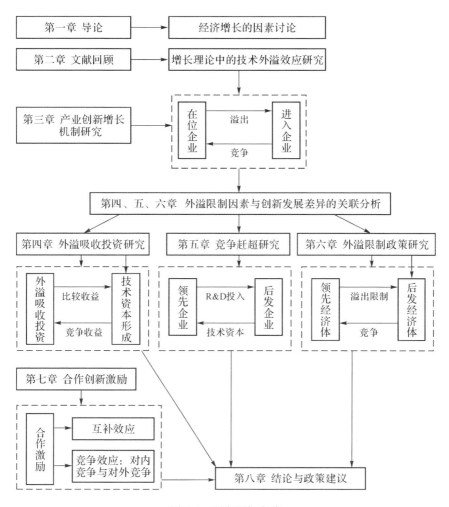

图 1-4 研究逻辑主线

前期累积的技术资本投入与即期 R&D 投入之间的关系性质以及对产业中的不同企业之间的竞争赶超的影响。本书的第五章指出,如果两种投入呈现替代关系,那么后发企业通过策略性地加大 R&D 投入可以抵消领先企业的技术资本积累优势,成功实现赶超。如果两种投入呈现互补关系,则竞争赶超变得困难。四是探讨了部分经济体针对特定经济体的外溢限制政策对不同经济体间的产业发展差异的影响。本书的第六章指出,这种外溢限制政策具有动态效应,它使得一些具有发展潜力的受限经济体的产业发展滞后,而非受限经济体可以借助外溢技术吸收加速技术资本的形成,从而形成动态比较优势,最终导致不同经济体的发展差异。五是探讨了产业竞争条件下不同企业之间的合作创新激励。本书第七章解析了技术外溢在合作成员之间形成的互补效应：如果互补效应超过了合作成员内部的竞争效应，就能为合作建立利益基础。第七章还进一步探讨了不同合作创新模式下的企业绩效。

四、相关概念

书中相关概念较多，其含义如表 1-4 所示。

表 1-4 本书相关概念的含义

相关概念	含　义
技术外部性	也称技术外溢效应。描述了一个经济体的技术发展对其他经济体产生的影响，这种影响并未通过市场交易获得补偿
动态技术外部性	技术外溢的长期影响。不仅对当期的生产活动和市场竞争产生影响，也通过技术资本等对长期生产活动和市场竞争产生影响
在位企业	产业竞争中的领先企业。能够获得较高利润，往往是技术外溢的源泉方
进入企业	技术外溢的受益方。需要通过一定的投资才能吸收外溢技术
创新进入	新企业进入市场，或者推出一个新产品，与在位企业展开市场竞争
竞争效应	技术外溢提升了受益方的技术水平，增加了对其他竞争对手的压力
互补效应	技术外溢节约了受益方的研发成本，或提升了合作方的对外竞争力和收益
溢出限制	将技术外溢限制在小范围内，例如针对特定经济体实施技术外溢的限制措施
外溢吸收投资	解读、吸收、利用外溢技术的投资。其中，R&D 投资具有两面性，一方面能开发新技术，另一方面能提升对外溢技术的吸收、利用
技术资本	企业或经济体的专业技术知识累积总量。在创新发展和产业竞争中发挥作用，其通过多期的 R&D 投资形成
技术分享协议	合作创新中各个企业独立地做出 R&D 投入决策，不将合作伙伴的收益考虑进 R&D 决策中；仅按协议分享技术，并在产品市场展开竞争
研发联盟	合作创新中各个企业独立地做出 R&D 投入决策，将合作伙伴的收益考虑进 R&D 决策中；按协议分享技术，并在产品市场展开竞争
R&D 合资	合作企业组建一个 R&D 实体，共同做出 R&D 投入决策；技术外溢系数达到最大；合作成员仍保留独立品牌，在产品市场展开竞争

五、可能的创新点

本书主要从技术外部性与异质性企业之间的竞争互动来解释产业创新增长机制,对不同企业或不同经济体之间的创新增长差异做出一定解释。本书可能的创新点在于:

第一,强调了技术外溢的动态效应。本书指出,技术外溢的动态效应是实现创新发展的重要机制之一。技术外溢促进了新企业进入,强化了市场竞争,能够促进技术资本和动态比较优势的形成。技术外溢与市场竞争一样,都能将不同的企业联系起来,相互作用,推动创新增长。技术外溢效应分析将经济个体的发展与整个经济系统的演进联系起来,强调了开放经济的重要性,从动态视角重新审视了生产资源的潜在价值和资源优化配置问题,为解析长期经济增长的因素提供了不同思维角度和关注点。本书的研究是对已有增长理论的补充。

第二,研究了技术外溢的限制性因素以及影响效应。本书指出市场竞争、企业的相对技术资本水平以及企业在其他领域投入的比较收益等是影响企业的外溢吸收投资的重要因素,并对企业间的发展差异产生长期影响。对于发展中经济体而言,它们实际上参与外溢技术吸收的机会并不多。人均 GDP 水平是影响经济体的 R&D 投入和外溢技术吸收的重要因素。大部分经济体的人均 GDP 在超过 2 万美元以后,其 R&D 投入占 GDP 的比例才大于 2%。在人均 GDP 水平较低阶段,产业竞争、技术资本积累不足和其他领域投入的比较收益使得发展中经济体未能融入到新技术革命中,致使其发展始终落后于其他经济体。相反,那些做出战略性 R&D 投资的经济体能够突破发展陷阱,将它的经济发展推向新的阶段。本书为发展中经济体的转型发展提供了参考建议。

第三,强调了技术资本积累对经济体实现长期增长的作用,探究了影响技术资本积累的因素。对于后发经济体而言,市场竞争、外溢限制不利于其技术资本形成,使得竞争赶超变得困难。但是产业技术更新、比较优势以及策略性技术吸收投资能够加快其技术资本形成,有利于竞争赶超。

第四,指出了企业间合作创新的利益基础以及合作模式选择的决定因素。本书强调合作创新中的互补效应和竞争效应之间的权衡是形成合作激励的关键,并将竞争效应区分为合作成员之间的内部竞争效应以及对外竞争效应。本书指出,战略互补是形成合作创新和外溢技术内部化的利益基础。

第二章　文献回顾[①]

本章梳理了有关技术外部性与经济增长的文献(参见表 2-1)。本章结构如下:第一部分介绍技术外部性理论的渊源;第二部分梳理技术外部性与新增长理论研究;第三部分梳理技术外部性与产业发展理论研究;第四部分梳理技术外部性与增长差异研究;第五部分梳理技术外部性与知识产权保护政策改革研究;第六部分梳理技术外部性与中国经济增长研究;第七部分是文献评述。

表 2-1　技术外部性主题的相关研究

	研究主题	主要文献及其内容
增长理论	技术外部性与新增长理论	Arrow(1962a)、Romer(1983,1986,1990)、Lucas(1988)以物质资本外部性(或"干中学")、知识资本外部性和人力资本外部性为基础构建了增长模型
	人力资本外部性实证研究	Helpman(2004)、Barro and Sala-i-Martin(1995)、Jones(2009)、Lucas and Moll(2011)讨论了人力资本外部性的性质及其在经济增长中的作用。Wuchty et al.(2007)、Azoulay et al.(2010)、Waldinger(2010,2012)、Agrawal et al.(2018)等对不同个人间的合作创新绩效进行了经验研究
产业组织理论	技术外溢与产业内竞争合作研究	D'Aspremont and Jacquemin(1988)、Kamien et al.(1992)、Amir(2000)、Martin(2002)、Cassiman and Veugelers(2002)、Lambertinil and Rossini(2009)、Song(2011)研究了产业内技术外溢、竞争与R&D投入选择。Shapiro(2003)、Lerner et al.(2007)、Lampe and Moser(2012)研究了不同技术属性的专利联盟的创新绩效
	技术外溢与产业动态学研究	Aghion et al.(2001)、Bessen and Maskin(2009)、Acemoglu and Akcigit(2012)、Bloom et al.(2013)研究了竞争强度、技术外溢与产业创新绩效的关系
区域经济增长	技术外溢与区域经济发展研究	Adams and Jaffe(1996)、Keller(2002)、Glaeser and Saiz(2004)、Henderson(2007)、Lychagin et al.(2010)、Delgado et al.(2014)研究了地理距离、人力资本水平、技术近似性与多样性对技术外溢效应的调节影响

[①] 本章部分内容发表在:黄先海,刘毅群,2014. 知识外部性与创新竞争理论前沿研究述评[J],社会科学战线(12):39-47。

续表

研究主题		主要文献
区域经济增长	经济体间技术外溢与增长研究	Coe and Helpman(1995)、Coe et al.(2009)、Amiti and Konings(2007)、Acharya and Keller(2008)、Blalock and Veloso(2007)、Keller and Yeaple(2009)、Iacovone et al.(2011)、Hovhannisyan and Keller(2011)研究了 FDI(外国直接投资)、进出口贸易与国际商务活动对东道国 TFP 增长的影响及调节因素
知识产权保护政策改革研究		Boldrin and Levine(2008、2013)、Farrell and Shapiro(2008)、Lerner(2009)、Gilbert(2011)、Acemoglu and Akcigit(2012)讨论了当前专利制度的不合理性(限制知识扩散、增加创新成本等)。Martin(2006)、Miyagiwa(2009)讨论了技术互补或技术替代条件下的合作创新绩效及最优政策
中国经济增长研究		Lin et al.(2009)、Reenen and Yueh(2012)、Ito et al.(2012)、陈继勇和盛杨怿(2008)、余泳泽(2012)等研究了 FDI、进出口贸易产生的技术外溢效应以及行业特征、地区特征和吸收能力等的调节影响

一、技术外部性理论的渊源

现代经济的一个重要特征就是开放经济,不同经济个体之间产生关联,它包括市场竞争关联、分工协作关联以及技术外溢关联。[①] 技术外部性(technology externality)或技术外溢(technology spillover)一直是经济学研究的关注点。现有理论指出,技术外溢是经济个体之间的一种"非正式"生产关联。所谓"非正式"生产关联是指没有通过市场交易实现的关联。[②] 除了熟知的市场竞争关联之外,不同企业之间也会由于技术信息流动等产生

---

① 不少学者对现代经济增长的特征进行了归纳。Kaldor(1961)归纳了长期经济增长的六个特征事实:一是劳动生产率持续增长;二是劳均资本量保持稳定增长;三是实际利率稳定;四是资本产出比稳定;五是资本和劳动要素的报酬份额相对稳定;六是增长率存在差异,增长差距为 2%—5%。库兹涅茨(1989)对现代经济增长的主要特征进行了归纳:人均产值的高增长率;人均产值的增长主要归功于各种投入的质量的提高,而非投入量的增加,实质上归因于更高的效率以及实用知识的增长和有效利用这些知识的制度性安排;产业结构发生变化,农业及相关产业的份额下降,制造业、公共事业和服务业所占比例上升;经济增长在世界范围内扩散,但是也有一些经济体越来越落后。Jones and Romer(2010)归纳了经济增长的六个新特征事实:一是市场在扩张;二是增长在加速;三是不同经济体的增长有差异;四是不同经济体存在较大的收入和 TFP 差异;五是人力资本在增加;六是相对工资保持长期稳定。

② 知识产权保护政策的一个目标就是通过技术知识产权化将技术扩散转变为"正式"经济关联,用市场交易形式保护技术原创者的利益,促进创新发展。

关联。按照 Laffont(1987)的解释,外部性是一个或多个经济主体的经济活动产生的对其他经济主体的影响,这种影响不是通过价格体系发生作用的。

早期关于外部性的重要论述来自马歇尔(Marshall,1890),他在论述工业组织时,讨论了经济外部性对增长的作用。他说:"组织增大效率的学说是旧有的,但亚当·斯密给它以新的生命。"亚当·斯密的组织说即分工理论。马歇尔在考虑"什么条件下最能获得分工所造成的生产上的经济"时,区分了外部经济和内部经济,前者有赖于工业的一般发展,后者有赖于从事这个行业的个别企业的资源及其经营管理的效率。马歇尔将亚当·斯密的分工理论进行拓展,通过引入外部经济概念表明不同企业之间的关联能够带来经济效率。他指出,外部经济源于:祖传技能的传播;辅助行业的发展;高度专门机械的使用;专门技能在本地很容易获得。外部经济会产生规模报酬递增,从而带来经济增长。与此同时,它是不同个体的"自发协调"(voluntary coordination),形成经济秩序,例如经济集聚、分工等。

Young(1928)在亚当·斯密分工理论的基础上进一步阐释了分工与报酬递增的联系:"很明显,在大部分工业领域中,原料生产者和最终产品消费者之间形成了一个由专业化企业所组成的网络,它越来越复杂。随着产业间劳动分工的扩大,一个企业以及它作为部分构成的产业,失去了其统一性。这个企业的内部经济分解成为专业化程度更高的各个企业的内部经济和外部经济。这些专业化程度更高的企业是其后继者,并且由新的经济所补充。这种分解是对工业最终产品市场的增长所创造的新形势的调整,因而,产业间的分工是报酬递增的媒介。这种形式的变化不仅对充分发挥资本化的生产方式的优势有重要作用(虽然这是主要的),而且可以发挥某些并不依赖于技术变化的自身的优势。"

Marshall(1890)、Young(1928)深入讨论了亚当·斯密的分工理论,探究了分工效率的来源,区分了企业内部经济与外部经济的概念,拓展了生产组织理论研究。其认为,外部经济主要是企业内部分工的对外扩展,不同企业通过分工形成各种经济关联,并带来效率和产业报酬递增。这里的外部经济与现今不同企业在产业链中的关联所形成的经济效率相似。当然,外部经济也包括技术外溢产生的经济效益。

在 Young(1928)之后,对外部性问题的讨论更多偏向外部经济的福利经济学问题。例如,Pigou(1932)、Meade(1952)、Coase(1960)、Baumol(1965)、Arrow(1970)讨论过外部经济造成的福利问题。一些学者认为,在分散竞争经济(decentralized competitive economy)条件下,外部性问题不会形成竞争均衡,并导致经济效率下降以及政策干预的必要性。政府通过税收干预以及产权方案能够解决外部性问题。Starrett(1972)讨论了外部经济产生的非凸性问题,认为竞争均衡不存在。Chipman(1970)探讨了外部规模经济与竞争均衡之间的关联,假定个体在最优决策时忽略其行为对其他经济体的影响,从而构建了一个存在外部规模经济的垄断竞争均衡模型,并为后续垄断竞争均衡模型的构建带来启示(Spence,1976;Dixit and Stiglitz,1977)。

二、技术外部性与新增长理论

(一)技术外部性、报酬递增与经济增长

在探寻经济增长因素的过程中,一些学者将技术外部性与经济增长联系起来,催生了新增长理论。Lucas(2002)指出:"强调外部性的最根本理由是基于如下典型事实:一个思想的大部分收益,如果是真正重要的思想,则几乎所有的收益都被创造者以外的其他人获得。"这句话表明,越是重要的思想越应该惠及更多的人,而不仅是创造者本身。这里似乎存在一个悖论,即外部性显著的思想才是真正重要的思想,但是它又会弱化对创造者的激励。

学者们并未强调技术外部性带来的竞争效应问题,而着重考虑它在形成所谓的报酬递增机制中的作用。技术外部性以三种形式提升经济系统的投入回报率:一是 Arrow(1962a)的"干中学"效应;二是 Romer(1983、1986、1990)的知识资本外部性;三是 Lucas(1988)的人力资本外部性。

在 Arrow(1962a)的模型中,外部性表现为:随着生产资本的积累,单位资本品所对应的劳动数量在减少。假定生产过程中,第 G 单位资本所需的劳动力数量为 $\lambda(G)$,依据学习曲线,$\lambda(G)$ 随着 G 的增加而减少,即 $\lambda(G) = bG^{-n}$,b 和 n($n < 1$)都是正常数。将这一式子代入生产函数中,Arrow(1962a)推得:当资本和劳动数量同比例增加时,产出将表现出规模报酬递增特征,并成为内生增长的一个源泉。"干中学"效应是一个动态效应,尽管它被表述为资本积累的"副产品",但是它具有内在的生产时序关联性,Arrow(1962a)以一种简洁的方式表达了这种内在关联性,并分析了它的影响。另外一个重要特点是:"干中学"效应存在于个体内部,这种私有性质保证"干中学"效应不与竞争激励相冲突,因而在经济体系中能发挥重要作用。

Romer(1983,1986,1990)以知识资本外部性为核心建立了新增长理论。Romer(1983,1986)的单个企业生产函数为

$$y_i = f(k_i, K),$$

$$K = \sum k_i$$

其中，K 是一个经济社会所拥有的无形资本总量，即知识资本总量。在这个生产函数中，企业的产出不仅与自身的投入 k_i 有关，而且与其他企业的投入 k_j 有关。任何一个企业增加 k_j 投入，都会影响到其他企业 i 的产出变动，因而该生产函数也表现出报酬递增特征，报酬递增成为持续性经济增长的基础。

Romer(1990)考虑了创新激励的问题，以垄断竞争为基础建立了创新增长模型，同时技术外溢仍发挥重要作用，企业在垄断竞争中获得的利润保证了一定的创新激励，即所谓的产品种类多样化模型。该模型的关键方程是

$$\dot{A} = \delta H_A A ,$$

其中，A 是已有的产品种类数量，$\dot{A}$ 是新增的产品种类数量。这两个变量之间的关系显示已有的知识基础对创新发展很重要。因此，通过代际溢出方式形成的知识基础就能促进创新发展，形成一个内循环。Romer(1990)模型的一个特点就是只考虑企业创新投入后的外部性而忽略投入前的策略互动(竞争博弈)，并为新增长找到了源泉:产品多样化。

Lucas(1988)以人力资本外部性为核心，建立了类似的增长模型。人力资本外部性效应既表现在直接生产过程中，也表现在创新方程中:

$$y(t) = A[K(t)]^\beta [u(t)h(t)N(t)]^{1-\beta}[h_a(t)]^\gamma \tag{2.1}$$

$$\dot{h}(t) = h(t)^\xi G[1 - u(t)] \tag{2.2}$$

其中，主要变量 $h(t)$、$h_a(t)$ 分别是单个企业的人力资本存量和整个社会的平均人力资本存量。$u(t)$、$1-u(t)$ 分别是人力资本投入到直接生产和创新发展过程中的比例。在生产函数中，参数之和 $[\beta+(1-\beta)+\gamma]$ 大于 1，它显示出规模报酬递增机制，其与社会的平均人力资本的溢出效应相关。创新方程与 Romer(1986)模型相似，前期积累的人力资本数量[即 $h(t)$]对新的人力资本形成[即 $\dot{h}(t)$]产生影响。Lucas(1988)认为，人力资本外部性符合人类社会群体行为模式，它是一种不同于物质资本积累方式的知识积累方式。例如，家庭新成员的初始人力资本水平与家庭已有成员的人力资本水平成比例，即人力资本在家庭内部"溢出"和传递。

Romer(1986,1990)和 Lucas(1988)理论的一个共同特点就是反映了经

济增长中个体与外部世界的关系,假定经济个体在进行行为决策时没有考虑到技术外部性,但是技术外溢影响每个个体,并成为经济增长的推动因素。这一特点也是其理论的不足,它忽略了技术外溢带来的竞争问题,并使得创新增长具有规模报酬递增效应,这与现实经济不符。[①] 这种经济增长中的个体与外部世界的联系有时很脆弱,受到各种因素干扰。

在新增长理论被提出之后,Barro(1998)、Helpman(2004)、Lucas(2008)、Jones and Romer(2010)、Romer(2010)、Alvarez et al.(2013)等从实证角度分析了国际贸易和跨国投资产生的技术外溢效应。Mancusi(2008,2012)检验了国际贸易对特定技术演变与路径依赖的影响。Packalen and Bhattacharya(2015)研究了创新活动的"大城市效应",发现:相对于小城市,大城市在 20 世纪的大部分时间里有着更活跃的创新活动,技术外部性显著,但是在过去的 20 多年里,创新活动中的"大城市效应"逐渐减弱。还有很多关于人力资本外部性、合作创新绩效和企业微观层面的技术外溢效应研究(Bloom et al.,2013;Lychagin et al.,2016;Lucking et al.,2018;Agrawal et al.,2018)。

(二)人力资本外部性与创新增长

一些学者沿着 Lucas(1988)提供的研究思路,将人力资本外部性作为创新增长的微观机制之一,并展开经验研究。此类研究主要发现:一是大多数创新由少数杰出人士推动,并对其他群体的创新活动产生影响。二是合作创新越来越重要,个人间正式的知识分享与合作能够提升双方的整体利益。三是非正式的技术外溢对企业发展、产业发展和地区经济发展都很重要,例如企业创新团队的内部交流与培训以及学术团体、爱好者俱乐部中的交流与学习等。Powell and Grodal(2004)指出:由具备相似技能和专业知识的人组成的技术社团和业余爱好者俱乐部在推动硅谷的知识传递与产业发展中起到了重要作用。非正式的知识共享几乎成为硅谷工程师的一种职业惯例。

1. 人力资本外部性与经济增长研究

Helpman(2004)、Barro and Sala-i-Martin(1995)都强调人力资本传递对创新发展的重要意义,并指出了人力资本传递的一些特点。Helpman

---

① "干中学"效应由于具有私有性,其引起的利益分配争议更小,但是它与技术外部性的含义存在一定冲突。

(2004)指出,个人的人力资本不能无限增长,因为个人的寿命有限。一个经济体的创新经济增长必须依赖于整个社会的人力资本传递质量。Barro and Sala-i-Martin(1995)指出,知识可以离开某一个劳动者,成为公共品,并以较低成本进行扩散,这对人力资本形成具有重要意义。许多经济体通过公共教育的方式将公共知识转变为人力资本,这既是技术外部性的过程,也是人力资本外部性的实现形式。Jones(2009)观察到创新者活动中的两个典型事实:一是创新者出生时并未获得创新所需的前沿知识;二是前沿知识在不同专业领域、不同时间段的传递效率是不一样的。这意味着人力资本的传递方式与其他物质资本的积累方式不同。Jones(2009)重点考察了内生的人力资本传递方式并指出,创新者如果增加知识积累,就必须增加其接受教育的时间,但是这必然减少其从事创新实践活动的时间和创新成果数量。最终权衡的结果使得发明活动成为一个团队工作(teamwork)。团队的内部知识交流与创新组织方式有助于解决上述两难问题,从而推进创新增长。

在 Lucas and Moll(2011)的模型中,个人的时间有两种用途:一是用于生产;二是用于与其他人的互动(interaction),搜寻新的、提高生产率的创意。个人的知识搜寻决策将影响到整个经济的知识分布,而整个经济的知识分布又将反过来影响其他人的知识搜寻决策。个人的创新活动的外部性将产生一种反馈机制,从而决定内生经济增长。尽管已有研究以人力资本外部性为基础构建创新增长的微观模型,但是这一方面的研究仍有待加强,特别是关于人力资本传递的激励机制的研究还不足;另外,也缺乏从人力资本外部性差异角度考察不同经济体的创新绩效差异的形成原因的研究。

2. 合作伙伴间的技术外溢对创新绩效影响的实证分析

大学等学术机构和企业的科技工作者之间的合作研究是人力资本外部性的实现途径之一。部分研究通过考察不利的外生冲击来解析合作研究的绩效,例如,通过分析合作伙伴的意外离开或死亡对另一个合作者的创新绩效的影响来验证技术外溢对于创新的重要性。Wuchty et al.(2007)利用时间跨度约 50 年、合计 1990 多万篇学术论文的统计数据和 210 万项专利统计数据论证合作创新过程中的技术外溢对提高创新绩效非常重要,并指出,合作创新过程中个人之间的交流犹如一所"隐性大学",起着传递知识和推进创新的作用。

Azoulay et al.(2010)利用美国医学院协会(AAMC, association of american medical colleges)的教师名册中的数据检验了研发过程中一位合作伙伴的意外去世对另一位合作者的创新绩效产生的影响。创新绩效以出版物、学术引用率、专利数量等加权得到。合作伙伴的意外去世意味着另一位合作者失去了技术外溢的源泉。研究发现,当合作伙伴意外去世后,另一位合作者的创新绩效会下降 5%—8%。对于那些曾经与意外去世的合作者关系密切或新近开始合作的研究者而言,创新绩效下降更甚。研究进一步发现,合作者之间的溢出效应更多受限于他们的思想与知识空间,而非受限于他们之间的物理距离或社会关系网。①

Waldinger(2010,2012)利用 1925—1938 年德国的科研统计数据来检验同伴的技术外溢效应对科研生产的重要性。研究发现,由于德国纳粹政府对犹太科学家的驱逐,德国研究者的科研生产率平均下降了 13.0%—16.5%。同时,德国大学教员的质量会对博士毕业生短期、长期的科研生产率产生深远影响。如果教员质量提高一个标准差,博士毕业论文发表在顶级期刊的概率将提高 13%,博士毕业生成为全职教授的概率将提高 10%,发表论文的终身引用率将提高 16%。

上述经验研究显示出人力资本外部性对创新绩效的重要影响。这些研究建立在意外冲击的基础上,在一定程度上避免了内生性问题,其研究结果具有较高的可信度。

3. 人力资本流动的影响效应

Agrawal et al.(2015)认为随着越来越多的机构参与创新活动,知识基础在不断增加,与此同时,个人的科学产出却越来越集中于少部分人。形成这一似乎矛盾的结果的原因在于合作研发,合作研发可以使更多的个体参与创新,也可以提高"明星科学家"的产出率。Agrawal et al.(2014)研究了大学院系招聘"明星科学家"的影响效应,发现招聘"明星科学家"并不会提升已经在职的科学家的产出率,但是会提升新招科学家的产出率。Agrawal et al.(2018)研究了境外科学家流入对境内创新的影响,认为科学家移民美国在促进科学发展的同时,也可能产生一些破坏效应,他们会对与本地关联强的本地科学家产生替代,减少本地知识的传递和溢出,进而降低创新绩效。但是,其试验研究并不支持这一假说。

在考虑人力资本外部性对创新绩效的影响时,需要注意技术外溢的动态效应。个人的创新绩效不仅仅与当期的技术外溢冲击相关,还与个人当期的知识积累有关,它是绩效变化的调节项。另外,合作者之间的技术外溢

---

① 一位合作者的社会关系网将使另一位合作者更容易获得相关基金资助,或获得编辑的好感以及与其他人士建立联系,这可能会提高另一位合作者的创新绩效。

的长短期效应是否存在差异,也有待检验。合作者的技术发展也具有收敛性,随着技术吸收,溢出的长期效应可能变弱。

三、技术外部性与产业发展理论

(一)技术外溢与产业内竞争合作

技术外溢对于产业内竞争企业的创新行为有何影响? 产业内的技术外溢大小由何决定? 这些问题涉及产业竞争结构与发展。很多例子表明,产业内存在广泛的技术外溢。企业的设备进口、技术人员跳槽、商业交往、会议交流、公开的专利文献或科学文献解读等都为产业内技术外溢开辟了渠道,"逆向工程"则是技术外溢与学习的一个重要表现。Mansfield et al.(1981)、Mansfield(1985)对企业的调查研究显示,竞争者往往只需要 12—18 个月时间即能获得创新者的 R&D 决策的相关信息,只需要 12 个月左右便能获得创新者在新产品或新生产工艺方面的信息。Caballero and Jaffe(1993)利用美国专利引用数据对创新信息的扩散率进行了估计,发现技术扩散率非常高。除此之外,企业间还会形成正式的创新联盟、R&D 卡特尔、研究型合资企业(RJV)、专利联盟或专利池(patent pool)。① Hagedoorn and Roijakkers(2006)研究显示,全球新成立的 R&D 联盟数量由 20 世纪70 年代的每年数百个发展到 90 年代的每年上千个。这种创新联盟在制药业、生物技术行业中很普遍。

创新激励在创新发展中很重要。Schumpeter(1942)在论述市场结构与创新发展时,认为大企业垄断有利于创新发展。为了激励创新,往往授予创新者专利权,让其获得垄断利润。但是这种方法对于整个社会是否最优? 技术外溢如何影响企业间的竞争关系和整个产业的创新绩效? D'Aspremont and Jacquemin(1988)提出一个成本节约型创新的两阶段双寡头竞争模型,简称 DJ 模型。在第一阶段,企业的成本节约取决于自身创新投入和竞争性企业的创新溢出。在第二阶段,企业在不同成本下进行产出的古诺博弈。研究考察了溢出程度的变化对竞争均衡解的影响,发现:在溢出程度较小时(溢出参数 $\sigma < 1/2$),溢出的增加会提高整个产业的技术创

---

① R&D 卡特尔和 RJV 的主要区别是:R&D 卡特尔是多个企业依据最大化利润决定共同的 R&D 支出,并平均分配每个企业的 R&D 支出,企业之间可能没有进行知识信息交流。RJV 是组成单一的 R&D 联合企业,联盟内部进行充分的知识信息交流。

新绩效;在溢出程度较大时(溢出参数 $\sigma>1/2$),溢出的增加会降低整个产业的技术创新绩效。这一结果与企业的生产成本节约函数和 R&D 成本函数的形式有关。依据竞争性企业的 R&D 投入的最优反应函数:当溢出程度较小时,两家企业之间的创新投入具有互补性,因而溢出的增加会提高创新绩效;当溢出程度较大时,两家企业之间的创新投入具有替代性,溢出的增加会弱化企业的创新投入激励,因而降低整个产业的创新绩效。Kamien et al.(1992)建立了一个 R&D 投入溢出的双寡头竞争模型,简称 KMZ 模型,创新外部性主要体现在企业 R&D 投入过程中。与 DJ 模型相对照,KMZ 模型显示投入溢出的增加降低了所有溢出水平下的创新绩效。

Amir(2000)认为,创新收益的规模递减效应是联系、区别 DJ 模型和 KMZ 模型的关键,DJ 模型是产出溢出,KMZ 模型是 R&D 投入溢出,又由于 R&D 投入 y 与成本缩减量 x 之间的关系式是 $y=\gamma x^2/2$,当 y 增加时,成本缩减量 x 表现出规模递减效应。因此,在所有相同的溢出率条件下,两个模型的溢出效应不一样,DJ 模型的均衡成本缩减额(即创新绩效)始终大于 KMZ 模型。Amir(2000)建立了一个更一般的模型,发现当 $\theta=\sigma(\sigma+2)$,且 KMZ 模型的溢出参数 θ 处在 $(0,1)$ 区间或 σ 处在 $(0,\sqrt{2}-1)$ 区间时,两个模型对等。Amir(2000)进一步证明:在所有溢出率水平,KMZ 模型的 RJV 方式实现的创新绩效高于 R&D 卡特尔和非合作竞争形式,这意味着创新政策应该支持竞争性企业组成 RJV;在 DJ 模型中,只有当溢出水平低于 $\sigma_{max}=(\sqrt{2}+1)^{-1}$ 时,RJV 方式实现的创新绩效高于 R&D 卡特尔,并且非合作竞争的创新绩效高于 RJV,因此创新政策不应支持 RJV。[①] Amir(2000)还证明当存在 n 个竞争性企业时,如果创新溢出率水平高于 $\sigma_{max}=(\sqrt{n}+1)^{-1}$,DJ 模型将出现规模报酬递增效应,此时该模型符合硅谷或波士顿 128 号公路这一类科技园区现象,园区的企业从其他企业获得的技术外溢效应大于竞争增强带来的利润减少效应。

理论分析的关键变量之一是企业从创新市场获得的收益,它决定了企业参与创新合作的激励和方式以及 R&D 投入水平(或技术外溢水平)。上述模型的一个特点同时也是不足在于,它们都是基于给定市场规模条件下

---

① R&D 卡特尔意味着两个企业最大化两者的总利润,同时平均分摊 R&D 费用。RJV 意味着两个企业组成一个联合实验室,溢出率达到最高水平 1,两个企业平均分摊 R&D 费用,并且实现相同的成本节约,即共享创新成果。非合作竞争意味着在任一溢出水平下,两个企业独立选择自己的 R&D 费用。

的两个寡头企业之间的竞争。但是,合作创新的收益还取决于对第三方(也可能是竞争对手)的影响。如果通过合作能够攫取第三方竞争性企业的市场收益,那么合作或增加技术外溢是有益的,或可以认为是互补的。另外,单个企业还可以与多个企业同时开展 R&D 合作,形成一个以"我"为中心的创新网络。Goyal(2008)、Ductor et al. (2013)对社会网络与创新绩效的关系有深入的研究。

另外,自 20 世纪 90 年代以来,专利联盟的数量越来越多,其在新经济中发挥的作用也越来越大。此时也涌现出一大批关于技术外溢与创新合作竞争(coopetition)、RJV、交叉许可、专利联盟以及 R&D 网络等的经验研究。这些研究主要围绕两个焦点:一是影响创新合作竞争形成的因素;二是创新合作竞争对创新绩效的影响。首先,除了技术外溢外,创新活动中的不确定性、企业之间的产品替代性以及市场需求规模变化都可能是影响创新合作竞争的因素。Cassiman and Veugelers(2002)区分了 R&D 溢出的进入效应和流出效应,前者提高企业的创新成功率,后者减少企业获得的创新收益。研究指出,企业会最大化技术外溢的进入效应,并最小化技术外溢的流出效应。研究利用比利时的制造业企业数据检验了这两种效应对创新合作的影响,发现:当企业在获得技术外溢的进入效应方面更有效时,企业倾向于与大学、公共或私立研究实验室展开合作,较少与客户、供应商展开合作;当企业在控制技术外溢的流出效应方面更有效时,它们倾向于与客户或供应商展开合作。Lambertinil and Rossini(2009)显示,当企业进行 R&D 活动的融资成本较高时,在任何技术外溢水平,R&D 合作都优于企业进行独立的创新活动。Song(2011)认为,RJV 最大的好处在于其减少了重复性的 R&D 投入,降低了创新产品的消费价格。其利用 CPU 市场的数据检验了 RJV 的效应,发现 RJV 提高了社会福利水平,相对于竞争性研发市场结构,RJV 减少了 20%—50%研发支出。

关于 R&D 合作对创新绩效的影响,大多数学者认为 R&D 合作有助于多样化知识信息的传播与碰撞,特别是在累进创新条件下,可以提高创新绩效。Shapiro(2003)指出,许多重要创新必须"站在巨人的肩上"才能实现,而当前密集、片段化的专利权会对创新产生抑制效果。但是其同时提出必须对许可、交叉许可、专利联盟、并购和联合研发等进行反垄断限制,否则这些专利和解方式会损害创新竞争和降低消费者福利水平。其以专利和解必须使消费者达到与专利诉讼一样的福利水平作为进行反垄断限制的判断标准,并指出非对称信息可能是影响这类专利和解达成的关键因素。

Dequiedt and Versaevel(2013)显示,专利联盟的成员数量和建立联盟的时机会影响试图加入联盟的公司的创新激励,进而影响创新绩效。研究假定建立包括 K 个专利的联盟能提高各个成员公司的收益。公司展开研发竞争,尽快使自己成为联盟成员。发现:在 K 个专利的联盟接近形成之时,竞争性公司的研发强度加大;联盟形成之后,研发激励迅速变弱。进一步研究显示,专利联盟的规模 K 会对创新激励产生影响,较小的专利联盟产生的创新激励更大,因为其时间贴现率低,每个成员的利益分配更多。

Lerner et al.(2007)分析了独立许可和回授两种专利联盟规则对不同类型的专利联盟的创新绩效的影响,认为独立许可有助于促进附加创新的发展,这些附加创新是联盟成员将其专利使用在与联盟无关的其他方面的创新,独立许可增大了互补性专利联盟的成员进行附加创新的激励,但是不利于替代性专利联盟的稳定,因为独立许可将影响这种类型联盟成员的收益。回授要求联盟成员必须将后续创新中取得的关键性组件技术无偿转入联盟,它对于互补性专利联盟很重要。但是,回授规则会抑制这一类关键性组件技术的开发。Lerner et al.(2007)检查了 63 个专利联盟的规则条款并验证了这些推论。Lampe and Moser(2012)利用 20 个产业的经验数据检验了美国放松反垄断政策对专利联盟形成以及对创新绩效的影响,发现放松反垄断政策的实施促使替代性专利联盟的形成,并使得创新绩效下降了约16%。这预示着无管制的专利联盟会降低创新竞争程度,并抑制创新活动。

上述经验研究表明,R&D 合作具有两面性:一方面能促进技术外溢与共享,节约成本;另一方面可能抑制创新激励,从而损害社会福利。对于它的两面性应加以甄别,这也使得政府的创新合作与反垄断政策需要更加谨慎和有针对性,必须加大反垄断政策审查力度,否则这些合作或者联盟规则会抑制事后创新激励。

(二)技术外溢与产业动态发展

一些文献从理论研究和经验研究的角度来阐述市场竞争与创新时序发展之间的联系机制,例如 Aghion et al.(2001)、Bessen and Maskin(2009)、Acemoglu and Akcigit(2012)、Bloom et al.(2013)等。

Aghion et al.(2001)从创新模仿与创新竞争效应的角度研究了创新时序发展。创新模仿与技术外溢紧密联系,技术外溢会对创新竞争、创新发展产生影响。在 Aghion et al.(2001)的模型中,领先者与跟随者之间展开创新竞争,跟随者首先必须追赶上领先技术,才能与领先者展开未来的技术领导者地位之争,因此允许一定的创新模仿对增强创新竞争有益。假定最开始两家企业分别投入 $\psi(n_0)=n_0^2/2$ 的 R&D 成本,并以概率 n_0 竞争一个潜在的创新机会,竞争获胜者将获得该期的垄断利润。在下一期,跟随者可以免费复制领先者技术,并以某一概率 h 前进一步。因此,如果跟随者投入 $\psi(n_{-1})=n_{-1}^2/2$ 的 R&D 成本,则它可以以概率 $h+n_{-1}$ 前进一步。Aghion et al.(2001)得到竞争程度对创新速度的影响公式,即

$$\frac{\mathrm{d}I}{\mathrm{d}\Delta}=\frac{2\pi_1}{\pi_1+h}\big[(1-2\Delta)\pi_1+h\big] \tag{2.3}$$

其中,I 是所有部门的创新总量,Δ 是竞争程度的度量,$1/2<\Delta<1$。Aghion et al.(2001)发现竞争程度对创新速度的影响最终取决于技术外溢程度,即外部性因子 h 的大小。π_1 是领先企业的利润。当 $h\geqslant\pi_1$ 时,创新速度关于竞争程度总是递增的。当 $h<\pi_1$ 时,创新速度与竞争程度遵循一种倒 U 形特征:在 Δ 充分小时,创新速度关于竞争程度是递增的;但是当 Δ 充分大时,创新速度关于竞争程度是递减的。Aghion et al.(2001)最后得到的结论是:一方面,保持一定程度的竞争对创新发展有益,因为企业为了摆脱竞争和获得垄断利润会加强创新,并且这一效应超过了竞争带来的利润下跌的抑制效应,即熊彼特破坏效应;另一方面,一定程度的模仿能促进创新发展,但是过多的模仿确定无疑地将减缓创新发展。Aghion et al.(2005)对这种倒 U 形特征进行了检验,经验研究证实了上述结论。

Bessen and Maskin(2009)研究了模仿竞争与创新绩效之间的关系,并认为,当创新活动呈现出序列相关(sequential)和互补性(complementary)特征时,专利保护并不能如同静态时那么有效。序列相关意味着后续创新必须建立在前面创新成果的基础上;互补性特征意味着当各个创新者采取不同的发展路径时,它增大了后续创新发展的成功概率。降低专利保护程度可以增强技术外溢和模仿竞争,由于模仿者拥有一些初始创新者所没有的有价值创意,模仿者生产的产品与初始创新者有一定的差别,这些差别技术又具有一定的互补性,因而能促进创新发展。模仿创新并不会完全降低初始创新者的收益,由于创新需要一些特别资本,如人力资本等,这种创新门槛保证了初始创新者在一定时期内获得足够的收益补偿。Bessen and Maskin(2009)假定一个企业进行创新的成功概率为 p_1,两个企业共同进行创新的成功概率为 p_2,为了体现创新互补性,假定 $p_2>p_1$,又由于合作者的创新活动并非完全正相关,因此 $2p_1>p_2$。Bessen and Maskin(2009)在此假定基础上分别计算了社会计划者、专利保护和有限专利保护三种情形下

的创新价值,证明在序列创新条件下,创新模仿行为将提高初始创新者和整个社会的经济福利水平,因而建议采取有限专利保护政策。

Acemoglu and Akcigit(2012)建立了一个有关累进创新的动态一般均衡模型。研究显示,完全的知识产权保护对于创新发展而言并不是最优选择,最优的政策应是状态依赖型的知识产权保护。它对于那些远远领先的创新企业给予更多的专利保护,而对于创新实力较为接近的企业则给予较少的专利保护。采取这种政策是因为存在一种滴渗效应,它既能保证给予那些领先优势较大者足够的创新激励,也能鼓励那些差异较小的企业进行平行竞争,以扩大创新差异来获取更高程度的保护。这一观点与 Harris and Vickers(1985,1987)、Budd et al. (1993)、Aghion et al. (2001)等不一样,后者认为应该给彼此技术差异较大的企业较少的知识产权保护,只有这样才能增强创新竞争,避免过大的技术差异造成领先者或落后者的创新动力下降。Acemoglu and Akcigit(2012)认为,传统论点忽视了在动态模型中领先企业追求更大创新差异而获得更大收益带来的激励。假定 η_n 代表两个竞争性企业之间的技术差异为 n 步时的知识产权保护终结概率,如果削弱知识产权保护,则 η_n 比较大,那么竞争性企业可以免费获得领先企业的技术知识,从而追赶上领先企业的技术水平;相反,如果 $\eta_n = 0$,则意味着完全的知识产权保护。Acemoglu and Akcigit(2012)重点分析了最大技术差异为 2 步时各个竞争性企业的期望利润函数,发现在 1 步差距时,如果使 η_1 变大且 η_2 变小,即采用其所主张的状态依赖型知识产权保护策略,那么领先者将增加 R&D 投入。模型的数值模拟结果显示,状态依赖型知识产权保护能提高经济增长率 1.86%—2.04%,而无区别的知识产权放松政策将降低经济福利水平和增长率。Acemoglu and Akcigit(2012)的模型将适度控制技术差异来增强创新竞争和提高创新绩效作为核心问题提出来。其理论遇到的一个现实问题是不容易判断哪些企业之间的创新差异是显著的或是不显著的,并且创新竞争是一个动态过程,其创新结果与收益并不明确,因而政策操作的现实难度大。

Bloom et al. (2013)对 R&D 溢出的技术(或知识)溢出效应与市场竞争溢出效应做了区分,并利用 1981—2001 年美国企业的专利技术在不同技术领域中的分布数据和不同产品销售在四位产业分类中的分布数据,测度了这两种溢出效应的大小。研究结果显示,R&D 投入的社会回报率和私人回报率分别为 55%、21%,R&D 的技术外溢效应为 31%。研究同时发现,技术外溢效应具有异质性,小企业的技术外溢效应相对有限,因为小企业能较充分地利用其技术潜力。

上述关于技术外溢效应的研究部分地对 Arrow（1962a）关于技术外溢会减小创新激励的传统观点提出了质疑。正如 Baumol（2002）所指出的，必须区分技术外溢的静态效应和动态效应，由于技术外溢的利益分配具有跨时性，因此大量的创新外溢可能符合帕累托最优；相反，零外溢水平却不符合帕累托最优。在动态经济中，一定程度的外溢不仅有利于创新发展，而且有利于一国生活水平和人力资本水平的提高，这使得一国关于创新溢出率的收益函数呈现出倒 U 形，提高一国福利水平存在一个最优溢出率。实现这一最优溢出率又与竞争程度紧密相关，过低或过高的竞争程度都不利于创新发展：过低的竞争程度没有充分利用技术外溢效应；过高的竞争程度导致过度的创新投资，降低了创新者收益，最终可能反过来损害创新竞争和创新发展。平衡技术外部性与竞争之间的关系来促进创新发展成为当前重要的研究课题。

四、技术外部性与区域间经济增长差异

（一）经济增长收敛研究

收敛（convergence）和赶超（catch-up）既相似又有区别。前者指不同经济体之间的生产或收入差距的缩小；后者指落后者在产出、生产能力等方面超越领先者，例如企业的市场地位变迁。Veblen（1915）、Gerschenkron（1962）、Abramovitz（1986）、Baumol et al.（1989）、Fagerberg（1994）、Temple（1999）等对经济增长收敛和赶超问题做了研究。Veblen（1915）较早提出技术革新是后发经济体赶超的重要变量。由于技术内隐于人们的头脑中，因此大量受过良好教育的技术人员以及熟练技术工人的迁徙对于赶超很重要。Gerschenkron（1962）研究了苏联工业化过程，提出了后发优势理论，强调现代生产技术体系的应用需要庞大的资金投入和建立复杂工厂，经济发展需要基础设施、金融体系的支持。后发经济体在采用新技术手段方面遇到的阻碍可能小于现有的工业化经济体，因此能获得后发优势，实现赶超。Abramovitz（1986）发现追赶绩效在不同经济体维度和不同时间维度上呈现差异。追赶需要技术一致性（technological congruence）和社会能力（social capability）的提升，前者是指后发经济体与领先经济体在市场规模、需求、要素供给方面的一致性（例如欧美之间的市场规模、需求的一致性），

后者则指追赶所具备的能力,如教育、基础设施、R&D资源、金融体系等。

一些经济体的增长收敛主要是依靠工业化发展和增加要素投入实现的。例如:人均资本积累可以提高人均 GDP,这在发展中经济体很常见;有些经济体则是通过不断地创新实现收入差异的收敛和能力的赶超。有时两种推动因素,即工业化过程和创新发展,结合在一起。

经典案例是 19 世纪末美国和德国赶超英国以及 20 世纪中后期日本的经济赶超、"亚洲四小龙"的经济发展。有学者认为美国、德国是通过一系列创新赶超英国的,美国在大规模生产与分销体系上的创新带来了新发展,而德国在化学工业上的 R&D 投入对经济发展产生了深远影响(Freeman and Soete,1997)。World Bank(1993)认为,东亚地区的经济赶超受到多种因素的影响:较高的储蓄率、快速的资本要素积累、FDI 流入以及出口导向政策支持等。Krugman(1994)则认为,东亚地区的快速增长"主要来自汗水而非灵感",即缺乏创新,其经济增长的步伐迟早会放缓。但是,也有很多学者指出,东亚地区的经济赶超实际存在着大量创新,包括日本在生产组织体系方面的创新,例如汽车领域的准时制生产方式(just-in-time),家电消费产品领域的创新以及日、韩半导体企业在 DRAM(动态随机存取存储器)产品上的技术革新等。韩国、中国台湾很多 ICT(信息、通信、技术)企业的技术进步是在 OEM(原始设备制造,由采购方提供设备和技术)、ODM(原始设计制造)、OBM(原始品牌制造)转变过程中实现的。因此,东亚地区的追赶在很大程度上得益于技术进步。

黄先海(2005)根据世界经济发展过程中"后来居上"的典型化事实,构建了一个包括资本积累、效率增进、技术创新三要素的蛙跳型经济增长的理论模型,对 58 个经济体的经济增长和中国增长奇迹进行了解读。易纲等(2003)、林毅夫和任若恩(2007)等指出传统增长核算方法在考虑东亚经济问题上存在缺陷,它不能衡量体现在新资本品上的技术进步,而这些经济体的技术进步大多是靠引进境外先进技术或设备实现的。黄先海和刘毅群(2008)对 26 个经济体 1980—2004 年的全要素生产率(TFP)增长进行了实证分析,指出内嵌于设备资本的体现型技术进步(ETC)是生产率增长的重要原因之一,它与非体现型技术进步共同构成了 TFP 的增长。比较分析显示,包括中国在内的 6 个新兴经济体的 ETC 对 TFP 增长的贡献要高于发达经济体 4.78%。

还有一些学者指出,中国经济的快速增长与经济结构转变有关,"结构性红利"是过去 30 多年中国经济保持高速增长的一个重要原因(袁富华,

2012)。不过随着中国经济发展进入新的阶段,这种"结构性红利"逐渐消失,需要开拓新的增长源泉,包括技术创新、资源要素配置改革等。中国还需构建一种新的技术进步体制,从以模仿创新为主转向前沿性创新,参与到全球创新竞争中(Acemoglu et al.,2006;刘培林和张鹏飞,2014)。

(二)技术外部性与区域经济发展

技术外溢是否具有局域性?什么因素决定了技术外溢的局域性?技术外溢的局域性会导致创新集聚和地区发展差异吗?一些学者试图解释美国硅谷和波士顿 128 号公路现象。Audretsch and Feldman(1996,2004)认为,技术外溢的空间有限性会促成创新集聚,进而造成地区发展差异的扩大化。① 其研究了美国不同产业的创新活动集聚情况,发现一些产业的创新活动集聚在少数几个州,如计算机产业的创新活动更多集聚在美国加利福利亚州和马萨诸塞州。Audretsch and Feldman(1996,2004)利用美国小企业局提供的 8000 多家企业的创新活动数据进行经验研究,在剔除一般生产活动集聚可能对创新活动集聚产生的影响之后,证实技术外溢在一些行业的创新活动集聚过程中起着决定性影响作用。其检验了三种技术外溢的来源:产业 R&D 投入、人力资本和某一产业的基础研究。一般而言,R&D 密集型产业、人力资本和基础研究要求较高的产业,技术外溢的重要性也较大。经验研究显示,恰恰是这些 R&D 密集型、人力资本要求高的产业的创新活动的集聚程度高,这说明区域内技术外溢对创新集聚产生了显著影响。

Bettencourt et al.(2007)发现城市的发明活动随着人口的增加呈现出规模报酬递增特征,这种特征可以用幂律分布表示。在剔除相关变量的影响之后,大城市倾向于拥有更多的人均专利数量,部分企业与行业的创新绩效在集聚地区也表现得相对突出。

Greenstone et al.(2010)估算了新开业的制造企业受本地在位企业的 TFP 变动的影响来检验集聚溢出效应,采用新进入企业地理位置排名的方法来比较不同地区的溢出效应,并对它们的 TFP 变动趋势进行分析。研究结果显示,那些新进入企业较多的地区的在位企业的 TFP 水平要比次之地区的在位企业高出 12%。共享劳动力市场和具有类似技术的本地在位企业获得的溢出效应更高。由此,一部分学者将创新视为一种"城市现象"

---

① 在城镇等经济活动集聚区,隐形知识的传播和溢出会大大加强。因此,那些较依赖隐形知识的产业,其创新活动更倾向于集聚在城市等狭小区间范围内。

(Storper and Venables,2004），受到溢出效应影响大的地区，其 TFP 增长得更快，而 TFP 增长加速，又能吸引更多的新企业进入。城市的创新活动以一种开放形式存在，它通过创新主体之间以及主体与周边环境之间的互动而发展。

一些学者研究了影响技术外溢效应大小的因素。第一，地理邻近性。Beaudry and Schiffauerova(2009)指出，地理邻近之所以重要主要是因为技术知识在企业、雇员与专业人士之间移动时受到地理空间的限制，并非仅仅指地理距离的大小。例如，那些隐性知识的传播需要与原创公司或个人保持面对面的接触，这种接触更多依赖于一些社会关系网络或交流渠道。另外，地理邻近性之所以重要还因为大多数的社交关系网络和交流渠道集中在一个有限区域内，例如城市。Adams and Jaffe(1996)对美国企业的研发中心的调研结果显示：公共 R&D 投资和企业 R&D 投资对其他企业的生产率变动的影响程度随它们之间的地理距离增加和技术差异程度提高而降低。Keller(2002)利用 G5 在 1970—1995 年的 R&D 支出与生产率数据证实了 Adams and Jaffe(1996)的结论，发现技术外溢程度在地理距离扩大到1200 公里后将减半，并且技术外溢程度也随时间推移而降低。Bottazzi and Peri(2003)使用 1977—1995 年欧洲 86 个地区的 R&D 和专利数据来验证R&D 溢出的地理效应，发现 R&D 溢出的有效距离是 300 公里，当某一地区的 R&D 支出增加一倍时，它仅能使 300 公里以内的其他地区的创新表现增加 2%—3%，但却能使自身区域的创新表现增加 80%—90%。Thompson and Kean(2005)对美国专利引用的地理分布数据做了细致的处理，也发现技术外溢效应的局域化特征，即在一定的区域内技术外溢效应明显，超过这一区域，技术外溢效应很弱。Sonn and Storper(2008)从不同角度论证了地理邻近性在技术外溢过程中的影响，使用美国 1975—1997 年的专利引用数据证实，无论在国家层面、州层面还是城市层面，发明者引用本地专利的倾向在增强，这说明发明者更多使用本地区知识而非外地区知识。Eriksson(2011)分析了地理邻近性在决定瑞典的产业内与产业间技术外溢效应中的作用[①]，发现不同产业集聚在一个较小地区对增强技术外溢效应很重要；不过，地理邻近性仅在一个很小的距离范围内才对产业内技术外溢效应起增强作用，超出这个范围，地理邻近性并不重要。这表明地理邻近性

[①]　产业内技术外溢一般来自具有相似生产技术或产品的企业、劳动者，它支持专业化技术创新；产业间技术外溢来自不同产业的企业，它支持多样化技术创新。

在产业间的溢出效应和产业内的溢出效应不相同。

第二,技术差距。一些研究认为区域内的经济主体之间的技术差距越大,它们获得的技术外溢效应越大,因为落后企业可以充分利用后发优势,提高自身技术水平。但是也有研究指出,技术差距过大会使得双方在知识信息交流方面存在障碍,限制了技术外溢。Nooteboom(2007)在关于最优认知距离的经验研究中表明,技术差距与创新绩效之间呈现出一种倒 U 形关系。如果技术差异过大,会削弱技术外溢效应。另外,某一地区的技术外溢效应大小还与该地区的技术吸收能力有关。

第三,人力资本水平。人力资本既是技术外溢的源泉,也是吸收渠道。如果一个地区的人力资本数量较多、水平较高,无论从源泉还是从吸收渠道而言,都会使得技术外溢效应变大。Glaeser and Saiz(2004)以某一城市内受大学教育群体数量作为变量,分析其对技术外溢、创新增长的影响,发现受大学教育人数提高 10% 将会使城市的发明专利数量提高将近 9%。这一结果论证了区域内人力资本状况是决定技术外溢效应大小及创新绩效的重要因素。

第四,区域内企业或产业的生产技术近似性、多样性。Lychagin et al. (2010)使用美国企业数据和专利商标数据研究了 R&D 对地区生产率的溢出效应。研究结果显示,地理距离接近程度、技术与产品近似性是决定知识外溢效应大小的两个重要因素;产品市场接近程度则不太重要;技术开发者所处地理位置比公司总部所处地理位置对溢出效应的影响更大。另一些研究则显示,多样性产业或技术聚集能提高技术外溢程度。该一观点由Jacobs(1969)提出,又被 Glaeser et al.(1992)、Feldman and Audretsch (1999)等证实。这些研究认为,不同知识、文化背景的个人、企业或产业集聚在一起,能形成知识互补和碰撞,产生更多的创新回报。Beaudry and Schiffauerova(2009)对 67 篇有关 Jacobs 效应的研究做了回顾,发现当时的研究还未能准确地描述多样性技术集聚与技术外溢之间的关系机制,并且也没有直接证据证明这种溢出效应的存在。Desrochers and Leppala(2014)为这种溢出效应提供了一个机制说明,认为本地经济多样化使得下列过程变得相对容易:①增加、调整与适应其他产品生产线所需技术;②观察并将这些多样性技术融入其他经营环境;③与拥有不同技能或背景的人开展正式或非正式合作。这些过程正是技术外溢的真实过程,本地经济多样化能促进这些过程的实现和发展。Delgado et al.(2011)认为,同一个地区相近产业的聚集会由于专业化生产的收益递减而产生收敛效应,即相近产业的增长速度随着产业规模的扩大而降低。但是如果同一个地区聚集多种产业，由于互补性技术外溢效应，它能获得持续性发展的推动力。Delgado et al. (2011)使用美国集聚经济地形图数据验证了其推论，在剔除收敛效应之后，发现多种产业的集聚经济提高了新产业出现的概率和其他产业的增长率。彭向和蒋传海(2011)对1999—2007年中国各省份21个工业行业的面板数据分析显示，多样化产业集聚对中国地区产业创新的影响显著为正，并且这种影响是专业化产业集聚效应的两倍。

现有研究的不足：一是经验研究较多，且正反两方面的结论都有，未形成一个关于空间范围内技术外溢效应的统一结论。二是经验研究得出的因果性关系还存在很大争议。正如 Henderson(2007)所言，现有的一些研究在建立因果关系时可能存在内生性误差问题。人力资本状况和创新绩效指标都可能受到本地经济环境的各种因素的影响。尽管一些研究采用了工具变量法，但是不能完全保证这些工具变量与影响创新绩效的那些环境因素不相关，因此可能使用的是非有效工具变量。三是空间溢出效应的影响因素可能比想象的情形更复杂。例如除了一些可以衡量的物质影响因素外，还有一些无形的、衡量较为困难的影响因素存在，例如企业家精神、社会关系网络等都可能是影响技术外溢水平的因素。Audretsch and Keilbach (2008)认为企业家精神是实现技术外溢的一种重要途径或影响因素，对于那些无法将自己的知识和创意在已有企业中实现的人而言，自主创业是一种选择。其在自主创业的同时也实现了从已有公司到新公司的技术外溢，并且这种溢出更彻底、更完全，因为它包括技术外溢、人力资本溢出等。而社会关系网络中的信任以及网络结构也可能影响溢出效应。对于这一主题的研究还有待深入，必须引入更多的控制变量才能甄别出技术外溢效应的大小及决定性因素。四是相关政策研究不足。政府如何推进地区的创新发展？不同产业、不同企业是否应集中于一个较小区域？它的利弊如何(例如要考虑拥挤成本)？如何制定好的政策，推进区域内的创新发展？

(三)技术外部性与不同经济体的生产率增长差异

创意是如何越过地区界线的？影响不同经济体间技术外溢效应的因素有哪些？一般认为，不同经济体间的知识外溢有三大渠道，即进出口贸易、FDI与人员流动，另外还包括一些基于契约的跨境经济合作。

首先，进口商品中包含体现型技术知识，特别是跨国公司子公司进口的中间产品中包含来自母公司的技术，而当地企业也能通过观察、学习以及逆向工程等方式获得来自跨国公司的溢出技术。Amiti and Konings(2007)应用企业微观数据研究了印度尼西亚本地企业通过进口中间品获得的学习效应,发现当印尼投入品进口关税下降10%时,本地企业可以通过中间品进口获得12%的生产率增加。Coe and Helpman(1995)应用22个经合组织(OECD)成员的资本品进口贸易数据研究了R&D溢出对TFP增长的贡献。Coe et al.(2009)利用扩展到2004年的24个经济体的数据重新证实了Coe and Helpman(1995)的结论,发现即使控制了人力资本变量的影响,通过进口贸易实现的技术外溢仍对TFP增长有显著影响,进口贸易将各个经济体的创新活动联系起来。另外,Coe et al.(2009)发现,制度变量会影响R&D溢出程度,较强的专利保护通常与较高的经济体间R&D溢出水平、较高的TFP水平相联系。Madsen(2007)应用多个经济体的专利应用数据和进口份额作为权重构建了各个经济体的知识资本存量,取代了Coe and Helpman(1995)的R&D资本存量,研究结果也支持进口贸易促进经济体间知识转移的结论。Acharya and Keller(2008)采用工业化经济体1973—2002年的数据,也证实了进口贸易自由化带来的技术学习效应会促进相关经济体的生产率增长。

出口贸易也能获得技术外溢效应。出口厂商通过与境外客户的接触获得技术外溢,例如境外客户提出一个较高的产品质量标准,并提供相关信息来指导出口厂商如何来达到标准等,这一过程产生出口学习效应。De Loecker(2007)使用斯洛文尼亚的制造业数据也证实了出口学习效应,在控制了自我选择效应以后,由于出口学习,企业的TFP平均提高了20%,并且出口企业与非出口企业的效率差异还会扩大。Utar(2009)研究发现,出口企业在获得境外技术服务的过程中能获得技术外溢,尽管接受境外技术培训与帮助、购买技术许可等需要支付一定成本,但是这一服务过程中也包含大量其他种类技术的溢出。

其次,FDI实现技术知识的直接转移。除了跨国公司内部的技术专利转移等,还有一些非体现型技术知识的转移,例如技巧和经验等,它们不容易编码,因此通过跨国公司内部员工培训、合作研发等形式转移。Kokko(1996)提出FDI的溢出渠道包括四类:示范与模仿、人才流动、上下游企业联系和竞争效应。Aitken and Harrison(1999)对委内瑞拉的研究显示FDI只对小企业有正向溢出效应,对于本地企业有负向效应。境外投资一般倾向于进入生产率较高的行业,如果控制行业的固定效应,那么FDI的溢出效应为负。其原因之一在于FDI并没有太大意愿向本地输入先进的管理知识和经验,它们追求廉价劳动力。另外,"三资"企业的本地管理者也没有机会进入管理高层或核心层,这妨碍了其获得先进技术与知识。

　　FDI 的溢出效应可以划分为垂直效应和水平效应。Blalock and Veloso (2007)研究了在印度尼西亚制造业中的跨国公司对东道国上游供应商的技术外溢。跨国公司为了增加供应商之间竞争和压低供应产品价格,会使技术外溢范围尽量广,这种技术转移对于买卖双方都有利益增进。Iacovone et al.(2011)的案例研究显示,沃尔玛进入墨西哥市场给当地的供应链上游企业带来了技术外溢,沃尔玛带来了从供应商到集中仓库的货运系统、精确的货运操作指令等技术知识,这些技术外溢提高了本地企业的生产率和创新率。上述研究都得出了 FDI 具有正的技术外溢效应的结论,这一结论也为政府的 FDI 鼓励政策提供了理论支持。但是,仍有一些疑问需进一步阐释。例如:哪些公司将从 FDI 的溢出效应中获利? FDI 在发展中经济体的溢出效应是否与它在发达经济体的溢出效应一样大? 这种溢出效应是否大到能够弥补地方政府为吸引 FDI 所提供的补助?

　　最后,经济体间其他形式的技术外溢包括:跨境商务旅行、人才的跨境流动、跨境学术团体与会议交流等。Hovhannisyan and Keller(2011)对美国公司的研究显示,跨境商务旅行增加 10%,这些公司的专利获取率将提高 0.3%。Agrawal and Oettl(2008)利用美国专利数据检验了创新者的跨境流动对知识流动的影响效应,其中知识流动采用专利引用表示。其研究结果显示:一个创新者的跨境流动将导致流出地与流入地公司之间的知识流动增加 5%。Kerr(2008)认为以族裔为纽带建立起来的各种学术团体、协会等是美国向发展中经济体,如中国、印度等国扩散技术知识的重要渠道。研究结果显示:学术团体数量与境外产出之间的弹性系数是 0.1—0.3。

　　什么因素决定了经济体间技术外溢的质量和数量呢? 首先,人力资本水平与 R&D 投资对于吸收经济体间技术外溢很重要。经济体只有进行相应的 R&D 投资和拥有一定数量的熟练劳动者才能有效吸收经济体间技术外溢。这一观点最早由 Cohen and Levinthal(1989,1990)提出,其强调了 R&D 投资的"双面"作用,即 R&D 投资不仅能用于直接创新,也能提高学习和吸收外来技术知识的能力。研究解释了为何在技术外部性很强时,许多企业,尤其是大企业依然会保持较高的 R&D 投入。[①] 特别是在激烈的创新竞争中,创新所需的技术知识信息既可以来自企业内部的试验与研发,也可以来自外部其他企业的技术成果。在一定条件下,知识外溢程度越高,企业的创新投入可能越多。

一些学者对 Cohen and Levinthal(1989)的理论假设进行了实证检验和拓展。Xu(2000)提出了一个人力资本门槛值,只有当发展中经济体的人力资本水平超过这个门槛值,才能有效吸收来自境外的溢出技术。Zahra and George(2002)将技术吸收能力进一步区分为潜在的吸收能力与实现的吸收能力,后者强调一个经济体或企业对外溢知识的再开发与应用能力。研究还采用了一些指标评估技术吸收能力,如通过 R&D 投入数量或 R&D 投入的劳动时间来衡量外部知识获得能力,通过企业间专利或研究刊物的引用数量来衡量技术消化能力,通过新产品在研数目来衡量技术转化能力,通过专利授权数量和新产品成功开发数目等来衡量技术开发能力。

Griffith et al.(2004)对 12 个 OECD 成员的数据研究显示,R&D 投资无论是在直接创新方面还是在吸收外部知识、实现技术追赶方面都具有重要意义。Escribano et al.(2009)利用西班牙 2000 多家企业的数据证实了吸收能力在实现技术外溢过程中发挥的调节效应。这种效应在那些新知识涌现活跃和拥有较强的知识产权保护的行业部门尤为显著。与此同时,企业异质性也可能是影响和决定溢出效应大小的关键因素之一。Keller and Yeaple(2009)发现,跨国公司在高技术产业部门的溢出效应明显,而在低技术产业部门的溢出效应则很弱或几乎没有。此外,公司的外资所有权份额是影响技术外溢强弱的重要变量之一。Keller and Greenway(2004)提出,外资影响本地企业生产率的一种渠道就是市场竞争。外资企业的进入加剧本地竞争,迫使本地企业提升技术和管理水平,提高资源使用效率。

技术外溢在推动不同经济体的经济收敛方面发挥了重要作用。不过,仍有一些问题需要明晰:第一,技术外溢的渠道有哪些?尽管贸易、投资是重要的渠道,但是它们的具体作用机制还有待深入研究。第二,技术外溢效应是否具有异质性?哪些是调节因素或中介因素?越来越多的研究开始引

---

① 这一观点也在一定程度上反驳了 Arrow(1962a)等关于技术外部性抑制 R&D 投入的传统论点。尽管在技术外部性很强时,企业进行 R&D 投资的一部分收益会被其他企业所获得,但是企业之间技术外溢是相互的,为了有效地吸收来自其他企业溢出的技术知识,该企业也会增加 R&D 投资,因此整个行业的 R&D 投资规模仍是很大的。这种情形经常会在那些技术进步速度较快的产业或时期出现,此时技术领先程度与技术开发速度成为企业竞争获胜的决定性因素。

入异质性因素。经济体间技术外溢对于哪些经济体、哪些产业或哪些企业的影响最大？其原因是什么？Parente and Prescott（2004）认为，新技术的吸收障碍可以解释很多经济体之间的增长差异。但是其所提出的新技术吸收障碍的含义广泛，包括法律约束、政策扭曲以及学校教育投资不足等。新技术的吸收必须进行一定的投资才变得可行，其称之为知识吸收资本。发展中经济体尤其需要加强这方面的基础性投资。第三，经济体间技术外溢能实现跨境增长收敛吗？当前发展起来的新技术具有全球性吗？是否欧美发达经济体之间的技术外溢效应要比发达经济体与发展中经济体之间的技术外溢效应大？是地理因素还是技术吸收能力差异导致了溢出效应的差异？

按照 Gerschenkron（1962）的分析，后发经济体可以利用先进经济体溢出的技术知识实现增长"赶超"（catch-up），特别在当前信息技术较为发达且全球经济一体化趋势增强的时期，经济体间增长收敛应更快。但是，现实情况表明：欧美等发达经济体占据着全球创新经济的主体地位，获得了每年全球 80％ 的创新成果；包括中国、印度、巴西、俄罗斯等在内的少数发展中经济体在全球创新经济中的地位也逐年提高；其他大多数发展中经济体与上述经济体在发展创新经济方面的差距越来越大。全球创新分工体系也远未形成。发达经济体不仅是技术的最大来源，也是技术外溢吸收与利用的最大群体，这就造成了创新成果和技术外溢仅惠及少数经济体，造成全球经济增长差距扩大化。这一领域的研究还需要加强与深化。

五、技术外部性与知识产权政策改革研究

创新政策随着创新发展重要性的提升而成为当前的研究热点。创新政策的研究包括两个方面：一是知识产权保护政策改革研究；二是创新组织政策研究。创新组织政策的核心就是激励与协调创新活动，扩散技术成果，获取最大社会利益。

首先，学者们对当前的知识产权保护政策体系存在诸多质疑。例如 Boldrin and Levine（2008，2013）、Farrell and Shapiro（2008）、Lerner（2009）、Gilbert（2011）、Acemoglu and Akcigit（2012）等，其主要观点：一是过严的专利制度限制了知识扩散，提高了后续创新的成本。Gilbert（2011）指出，许多创新与发明建立在其他人的成果的基础上，知识本身是进行后续创新的一种投入，过严的专利制度将导致许多重复性的研发活动，无疑将增加其他企

业的创新成本,降低了整个社会未来的创新发展速度,使得整个社会的长期经济福利受损。

二是专利制度的有效性。Levine et al.(1987)所做的企业调查研究显示,竞争对手能通过多种方式获得开发新产品和新生产工艺方面的信息。例如通过独立的 R&D 或逆向工程、从创新企业的雇员中获得信息以及雇佣他们而获得信息,专利披露、各种出版物以及公开的技术会议等途径也能提供信息。在所调查的 130 多个商业领域中,仅有 5 个商业领域可以利用专利制度有效地保护其创新收益,包括药品、有机化学、杀虫剂等。因而,很多创新竞争者可以通过多种途径"合法地发明"类似的新产品或新工艺。Nelson(2000)强调,竞争性企业获取创新收益的主要途径是利用领先优势而不是利用专利制度。

三是扭曲创新激励。正如 Acemoglu(2011)所强调的,"专利保护制度正在蜕变为一个官僚性质的、充满繁文缛节的创新壁垒"。不合理的专利保护制度导致"专利投机者"的出现以及过多的专利诉讼,增加了额外的创新成本。仅在 2011 年,专利投机者就向美国公司索取了总计 290 亿美元的费用。一些原先并不依赖于专利的公司转而把投资专利视为一种谋利手段,通过掌控专利而向相关技术应用公司索取专利费。Lerner(2009)对 60 多个经济体在 150 年内的专利统计数据分析显示,专利保护的加强并未提高创新绩效。基于上述理由,大多数学者主张适当放松对专利或知识产权的保护,以促进创新竞争和创新发展。Boldrin and Levine(2008)等更主张完全取消专利保护制度。其举证说明,当一些核心专利保护期满时,引用这些专利的相关创新的速度会大大加快。因此,取消专利或知识产权保护制度能推动创新竞争和创新发展。如前所述,Acemoglu and Akcigit(2012)主张建立一个依据竞争状态调整的知识产权保护政策,但是政策操作性有待质疑。

其次,创新组织政策。1984 年美国颁布的《国家合作研究法案》允许和支持企业在 R&D 投资方面展开合作。在这以后,R&D 卡特尔和 R&D 联合体(RJV)等大量出现。1987 年,美国政府支持建立"半导体制造技术科研联合体"(SEMATECH),致力于恢复美国在半导体制造领域的领先位置。每年它的一半经费由成员公司提供,一半由联邦政府提供。研究成果移交给各成员公司和美国政府进行商业和军事应用。大部分学者认为创新合作方式能使得知识外溢"内部化"(internalization),减少重复性研发努力,提高创新绩效。但是也有少数学者认为企业之间的创新合作可能会形成串谋,破坏市场竞争,降低创新绩效,如 Martin(2006)、Miyagiwa(2009)等。创新合作具有两面效应,最优的政府政策应是鼓励具有互补性技术的企业展开合作,具有替代性技术的企业展开竞争。政府需要采取包括补贴、税收优惠以及专利政策调整等手段引导企业采取有利于社会的 R&D 合作方式。

创新政策还有两类:一类是战略性创新政策,即为获取全球竞争优势而实施的创新支持政策。不过,当全球经济进入以创新竞争为主的发展阶段时,一些经济体的创新发展支持政策容易引起争议,例如可能导致不公平竞争等。二是市场失灵纠正政策。由于技术外部性的存在,私人 R&D 支出可能过少,不利于整个经济体的创新发展。因此,为了提升这种正向外部性,特别是动态外部性,政府就会制定促进政策支持创新活动,例如创新补贴等,从而推动整个经济的良性循环发展。

六、技术外部性与中国经济增长

改革开放以来,中国经济增长迅速。中国经济增长的动力源成为研究的关注点。那么,经济体间技术外溢在推动中国经济增长方面起了什么作用?哪些因素影响了外部技术知识向中国的转移?中国的 FDI 流入一直位居世界前列,学者们对 FDI 的技术外溢效应进行了细分研究。Lin et al.(2009)利用 1998—2005 年中国制造业企业的面板数据分析了 FDI 的溢出效应,区分了垂直溢出效应和水平溢出效应,前者是上、下游关联企业之间的溢出效应,后者是同类竞争性企业之间的溢出效应。研究发现,来自香港、澳门和台湾地区的投资企业对内地企业的生产率产生负的水平溢出效应,而来自 OECD 成员的投资对企业产生正的水平溢出效应,这两个渠道的溢出效应几乎相抵。与此同时,来自这些地区的投资企业都产生显著的正向垂直溢出效应,不过出口导向型 FDI 的溢出效应要弱于内需市场型 FDI 的溢出效应。钟昌标(2010)对 1986—2008 年中国省级面板数据的研究显示,FDI 不仅具有地区内溢出效应,而且有地区间溢出效应。FDI 在地区间的溢出效应反映出外资企业的产业链延伸到了不同地区,这是地区间信息流、资金流和商品流相互作用的结果。

Chen et al.(2011)采用固定效应方差分解模型研究了 FDI 对中国生产率增长的传染型溢出效应和竞争型溢出效应,前者主要依赖于 FDI 在整个经济中的密集度,后者主要依赖于境内企业与外资企业之间的互动程度。研究发现 FDI 的溢出效应在不同公司、不同行业间有很大差异,当某一行业的外资比重提高时,传染型溢出效应先增强后减弱,而竞争型溢出效应与外资比重呈现出线性关系。此外,那些具备较强吸收能力和较高效率的行业能充分利用溢出效应。

Agarwal and Milner(2011)利用 2001—2005 年中国制造企业的数据研究了 FDI 的溢出效应,发现溢出效应在 29 个省份的 10 个行业中呈现出很大的差异,这种溢出效应差异与各个省份、行业的自身特性紧密相关。Abraham et al.(2010)的研究显示,外资企业较多的行业的内资企业的TFP 水平也相对较高,外资企业带来的溢出效应与外资所有权结构、企业是否出口以及是否位于经济特区等密切相关。Reenen and Yueh(2012)检验了 FDI 的技术外溢对中国"追赶"发达国家的影响效应。研究结果显示,如果没有 FDI 带来的溢出效应,中国的经济增长率将在过去 30 多年里平均降低 1 个百分点。Ito et al.(2012)依据外资所有权结构、外资来源地等指标构建了技术外溢变量,并检验了外资企业的技术外溢对中国的 TFP 增长和发明专利申请数量变动的影响效应,发现:当以 TFP 作为创新绩效指标时,外资企业并不具有显著的产业内溢出效应,但具有显著的产业间溢出效应;当以发明专利申请数量作为创新绩效指标时,外资企业具有显著的产业内溢出效应,但不具有显著的产业间溢出效应。外资企业对 TFP 增长的溢出效应主要源于其生产方面的活动,它仅限于产业间的影响;外资企业对发明专利申请的溢出效应主要源于其 R&D 方面的活动,它仅限于产业内的影响。

学者们还对国家间技术外溢效应的影响因素做了研究。这些因素包括技术吸收能力、外资企业经营战略考虑、经济体制、行业特征以及地理区位因素等。一些经验研究显示 FDI 的技术知识外溢存在"门槛条件",如余泳泽(2012)利用中国高技术产业数据进行实证检验,结果表明,外商投资规模、技术势能与潜在市场规模对 FDI 技术外溢的影响都具有一定的"门槛条件"。Chen et al.(2011)显示,一个国家、行业或企业的吸收能力影响着溢出效应的大小。如前文所述,Cohen and Levinthal(1989)认为人力资本和R&D 投资水平决定着吸收能力,中国经济发展也不例外。因此决定技术外溢效应差异的因素与中国企业自身已拥有的人力资本水平、R&D 投资水平紧密相关,还与中国的产业或地区特征以及企业之间的关联形式紧密相关。这些异质性因素决定了 FDI 的溢出效应大小。

其他研究还包括:

第一,技术差距与吸收能力的影响。陈涛涛(2003)对制造业的 84 个四位码细分行业的数据展开分析,结果显示:如果内资企业、外资企业的能力差距较小,则溢出效应容易产生。一般而言,内资企业、外资企业的技术差距越大,"追赶"和学习的空间越大,但是差距太大,一方面意味着本地企业的学习能力很弱,无法进行学习和"追赶",另一方面说明竞争太弱,溢出效应较小。相反,竞争较强时,本地企业会尽力提高生产率。李平等(2007)显示,中国的人力资本水平较低、知识产权保护不当大大降低了国内研发资本投入产出绩效,也制约了 FDI 的溢出效应。张强和卢荻(2011)认为,技术扩散的程度与受传播方的初始技术水平以及吸收知识的能力有关。若其初始技术水平过低,还可能造成"反创造性毁灭",即一旦失败,可能导致研发资源的浪费,造成沉没成本。

第二,经济结构、外资企业战略和技术含量的影响。陈继勇和盛杨怿(2008)显示,FDI 在中国的技术外溢效应不明显,即使是在利用外资获益匪浅的汽车、电子等行业也不明显。跨国公司从其全球经营战略出发,利用中国的劳动力总量和成本优势,在中国主要从事加工组装。由于组装环节的增值幅度小,技术含量低,因此各地从中获得的技术外溢非常有限。在高科技行业,由于内资企业与外资企业的技术差距较大,缺乏专有知识与人才的匹配,内资企业没能吸收外资企业的先进技术。冼国明和严兵(2005)显示,外资企业仅对中国的专利申请量有正面溢出效应,但这种溢出效应主要体现在一些小的创新项目上,例如外观设计专利等。除此之外,学习倾向、知识复杂性和厂商间信任度等因素也对技术外溢效应发挥产生显著影响,如陶锋和李诗田(2008)对广东省东莞市 105 家电子信息制造业 OEM 的调研。另外,FDI 在中国越来越倾向于采用独资而不是合资或合作的形式,这也限制了中国从合作关系中获得知识外溢。吴波(2008)通过对浙江嘉善木业集群企业的调查研究发现,FDI 企业主导的全球网络与当地集群企业参与的当地网络虽然并非完全隔离,但是由于 FDI 与当地集群企业分别沿着两条相对独立的知识发展轨迹演化,因而 FDI 企业的技术外溢并不能直接推动本地集群企业成长。由此得出的结论是中国经济必须将国际技术外溢与自主创新能力提高结合起来,才能实现溢出效应的倍增。

第三,行业特征的影响。陈涛涛和陈娇(2006)认为,行业特征是影响 FDI 的溢出效应的重要因素之一。在内资企业的国际化倾向较强的行业中有较为充分的溢出效应,在内资企业的国际化倾向较弱的行业则没有明显的溢出效应。研究进一步将溢出效应区分为集聚性溢出效应和竞争性溢出效应。袁诚和陆挺(2005)、沙文兵和李桂香(2011)发现,FDI 对中国经济的技术外溢效应主要发生在外资开放中等程度的行业中。对外资开放程度较低的行业和对外资开放程度较高的行业由于内外资企业之间经济联系较少或技术差距悬殊,并没有产生显著的 FDI 技术外溢效应。

第四,制度环境因素的影响。朱东平(2004)认为,当 FDI 企业与本地企业的产品之间具有一定程度的水平差异和垂直差异时,FDI 的溢出效应取决于发展中经济体成本优势的大小以及它对知识产权的保护力度。蒋殿春和张宇(2008)分析了制度约束下的 FDI 技术外溢效应,认为由于中国在长时期内并不具备有效的市场和制度环境,市场信号缺失、激励扭曲等问题造成新技术价值贬低,企业技术改造和更新的激励不足,也限制了学习和创新能力,使得企业和个人技术活动的效率十分低下。因此,FDI 技术外溢效应不显著。

第五,FDI 多样化的影响。Zhang et al.(2010)认为:FDI 多样化有助于技术与管理技能多样化,进而强化溢出效应;同时,溢出效应取决于吸收能力大小。其利用中国 1998—2003 年的制造业数据进行了研究,发现 FDI 多样化可以提高国内企业的生产率,并且当企业规模越大即吸收能力越强时,溢出效应也越强。

第六,连通性的影响。许和连等(2007)、傅元海等(2010)研究了 FDI 与本地企业通过供应链关系而发生的后向链接溢出效应。中间品或服务购买帮助本地企业建立生产设施、提供技术援助、加强设备改造、管理和组织培训等,这种溢出效应虽然确实存在,但是只在当期显著。

综上,尽管现有研究较为全面,但有仍待改进之处:第一,技术外溢机制有待细化。例如,越来越多的证据表明,技术外溢过程不是单方面的被动过程,而是一种基于学习与匹配的互动过程。因此,不同的学习方式、互动方式会影响溢出效应的大小,企业、行业的异质性因素也会影响溢出吸收效果。第二,关于技术外溢对中国企业升级的长远效应的研究还不足。FDI 不仅带来知识,也带来竞争冲击和市场替代,这种竞争效应与技术外溢效应混合在一起对中国企业的成长产生重要影响。例如:Lin et al.(2009)认为来自港澳台的投资企业对内地企业的生产率产生负的水平溢出效应;Chen et al.(2011)则发现 FDI 的溢出效应在不同行业、不同公司中有很大差异。经济体间技术外溢与发展中经济体的自主创新能力提升有何相互作用?为了提升正向溢出效应,政府引资政策该如何调整?这些问题有待深入研究。

七、文献评述

尽管学者们在技术外部性与经济增长的关系研究方面做了大量的工作,但仍有待改进之处,特别是关于竞争环境下的技术外部性及创新增长机制有待深入研究。

(一)异质性企业之间的技术外部性与产业竞争、创新绩效的关系有待深入讨论

在马歇尔的外部性理论中,产业的地理集聚是外部性的重要源泉,它在集聚各种技术信息的同时也在促进技术信息的流动。在 Arrow(1962a)的模型中,物质资本积累是"干中学"的源泉。在 Romer(1986,1990)的新增长模型中,任一经济主体的技术资本投资都是技术外部性的源泉。在 Lucas(1990)的模型中,人力资本是技术外部性的源泉。学者们在构建以技术外溢为基础的增长模型中,往往将技术外溢视为创新活动的副产品。例如,Arrow(1969)认为外部性问题的产生等同于技术扩散市场的缺失。在经济主体的利益函数中,其行为变量与外部性变量之间是线性分离的,构建"附加市场"可以使外部性问题内在化。在 Romer(1986)和 Lucas(1988)的模型中,技术外溢也不受市场竞争的影响,因而在一定程度上能够回避投入激励与技术外溢之间的协调难题,聚焦于经济增长。不过,现实经济中市场竞争是常态,创新竞争也越来越重要,技术外溢产生的竞争效应得到深入研究。

市场结构与创新绩效的关系也有大量研究。Arrow(1962b)从创新激励方面提出市场垄断者的创新激励比新进入企业小的观点。Schmookler(1962)、Kamien and Schwartz(1970)、Dasgupta and Stiglitz(1980)、Mansfield et al.(1981)、Mansfield(1985)、Scherer and Huh(1992)、Aghion et al.(2001)、Gilbert(2006)、Acemoglu and Akcigit(2012)、Shapiro(2012)、Aghion et al.(2013)就市场结构与创新绩效的关系进行了理论或实证研究,但并没有形成一致意见。最新研究显示,不同类型企业之间的竞争互动有助于提升创新绩效,例如在位企业与进入企业之间的竞争互动,或者先进企业与后发企业之间的竞争互动。不过,很少有学者将异质性企业之间的竞争互动与技术外溢联系起来。技术外溢与竞争互动并不完全相悖,前者甚至激发后者,推动创新增长。一些学者将技术外溢视为侵权,会产生

"stealing business effects"（窃取生意效应），或者说是一种破坏效应。这种投入与产出的不对称性会削弱领先企业的投入激励。这也是零和博弈的结论。不过，在另一些情境中，技术外溢会迫使先前享受"高额收益"的垄断者加大创新投入，促进创新发展。另外，技术外溢能够带来产品多样化，带来经济发展的网络效应。Katz and Shapiro（1986）、Economides（1996）讨论过网络外部性与报酬递增之间的关系。当多个创新活动存在时序关联时，技术外溢有助于创新发展，而不同个体间的竞争效应并不一定显著。此外，当考虑比较收益时，技术外溢并不一定削弱创新者的努力。很多科学家也并非完全按照社会的边际收益从事科研工作，他们一般按照投入的私人比较收益从事科研工作。在这一类情形中，技术外溢并非不与市场竞争相容。目前关于这一主题的研究不多。

（二）技术外溢的动态效应有待深入研究

在 Arrow（1962a）的"干中学"模型、Romer（1990）的产品多样化增长模型中都有技术外溢的动态效应。例如，在 Romer（1990）的模型中，技术外溢传递到每个经济体，每个经济体都受经济规模效应的影响。但是，这一理论不能很好地解释不同经济体的增长差异。Jones（1995，1999）指出，Romer（1990）的模型有 R&D 投入的规模经济效应，但是现实经济中并未出现这种创新增长的规模经济效应。规模经济效应会导致增长路径的锁定。Arthur（1989，1994）曾指出偶然事件有可能锁定竞争格局，特别是具有递增收益的不同技术之间的竞争，并且容易导致技术发展的潜在无效性，降低社会福利水平。在现实经济中，虽然拥有更多创新资源的经济体在市场竞争中具有优势，但是也有一些创新发展的后起之秀，例如韩国、新加坡、以色列和中国等。如何将创新发展中的报酬递增效应与后发者的竞争赶超机制结合起来解释复杂多变的现实经济仍具有挑战性。

（三）技术外溢的限制性因素及其影响效应有待研究

并不是每个经济主体都会受到"等量"的技术外溢冲击。连通性是影响技术外溢效应发挥的一个重要因素，地理距离、技术匹配性和社会网络等都会影响技术外溢效应。大部分不从事特定产业的相关工作的人是很少受到这个行业的技术冲击的。产业供应链、人际关系和族裔关系等会建立起技术外溢的渠道，它们更多是一种隐形渠道。一些重要的历史事件或政策调整也会影响技术外溢的受益面。例如，第二次世界大战造成了科技人才的跨境流动，东欧剧变影响了科技人才的跨境流动，中国改革开放也影响了人才的跨境流动。此外，信息网络发展也会扩展技术外溢的渠道，提升技术外溢的便利性，例如数字期刊、数据库等。有些技术外溢有稳定渠道，也有的只是偶发性外溢。Greenwood and Ingene(1978)区分了稳定的外部性和不稳定的外部性。稳定的外部性通过协调方式实现；不稳定的外部性就会使得厂商经营遇到风险。采取协商或合并方式来解决外部性问题，其有一定约束条件。Nelson(1993)表示，国家创新系统在一国的创新发展中起着重要作用。国家创新系统就是一个创新的网络系统，个体间的技术外溢与互动对整个国家的创新发展产生重要影响。另外，受溢主体的吸收能力、资源投入和企业特性，即属于生产型企业还是技术开发型企业，也会影响技术外溢效应的大小。

正如罗伯特·索洛所言，"在科技创新究竟来自何处这一方面，经济学家还有很多需要了解"(Ghosh,2011)。毫无疑问，技术外部性、竞争与创新发展都是重要的经济变量，但对于它们的研究还有待深入。

第三章 技术外溢、产业竞争与创新绩效

一个经济体的企业包括在位企业和新进入企业。很多研究,例如 Schumpeter(1942)将在位大企业的创新活动视为经济发展的主要动力源泉。在位大企业支持了很多研发活动,因而也带来创新发展。不过,在高科技产业领域,新进入企业也是创新发展的重要推动力,它们拓展了产业边界,带来新产品和技术,并逐步成长为产业发展的中流砥柱。例如,美国半导体产业一直保持产业发展活力。虽然美国在 20 世纪 50、60 年代就成立了一批半导体企业,仙童(成立于 1957 年)、英特尔(成立于 1968 年)、德州仪器(成立于 1947 年)、国家半导体(成立于 1959 年)和摩托罗拉(成立于 1928 年)等。但是美国在 20 世纪 70、80 年代仍有大量新半导体企业成立,例如美光(成立于 1978 年)、高通(成立于 1985 年)、博通(成立于 1991 年)和英伟达(成立于 1993 年)等,如今它们已成为产业发展的重要推动力。甚至苹果、谷歌等也于近期加入半导体产业。

在位企业与新进入企业之间的良好互动是产业发展的重要保证。它们不仅存在竞争关系,而且还有技术外溢联系。技术外溢不仅节约了后发企业的研发成本,还带来产品创新多样化(Romer,1990),这正是经济增长的机制之一。同时,技术外溢强化了市场竞争,也促使在位企业加大创新力度,保持领先优势。在全球半导体产业中,很多企业的 R&D 投入占到销售额比例的 20% 以上。高比例的 R&D 投入意味着激烈的产业竞争,它推动着产业前进。

本章利用一个数理模型阐释在位企业与新进入企业之间的竞争互动对产业创新发展的影响,并说明这种竞争互动与技术外溢有关,以此论证技术外溢对创新增长的重要意义。这一增长机制显示了技术外溢的两方面作用:一是技术外溢能够降低创新进入成本,促进新企业的诞生。[①] 二是技术外溢强化产业竞争。更多的新企业进入迫使在位企业加大创新投入,它使

---

① 如果每一个新企业代表着一种产品创新,那么技术外溢会促进创新广度的提升。本章将说明技术外溢在培育产业新生力量中的重要性。

得整个产业的创新增长由低效状态转向高效状态。甚至在位企业也会从新进入企业身上获得技术外溢,形成所谓的创新竞争反身性,两者相互影响,从而使得整个产业的创新绩效更高(刘毅群,2014)。相反,如果新进入企业不足,在位企业面临的竞争压力不足,其只需保持一定的技术差距就能获得最大利益。此时,整个产业的创新绩效较低。

本章分析借鉴了 Schumpeter(1942)和新增长理论中的"创造性破坏"思想(Grossman and Helpman,1991;Aghion and Howitt,1992),尤其借鉴了 Klette and Kortum(2004)以及 Aghion et al. (2013)等的产业动态模型。本章的创新点是将技术外溢作为降低新企业进入门槛和强化竞争的推动力。

本章第二部分是实证分析,利用中国工业企业数据库提供的数十万家企业的资料进行经验分析,考察 FDI 对某一地区的细分产业发展的影响。与数理模型中的假设稍有不同,外资企业是一类特殊的新进入者,它拥有较先进的技术,因而除了强化竞争,还会对内资企业形成技术外溢,促进内资在位企业和新企业的发展。实证分析的第一部分是检验外资企业进入的溢出效应,即外资企业进入是否会促进新的内资企业(或本地企业)成长;实证分析的第二部分是检验本地新企业的发展是否会通过竞争效应促进外资企业加大创新投入力度。本章通过论证这两种效应来检验技术外溢在促进产业发展中的作用。

一、一个产业创新增长模型

(一)模型框架

假定一个经济体的某一高科技产业有两类企业:一类是在位企业,另一类是新进入企业。在位企业在产品创新方面处于领先位置,获得一定垄断利润。同时,在位企业也积极进行扩张,试图在更多的产品领域获得领先位置。另外,有一些新进入企业,它们仅开发一种产品,试图通过参与创新竞争,分享利润。本章通过分析在位企业与新进入企业之间的竞争互动来阐释产业创新增长机理。

假定该经济体的总产出由一系列的中间品投入转化而成:

$$\ln Y_t = \int_0^A \ln y_{\omega t}\, d\omega \tag{3.1}$$

其中，Y_t 是第 t 时期经济体的总产出，$y_{\omega t}$ 是第 ω 种中间品投入，A 是该经济体拥有的中间品种类数量。

假定第 ω 种中间品的生产函数为：

$$y_{\omega t} = q_{\omega t} l_{\omega t} \tag{3.2}$$

其中：$q_{\omega t}$ 是中间品的生产技术，即劳动生产率；$l_{\omega t}$ 是从事第 ω 种中间品生产的劳动投入。另外，假定每一种中间品的生产技术在不断更新，最高等级的技术水平为 $q_{\omega t} = q^{k_t}$，q 是标准技术当量（$q > 1$），k_t 是技术水平的等级数，是整数，它越大，表明中间品的生产技术水平越高。

假定中间品市场存在伯川德（Bertrand）竞争，在每一期的创新竞争中（它使得生产技术水平提升 q），在位企业和新进入企业都可能成为领先企业。领先企业会采取极限定价策略（Grossman and Helpman,1991）以获得最大利润。该策略意味着中间品的定价使得生产技术水平较低的企业不赢利。假定 w_t 为第 t 时期的单个劳动者的工资。因此，生产一单位的中间品的成本为 $w_t / q_{\omega t}$。极限定价意味着：

$$p_\omega = \frac{w_t}{q_{\omega t}/q} \tag{3.3}$$

此时，在位企业（或领先企业）提供该中间品获得的利润为：

$$\pi_{\omega t} = \frac{(q-1)}{q} y_{\omega t} p_\omega \tag{3.4}$$

依据消费者均衡，有 $y_{\omega t} p_\omega A = Y_t$。因此，提供第 ω 种中间品的企业的利润为：

$$\pi_{\omega t} = \frac{(q-1)}{q} \frac{Y_t}{A} = \pi_t \tag{3.5}$$

如果给定 A 和 Y_t，则每一类中间品的利润等同，将 $\pi_{\omega t}$ 改写为 π_t。

从上述模型可知，产业创新增长的源泉有两处：一是中间品多样化，即 A 的扩大；二是中间品生产技术水平的提升，即 $q_{\omega t}$，它来自"创造性破坏"过程，在位企业与新进入企业对垄断利润的追寻会促进生产进步。

该经济体的实际总产出为：

$$\frac{Y_t}{p_\omega} = A y_{\omega t} = L_{yt} q_{\omega t} \tag{3.6}$$

其中，$L_{yt} = A l_{\omega t}$，是所有中间品生产所需的劳动投入。

（二）在位企业的创新决策

在位企业一旦处于领先位置，是否意味着它可以永久地获得垄断利润呢？如果没有竞争压力，它的最优选择当然是不进行创新投入，因为这意味着成本和创新收益保持不变。不过，它面临新进入企业的竞争压力。另外，在位企业也可能转变身份，成为新进入者，拓展其在其他产品领域的领先位置。因此，基于上述两方面的原因，在位企业会进行一定的创新投入。假定在位企业 i 在第 t 时期在种类数量为 a_{it} 的中间品的生产上处于领先位置。现在它的发展目标是将处于领先位置的中间品的种类数由 a_{it} 提升到 $a_{it}+1$。其创新函数为：

$$Z_{it}=G(R_{it},a_{it},w_t) \tag{3.7}$$

其中，Z_{it} 是在位企业 i 的创新发生率（或成功概率），它是企业的 R&D 投入 R_{it} 和所拥有的中间品种类数量 a_{it} 的增函数，具体形式为：

$$Z_{it}=\eta L_{it}^{\gamma}a_{it}^{1-\gamma} \tag{3.8}$$

其中，参数为 η 和 γ，$0<\eta$ 且 $0<\gamma<1$。L_{it} 是企业投入的 R&D 劳动量，$L_{it}=R_{it}/w_t$。对创新函数进行变形，得到

$$z_{it}=\frac{Z_{it}}{a_{it}}=\eta\left(\frac{L_{it}}{a_{it}}\right)^{\gamma}=\eta\left(\frac{R_{it}/w_t}{a_{it}}\right)^{\gamma} \tag{3.9}$$

其中，z_{it} 表示企业 i 的某一类中间品的创新发生率，(L_{it}/a_{it}) 表示单类中间品的 R&D 劳动投入量。上面这一创新函数意味着：第一，如果仅从 Z_{it} 来看，创新发生率与企业已经成功开发的中间品种类数 a_{it} 呈正相关，具有规模经济效应。第二，如果将创新资源 R_{it} 平分到每一类中间品上，它具有边际报酬递减特征。

假定对于企业 i 而言，有贝尔曼（Bellman）方程：

$$\rho V(a_{it})=\max_{z_{it}}\{a_{it}\pi_t-R_{it}+z_{it}a_{it}[V(a_{it,+1})-V(a_{it})]-z_{Et}a_{it}[V(a_{it})-V(a_{it,-1})]\}$$

其中，$V(a_{it})$ 是拥有中间品种类数量为 a_{it} 的企业 i 的价值函数，ρ 为企业价值的贴现率。$a_{it,+1}=a_{it}+1$，$a_{it,-1}=a_{it}-1$，分别表示企业提供的中间品种类数量增加 1 个或者减少 1 个，$V(a_{it,+1})$ 和 $V(a_{it,-1})$ 分别对应企业的中间品种类数量增加 1 个或减少 1 个的价值函数。$z_{it}a_{it}$ 表示企业 i 通过 R&D 投入获得的创新增长率。在位企业 i 也面临企业价值减损的风险，竞争性企业的进入会破坏它在原有的 a_{it} 种中间品的领先地位。z_{Et} 是新进入企业在某一类中间品的创新发生率。$z_{Et}a_{it}$ 是企业 i 在 a_{it} 种中间品出现价值减值的发生率。令 $V(a_{it})=a_{it}v_t$，v_t 是单一类中间品的价值，并且有 $V(a_{it,+1})-V(a_{it})=v_t$ 和 $V(a_{it})-V(a_{it,-1})=v_t$。

因此，上述贝尔曼方程可以简化为：

$$\rho v_t = \max_{z_{it}} \{\pi_t - R_{it}/a_{it} + z_{it} v_t - z_{Et} v_t\}$$

由贝尔曼方程求得企业 i 的 R&D 投入的一阶条件为:

$$\frac{\partial R_{it}}{\partial z_{it}} = a_{it} v_t \tag{3.10}$$

进一步得到:

$$z_{it} = \left[\frac{\gamma v_t}{w_t} \eta^{\frac{1}{\gamma}}\right]^{\frac{\gamma}{1-\gamma}} \tag{3.11}$$

这一等式意味着:第一,中间品的价值 v_t 越大,企业的创新发生率 z_{it} 越大。因为企业愿意投入更多的 R&D 成本开发新技术。当然,中间品价值还取决于多种因素,包括折现率、单一期利润以及新企业的创新进入。第二,R&D 劳动的工资水平 w_t 越高,企业进行 R&D 投入的意愿越小,创新发生率也越低。

每一类中间品的价值受到多种因素的影响。由贝尔曼方程可知:

$$(\rho + z_{Et} - z_{it}) v_t = \pi_t - \frac{R_{it}}{a_{it}} \tag{3.12}$$

转换得到:

$$v_t = \frac{\pi_t - \dfrac{R_{it}}{a_{it}}}{\rho + z_{Et} - z_{it}} \tag{3.13}$$

式(3.13)意味着:第一,$z_{Et} - z_{it}$,即新进入企业与在位企业之间的创新发生率差距越大($z_{Et} > z_{it}$),中间品的价值越小。"创造性破坏"颠覆了垄断地位,也降低了中间品垄断所获得的价值。如果 $z_{Et} < z_{it}$,对于新企业而言始终存在着极高的市场进入"诱惑"。因为领先企业可以确保更低的市场地位颠覆率,进而可以维持垄断利润。第二,相同的 $z_{Et} - z_{it}$ 可能对应不同的 z_{Et} 和 z_{it},两者可能同时较高,也可能同时较低。但是它们对于产业创新增长有着不同的含义,因为当 z_{Et} 和 $z_{Et} z_{it}$ 同时较高时,产业的创新速度加快,能够获得效率更高的创新增长。第三,π_t 越大,中间品的价值越大。而 π_t 与该国的消费市场规模大小有一定关系。

在上述方程中,式(3.9)、式(3.10)或式(3.11)以及式(3.13)是核心方程。进一步结合 $z_{it} = \left[\frac{\gamma v_t}{w_t} \eta^{\frac{1}{\gamma}}\right]^{\frac{\gamma}{1-\gamma}}$ 和 $z_{it} = \eta \left(\frac{R_{it}/w_t}{a_{it}}\right)^{\gamma}$,得到 $\frac{R_{it}}{a_{it}} = \gamma z_{it} v_t$。

综上,得到:

$$v_t = \frac{\pi_t}{\rho + z_{Et} - (1-\gamma) z_{it}} \tag{3.14}$$

或者:

$$\frac{(z_{it})^{\frac{\gamma}{1-\gamma}}w_t}{\gamma\eta^{\frac{1}{\gamma}}}\left[\rho+z_{Et}-(1-\gamma)z_{it}\right]=\pi_t \tag{3.15}$$

它意味着:产业创新增长可能存在多重均衡。对应于相同的 π_t,存在多个可能的 z_{Et} 和 z_{it}。一种可能是:较低值的 z_{Et}、z_{it} 以及较高值的 $z_{Et}-(1-\gamma)z_{it}$;另一种可能是:较高值的 z_{Et}、z_{it} 以及较低值的 $z_{Et}-(1-\gamma)z_{it}$。两种情形尽管都能实现相同的 π_t,但是对于产业创新增长($g=z_{Et}+z_{it}$)的意义不一样。如何实现后一种增长情形成为关注的问题。

(三)技术外溢与竞争性进入

新企业的市场进入由何决定? 它并不是"无成本"进入。假定新企业从事某一中间品的开发,它需要支付进入成本 χ(固定成本),该成本主要由技术知识门槛导致,需要投入一定的 R&D 劳动才能获得相应的技术知识,即企业需要聘用数量为 χ 的 R&D 劳动才能获得一定的创新发生率。

如果新企业的进入成本 χ 很高,那么新企业的创新发生率 z_{Et} 较低,一些企业被排除在创新之外。对应于在位企业,它只需要保持较低的 z_{it},就能得到较高的 $z_{Et}-(1-\gamma)z_{it}$,此时产业创新增长陷入一种低水平发展。

不过,我们假定市场存在技术外溢,它有助于新企业提升创新发生率(它会促使中间品价值 v_t 下降),那么如果在位企业要保持一定的中间品价值 v_t,即促使 $z_{Et}-(1-\gamma)z_{it}$ 下降,那么它就需要相应地提升 z_{it},这样就实现了高效的产业创新增长。更为重要的是,新企业获得的技术外溢 $h(z_{it})$ 来自在位企业,因此,当在位企业提升自身的创新发生率时,新企业获得的技术外溢也在增加,那么整个产业的创新增长就走向一种良性循环,达到一个高效均衡。

假定新企业的创新发生率为下列函数:

$$z_{Et}=f(\chi-h(z_{it})) \tag{3.16}$$

其中,f 是一个递减函数,h 是一个递增函数。显然,对应于更高的 z_{it},将有更高的 z_{Et}。或者,有技术外溢的情形,$h(z_{it})$ 与无技术外溢的情形存在差异。

进一步探讨高效增长的条件。将式(3.11)带入式(3.14)中,可得:

$$\pi_t=v_t(\rho+z_{Et})-v_t(1-\gamma)\left[\gamma\frac{v_t}{w_t}\eta^{\frac{1}{\gamma}}\right]^{\frac{\gamma}{1-\gamma}} \tag{3.17}$$

这一方程是非线性方程,v_t 有多个均衡解。例如,当 $\gamma=0.5$ 时,有:

$$\frac{\eta^2}{w_t}(v_t)^2-4(\rho+z_{Et})v_t+4\pi_t=0 \tag{3.18}$$

v_t 是一个内生值,它的取值与新企业的创新发生率 z_{Et} 的高低紧密相关。另外,对应于相同的 z_{Et},v_t 有多个取值,当 v_t 较大时,在位企业的创新发生率 z_{it} 也会较高。

$$v_t = \dfrac{2(\rho+z_{Et}) \pm \sqrt{(\rho+z_{Et})^2 - \pi_t \dfrac{\eta^2}{w_t}}}{\dfrac{\eta^2}{w_t}} \qquad (3.19)$$

其中,$\pi_t = (q-1)l_{\omega t}w_t$。

进一步可知,如果在一定条件下有:

$$\frac{\partial v_t}{\partial z_{Et}} > 0 \qquad (3.20)$$

那么,新企业更高的创新发生率 z_{Et} 将提升中间品的价值 v_t(假定 w_t 保持不变),也将激发在位企业更高的创新发生率 z_{it} $\left[$ 依据 $z_{it} = \left(\dfrac{\gamma v_t}{w_t}\eta^{\frac{1}{\gamma}}\right)^{\frac{\gamma}{1-\gamma}}\right]$。

依据式(3.15)和式(3.16),均衡的 z_{it} 和 z_{Et} 取决于函数 f 和 h 的形式。

(四)产业创新增长

结合前面的式子,可以得到产业创新总发生率为:

$$g = z_{Et} + z_{it} = f(\chi - h(z_{it})) + z_{it} \qquad (3.21)$$

显然,g 的大小与函数 f 和 h 紧密相关。依据式(3.11)、式(3.17)和式(3.18),在一定条件下,如果新企业的创新发生率越高,那么竞争均衡将促使中间品价值越高,在位企业的创新激励和创新发生率也越高,进而整个产业的创新增长率越高。当然在另一条件下,例如,当 $\dfrac{\partial v_t}{\partial z_{Et}} < 0$ 时,新企业的进入降低了中间品价值,反而不利于在位企业的创新努力,整个行业的创新发生率并不一定能提升。

这一结论与以往理论不同。以往理论支持后一种情形,即技术外溢使得新进入企业的创新发生率提升,降低了中间品的价值,进而使得在位企业的创新激励减小,不利于创新增长。但是,非线性的竞争关系使得产业存在多重均衡。在一定条件下,技术外溢促使新企业的创新发生率 z_{Et} 提升,它也激发在位企业提升创新发生率 z_{it},两者的技术差距 $z_{Et} - z_{it}$ 或 $z_{Et} - (1-\gamma)z_{it}$ 有可能增大,反而提升了中间品价值 v_t 和创新激励 $\left[$ 依据 $z_{it} = \left(\dfrac{\gamma v_t}{w_t}\eta^{\frac{1}{\gamma}}\right)^{\frac{\gamma}{1-\gamma}}\right]$。它使得产业的创新增长进入一个更优的均衡点。因此,得到命题1。

命题1：产业创新增长存在多种均衡可能。一种均衡可能是产业发展存在在位企业的低效垄断，此时在位企业和新进入企业的创新发生率都很低，中间品价值也较低。另一种均衡可能是（来自在位企业的）技术外溢使得新进入企业的创新发生率提高，促使中间品价值提升，也增大了在位企业的创新激励，使得整个产业创新增长进入一个高效循环。

总结如下：

第一，在产业竞争环境下，中间品的价值不仅取决于单期创新垄断利润 π，还取决于在位企业与新进入企业的竞争互动。新进入企业产生的"创造性破坏效应"会降低中间品价值，但是在位企业的创新努力又会提升中间品价值，虽然中间品价值最终可能没变，但是创新速率的加快有利于整个产业的创新增长。在一定条件下，即 $\frac{\partial v_t}{\partial z_{Et}} > 0$，在位企业的 z_{it} 提升导致"$z_{Et} - (1-\gamma)z_{it}$"下降（尽管 z_{Et} 也在提升）和中间品价值 v_t 提升，在位企业存在创新激励，并且有 $z_{it} = \left(\frac{\gamma v_t}{w_t}\eta^{\frac{1}{\gamma}}\right)^{\frac{\gamma}{1-\gamma}}$，新企业进入会激发在位企业的创新努力。对于整个产业而言，当 z_{Et} 和 z_{it} 都提升时，它的创新增长速度也会加快。因此，创新发展从一个状态迁跃到另一个状态。对应于不同的 z_{Et}，有不同的 v_t 和 z_{it}，也有不同的产业创新增长速率 g。

第二，创新增长具有一定的内生性。技术外溢等价于"培育"了竞争对手，形成在位企业的竞争压力，迫使它更多的创新努力。因此，技术外溢能够激发市场竞争，推动创新发展。

第三，技术外溢也具有一定的内生性。技术外溢来自在位企业（或领先企业）。创新有一定的进入门槛，它可能是技术知识门槛。当在位企业存在技术外溢时，它节约了新企业的进入成本，并通过激发创新竞争提升了整个经济的发展绩效。反之，如果进入门槛很高，那么创新竞争互动就不能被很好地激发，也会导致低效经济均衡。在本书中，技术外溢成为一个实现良好的竞争互动与高效增长的触发点。

第四，技术外溢的规模效应也很重要。如果外溢技术能够传递到更多的新生企业，那么创新进入带来的竞争效应就会越强烈，也越能推动在位企业的创新努力。

第五，技术外溢还可能导致产品多样化发展，即 A 的扩展。这种技术外溢并未产生竞争效应，但它使得新企业能够突破创新的进入壁垒（成本壁垒或知识壁垒),创造多样化产品,也会带来总产出增长,即 $Y_t/p_\omega = Ay_{\omega t} = Al_{\omega t}q_{\omega t}$。这也正是 Romer(1990)提出的新增长理论的核心思想。

二、FDI 溢出效应与中国工业创新增长的分析

改革开放 40 多年,外国直接投资(FDI)进入对中国经济增长产生了重要影响,它不仅增加了生产资本的形成,提升了中国制造能力,也直接或间接地带来技术,并加大了中国市场的产业竞争。在有些产业中,内资企业后来居上,赶超外资企业,例如通信设备制造业;也有一些产业,内资企业的市场地位有所降低,形成内外资并列的竞争格局,例如自行车制造产业,中国的永久自行车、凤凰自行车、飞鸽自行车和五羊自行车等的市场地位大幅下降。FDI 进入对中国经济发展产生多重影响效应:首先,作为进入者,它促进产业竞争,加速"创造性破坏过程"的发展;其次,作为技术领先者,它为内资企业(在位企业)带来外溢技术,促进其技术水平提升;最后,它还带来产品多样化发展。本章这一部分以外资企业作为一个特殊的进入者(技术领先者)来检验它对中国工业经济发展的影响。

(一)特征事实

1. 中国工业企业数量增长

过去几十年里中国经济获得快速增长,大批新企业成长起来,成为产业发展的重要推动力。如表 3-1 所示,2001 年中国规模以上工业企业数量有17.10 万家,2002—2010 年分别为:18.20 万家、19.60 万家、27.65 万家、27.18 万家、30.20 万家、33.68 万家、42.61 家、43.43 万家、45.29 万家。企业数量增长了 1.65 倍。尤其是小型企业数量增长显著,2001 年小型企业数量为 14.83 万家,到 2010 年增长到 40.62 万家,增长了近 2.74 倍。

表 3-1 2001—2010 年中国规模以上工业企业数

单位:万家

指标	2001 年	2002 年	2003 年	2004 年	2005 年	2006 年	2007 年	2008 年	2009 年	2010 年
企业总数	17.10	18.20	19.60	27.65	27.18	30.20	33.68	42.61	43.44	45.29
轻工业企业数	8.67	9.25	9.27	12.36	12.14	13.36	14.66	17.85	18.16	18.80
重工业企业数	8.46	8.90	10.35	15.29	15.04	16.83	19.02	24.76	25.28	26.48

续表

指标	2001年	2002年	2003年	2004年	2005年	2006年	2007年	2008年	2009年	2010年
大型企业数	0.86	0.88	0.20	0.21	0.25	0.27	0.29	0.32	0.33	0.37
中型企业数	1.44	1.46	2.16	2.56	2.73	3.02	3.36	3.72	3.80	4.29
小型企业数	14.83	15.82	17.26	24.88	24.21	26.90	30.03	38.57	39.31	40.62
私营企业数	3.62	4.92	6.76	11.94	12.38	14.97	17.71	24.59	25.60	27.33
内资企业数	13.98	14.71	15.76	21.93	21.54	24.11	26.93	34.83	35.90	37.88
港澳台投资企业数	1.83	1.95	2.12	2.84	2.76	2.92	3.19	3.56	3.44	3.41
外商投资企业数	1.32	1.49	1.74	2.88	2.88	3.17	3.55	4.23	4.10	4.00

资料来源:国家统计局网站。

与此同时,亏损企业数量在 2001—2010 年并未有太大变化(参见表 3-2)。受全球金融危机的影响,中国规模以上工业亏损企业数量在 2008—2009 年有过短暂上升,但是在其他年份里并未有太大变化。这表明中国工业经济整体效率在这一段时期内获得提升:一方面,新进入企业增加,市场竞争程度提升;另一方面,企业退出数量并未大幅增加,挤出效应不显著。

表 3-2　2001—2010 年间中国规模以上工业亏损企业数

单位:万家

指标	2001年	2002年	2003年	2004年	2005年	2006年	2007年	2008年	2009年	2010年
企业总数	3.93	3.78	3.65	5.82	4.83	4.71	4.56	6.54	5.99	4.54
轻工业企业数	2.01	1.92	1.78	2.72	2.15	2.12	2.09	2.80	2.40	1.85
重工业企业数	1.92	1.85	1.87	3.10	2.68	2.59	2.47	3.74	3.59	2.69
大型企业数	0.24	0.24	0.02	0.02	0.03	0.03	0.03	0.05	0.04	0.03
中型企业数	0.43	0.43	0.36	0.47	0.47	0.45	0.46	0.66	0.55	0.44
小型企业数	3.26	3.11	3.27	5.33	4.33	4.23	4.08	5.83	5.40	4.07
私营企业数	0.47	0.57	0.73	1.74	1.46	1.57	1.61	2.63	2.50	1.88
内资企业数	3.07	2.91	2.74	4.22	3.48	3.39	3.11	4.46	4.20	3.22
港澳台投资企业数	0.52	0.50	0.51	0.81	0.68	0.63	0.69	0.95	0.81	0.59
外商投资企业数	0.35	0.37	0.41	0.79	0.67	0.69	0.77	1.13	0.97	0.73

资料来源:国家统计局网站。

　　整体而言,中国规模以上工业企业的数量在 2001—2010 年有大幅增长,为中国经济发展奠定坚实基础。那么,企业数量增长的原因是什么？新的企业成长与技术外溢是否存在关联？首先,中国工业企业的成长与前期的经营体制改革紧密相关。1992—2001 年是中国经济所有制改革和企业经营机制改革的重要时期,中国的所有制结构发生巨大变化。产权制度改革、“抓大放小”等系列举措让企业经营激励大大增强,促使很多民营企业成长起来。其次,2000 年以后,中国加入 WTO(世界贸易组织),大批外资(或 FDI)开始进入中国市场。它们产生多重效应:第一,这些外资企业主要来自发达经济体,它们拥有较先进的技术,进入中国市场产生技术外溢,带动一批新的内资企业成立。第二,FDI 进入加大了内资在位企业的竞争压力,倒逼其加大创新努力,也迫使一些内资企业退出。第三,新企业的进入和成长也会给外资企业带来竞争压力,迫使其加大创新投入。

　　其他因素也导致规模以上工业企业数量增加。例如,生产的扩大带来市场需求的增加。2001—2009 年也是中国人口结构变化的重要时期。依据国家统计局网站公布的数据,1982 年,中国人口普查城镇化率为 20.9%,城镇人口为 2.11 亿人;1990 年,中国人口普查城镇化率为 26.4%,城镇人口为 2.99 亿人;2000 年,中国人口普查城镇化率为 36.2%,城镇人口为 4.58 亿人;2010 年,中国人口普查城镇化率为 49.7%,城镇人口为 6.66 亿人;2020 年,中国人口普查城镇化率为 63.9%,城镇人口为 9.02 亿人。可以认为,1990—2020 年是中国经济转型的重要时期,大量农村人口在工业企业的组织下转变为城镇人口,一部分农村劳动力尽管未转变成城镇人口,但是也参与了工业经济发展。与此同时,生产的扩大带来收入的增加。1980 年、1990 年、2000 年、2010 年和 2020 年的居民人均可支配收入分别为 247 元、904 元、3721 元、12520 元和 32189 元,增长了近 130 倍。与此同时,居民消费价格指数(1978 年为 100)在 1980 年、1990 年、2000 年、2010 年、2020 年分别为 110、216、434、536、687。居民实际收入增长最快的时期为 2000—2010 年,这一时期它增长了 2.72 倍。供需螺旋上升,一些企业的营业收入也会增加。从统计角度而言,如果整个经济处于发展上升阶段,供需良性循环也会促使一些规模以下企业转变为规模以上企业。另外,来自本地内资企业的溢出效应也会促使新企业成长。

2. 新设立企业

　　以 2005 年的 27.18 万家规模以上工业企业为例(参见图 3-1),这些企业分布在 525 个细分行业。从图 3-1 可以看到:首先是棉纺纱加工、机织服装制造企业；其次是水泥制造、汽车零部件制造；再次是机制纸制造、钢铁铸件制造、电子元件制造的企业。绝大多数行业的企业数量少于 2000 个。

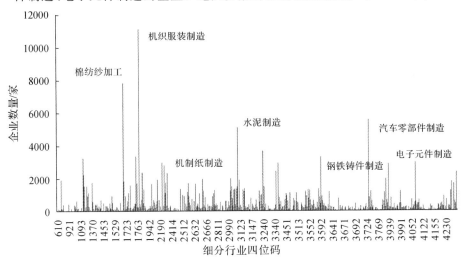

图 3-1　2005 年规模以上工业企业的行业分布

图 3-2 显示了 2007 年 33.68 万家规模以上工业企业的行业分布。对照 2005 年的企业分布图，可以发现：除了企业数量显著增加之外，一些行业的企业分布并未有明显变化，企业数量排名领先的行业几乎未发生变化。

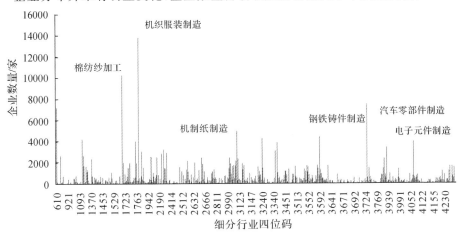

图 3-2　2007 年规模以上工业企业的行业分布

本书分析了福建、浙江、广东、江苏、上海和北京共 6 个省份在 2003 年新设立的外资企业数量，发现新设立的外资企业具有显著的行业特征以及地区特征，因而各地的外溢技术冲击也是异质的。首先，除了北京之外，福建、浙江、广东、江苏、上海新设外资企业数量最多的行业是服装制造，尤其在浙江、江苏,纺织服务类外资企业数量较多。以机织服装制造行业为例,福建、浙江、广东、江苏 4 地在 2003 年新设的外资企业数量超过 40 家。其次,广东新设的电子元件制造外资企业多于其他省份,江苏、上海也有较多的新设电子元件制造企业。最后,北京新设的汽车零部件制造外资企业数量较多,接近 25 家。

(二)实证分析

1. 计量模型

本章将利用 2005—2007 年的中国工业企业数据来检验这些效应。工业企业数据库提供了数十万家企业的基本信息,包括设立时间、地点以及行业(500 多个行业)等,地区及行业数据加总得到的样本数量达到 18412 个。

实证分析分为两部分:第一部分是检验某一地区的特定行业的外资进入对该地新企业产生的影响效应。首先,就外溢的源泉方而言,以当年某一地区的特定行业新进入的外资企业数量度量外溢冲击。其次,就外溢的受益方而言,由于技术外溢效应受到地理距离的限制,因此考察同一地区的外资进入对新企业成立数量的影响。再次,由于外溢技术的扩散、吸收主要集中在同一行业,因此考察同一行业的外资进入对新企业成立数量的影响。最后,由于工业企业数量逐年递增,为了控制其他因素对新企业设立数量的影响,采用了两个方法,一是仅考察外资进入对单一年份的新企业设立的影响,不纳入动态的被解释变量。例如,分别对 2003 年、2004 年、2005 年、2006 年和 2007 年的新企业设立数量进行回归,再进行回归结果的比较分析,考察回归系数的稳定性。二是引入控制变量,即该地区的特定行业的企业总量,控制这个地区的特定经济因素对新企业设立的影响。

计量模型设计如下:

$$\text{newsum}_{i,j,t} = \alpha + \beta_1 \text{newfdisum}_{i,j,t} + \beta_2 \text{newfdisum}_{i,j,t-1}$$
$$+ \beta_3 \text{newfdisum}_{i,j,t-2} + \beta_4 \text{newfdisum}_{i,j,t-3}$$
$$+ \beta_5 \text{newfdisum}_{i,j,t-4} + \gamma X_{i,j,t} + \varepsilon_{i,j,t}$$

其中,$\text{newsum}_{i,j,t}$ 是地区 i 的 j 行业在第 t 年新产生的企业数量,$\text{newfdisum}_{i,j,t}$ 是地区 i 的 j 行业在第 t 年新进入的外资企业数量,通过该变量反映技术外溢的冲击影响。该变量有两个特点:一是相较于外资"存量"(例如历年进入的外资企业总量),每年新进入的外资企业数量更能准确反映技术外溢的冲击效应,避免内生性问题。二是引入了滞后多期的外溢变量,度量技术外溢的滞后效应。$X_{i,j,t}$ 是控制变量。为了更好地反映外资进入对内资企业设立的影响,需要控制每个地区的经济特性以及相应产业发展可能对新企业设立的影响,本书引入本地细分产业的企业总量作为控制变量,它能较好地度量集聚效应以及地区、行业特性。计量模型通过引入这一控制变量能更好地解析外资企业对新设内资企业的溢出效应。

实证分析的第二部分是检验新进入企业对外资企业的研发投入的影响,即:

$$\ln fdirdsum_{i,j,t} = \alpha + \beta_1 newsum_{i,j,t} + \beta_2 newsum_{i,j,t-1} + \beta_3 newsum_{i,j,t-2}$$
$$+ \beta_4 newsum_{i,j,t-3} + \beta_5 newsum_{i,j,t-4} + \gamma X_{i,j,t} + \varepsilon_{i,j,t}$$

其中,$newsum_{i,j,t}$ 是地区 i 的 j 行业在第 t 年新产生的企业数量。$\ln fdirdsum_{i,j,t}$ 是地区 i 的 j 行业的外资企业在第 t 年的 R&D 投入总量的对数。同样,该计量方程有两个特点:一是为了准确刻画反向的竞争效应,本书只选择每年新进入的企业数量,而不是选择已有的所有企业,前者更能准确刻画冲击效应。二是竞争效应可能存在滞后影响,因此,引入了滞后多期的新进入企业数量作为解析变量。$X_{i,j,t}$ 是控制变量。

2. 计量结果

计量结果分为两部分:外资进入对新企业设立的溢出效应和新企业进入产生的竞争效应。首先,以省份和细分行业的二维单元来分析外资进入对新设内资企业的溢出效应。由表 3-3 中模型(1)的结果来看:2003 年新进入的外资企业对当年新设立的内资企业有显著的正向效应,回归系数为 2.423,即新进入 1 个外资企业将带动 2.423 个内资企业的设立。模型(2)以 2004 年新设的内资企业数量为被解释变量,将当年及前年的新进入外资企业数量作为解释变量,回归结果依然显著且为正向效应,它表明新进入外资企业发挥持续的外溢效应。不过,与模型(1)的回归结果相比,当引入两期的解释变量时,当年新进入的外资企业数量($newfdisum_{2004}$)的系数下降,同时滞后的解释变量($newfdisum_{2003}$)的系数小于当期的解释变量($newfdisum_{2004}$)的系数,0.904 小于 1.274,它表明滞后的解释变量的影响力相对较小,即新进入外资企业的溢出效应逐年减弱,即期效应显著且强烈,滞后效应显著但较弱。模型(3)、模型(4)、模型(5)的结果也证实了这一点,滞后的外资进入变量的影响效应在逐渐减弱。

表 3-3　省级层面回归结果

因变量	模型（1）newsum$_{2003}$	模型（2）newsum$_{2004}$	模型（3）newsum$_{2005}$	模型（4）newsum$_{2006}$	模型（5）newsum$_{2007}$
newfdisum$_{2003}$	2.423*** (173.40)	0.904*** (32.17)	0.567*** (19.51)	0.399*** (14.27)	0.059*** (3.11)
newfdisum$_{2004}$		1.274*** (40.46)	0.193*** (5.37)	0.028 (0.79)	−0.085*** (−3.59)
newfdisum$_{2005}$			1.441*** (37.11)	0.150*** (3.95)	0.169*** (6.54)
newfdisum$_{2006}$				1.603*** (43.45)	0.007 (0.26)
newfdisum$_{2007}$					2.371*** (59.84)
_cons	0.937*** (30.36)	0.870*** (32.19)	0.874*** (32.88)	0.751*** (29.73)	0.452*** (26.53)
N	18412	18412	18412	18412	18412
R^2	0.620	0.590	0.521	0.438	0.378
A-R^2	0.62	0.59	0.52	0.44	0.38

注：括号中为 t 值，*** 表示 $p<0.01$。

表 3-4 中的计量模型有一个重要变化，引入控制变量，2007 年每个省份在细分行业的所有在位企业总量作为控制变量。这一控制变量能刻画产业集聚效应。一个地区的某一细分产业的企业数量越多，预示该地区能提供优于其他地区且适应特定行业发展的经营环境或要素，新企业也越有可能选择该地区。另外，一些企业为了获取溢出效应，也会倾向于选择同业企业数量较多的地区设厂。模型（1）的结果显示：控制变量的影响效应为正且显著，同时即期的外溢效应也显著，回归系数为 2.288，即外资进入对即期新企业的进入产生正向、显著的影响效应。与表 3-3 的计量结果相比：外资进入的即期溢出效应的大小和显著程度未发生明显变化。模型（2）到模型（5）分别引入了滞后的外资企业进入数量作为解释变量，可以发现它们的回归结果与表 3-3 中的回归结果有很大不同，控制变量的影响效应显著，同时滞后变量的影响效应却并未如同表 3-3 中那样显著。控制变量是累计的企业数量，它代表了本地在位企业的溢出效应，因此，引入控制变量必然削弱滞后变量的溢出效应。

表 3-4 省级层面 2007 年控制变量回归结果

因变量	newsum$_{2007}$				
	模型(1)	模型(2)	模型(3)	模型(4)	模型(5)
newfdisum$_{2007}$	2.288***	2.309***	2.300***	2.320***	2.320***
	(93.57)	(63.73)	(61.55)	(61.92)	(61.91)
lncompanysum$_{2007}$	0.560***	0.561***	0.559***	0.566***	0.567***
	(47.54)	(47.15)	(46.39)	(46.80)	(46.70)
newfdisum$_{2006}$		−0.015	−0.028	0.019	0.025
		(−0.77)	(−1.16)	(0.76)	(0.96)
newfdisum$_{2005}$			0.017	0.113***	0.122***
			(0.93)	(4.75)	(4.96)
newfdisum$_{2004}$				−0.121***	−0.104***
				(−6.25)	(−4.62)
newfdisum$_{2003}$					−0.026
					(−1.44)
_cons	−0.459***	−0.460***	−0.458***	−0.466***	−0.468***
	(−18.14)	(−18.15)	(−18.03)	(−18.33)	(−18.39)
N	18412	18412	18412	18412	18412
R^2	0.442	0.442	0.442	0.444	0.444
A-R^2	0.44	0.44	0.44	0.44	0.44

注:括号中为 t 值,*** 表示 $p < 0.01$。

在表 3-5 中,选择滞后两期的本地企业总量作为控制变量,即将 2005 年每个省份在细分行业的累计企业数量作为控制变量。回归结果与表 3-4 的结果基本一致,即期溢出效应略微有所增强。主要原因是控制变量选择滞后多期的变量时,它的影响效应减弱,反而外资企业进入的即期溢出效应增强。这也从侧面反映出溢出效应逐年减弱的特点。

表 3-5 省级层面 2005 年控制变量回归结果

因变量	newsum$_{2007}$				
	模型(1)	模型(2)	模型(3)	模型(4)	模型(5)
newfdisum2007	2.322***	2.329***	2.318***	2.340***	2.340***
	(89.31)	(60.21)	(58.10)	(58.50)	(58.49)
lncompanysum2005	0.553***	0.553***	0.551***	0.559***	0.562***
	(40.32)	(39.98)	(39.24)	(39.72)	(39.64)
newfdisum2006		−0.006	−0.022	0.029	0.035
		(−0.27)	(−0.86)	(1.07)	(1.30)
newfdisum2005			0.022	0.125***	0.135***
			(1.12)	(4.95)	(5.19)

续表

因变量	newsum$_{2007}$				
	模型（1）	模型（2）	模型（3）	模型（4）	模型（5）
newfdisum2004				−0.130***	−0.111***
				（−6.34）	（−4.63）
newfdisum2003					−0.030
					（−1.60）
_cons	−0.398***	−0.399***	−0.396***	−0.407***	−0.410***
	（−13.87）	（−13.86）	（−13.73）	（−14.10）	（−14.18）
N	16655	16655	16655	16655	16655
R^2	0.430	0.430	0.430	0.431	0.431
A-R^2	0.43	0.43	0.43	0.43	0.43

注：括号中为 t 值，*** 表示 $p < 0.01$。

表 3-6 是关于新进入企业对外资企业的创新活动产生的竞争效应的回归结果。被解释变量是 2007 年每个省份细分行业的外资企业的 R&D 投入的对数，即 lnfdirdsum$_{2007}$，解释变量则是新进入的内资企业数量，例如，newsum$_{2007}$、newsum$_{2006}$ 等，控制变量则是外资企业的前两期（或滞后两期）的 R&D 投入变量。模型（1）到模型（5）的结果显示，除了控制变量一直显著，另一显著变量就是滞后多期的新企业进入数量，例如模型（1）中的 newsum$_{2007}$、模型（2）中的 newsum$_{2006}$、模型（3）中的 newsum$_{2005}$、模型（4）中 newsum$_{2004}$、模型（5）中的 newsum$_{2003}$，反而即期的新进入企业数量的影响效应不显著。这一结果表明，新进入企业不会很快形成对外资企业的竞争效应，只有当新进入企业成长变大，才会对外资企业形成竞争效应，促进外资企业增加 R&D 投入。

表 3-6　省级层面竞争效应回归结果

因变量	lnfdirdsum$_{2007}$				
	模型（1）	模型（2）	模型（3）	模型（4）	模型（5）
newsum$_{2007}$	0.027***	−0.008	−0.012*	−0.010	−0.009
	（5.61）	（−1.08）	（−1.65）	（−1.30）	（−1.15）
lnfdirdsum$_{2005}$	0.702***	0.697***	0.695***	0.691***	0.689***
	（76.60）	（76.14）	（75.69）	（75.03）	（74.64）
newsum$_{2006}$		0.030***	0.009	0.006	0.005
		（6.27）	（1.28）	（0.91）	（0.70）
newsum$_{2005}$			0.023***	−0.005	−0.006
			（3.95）	（−0.57）	（−0.70）

续表

因变量	lnfdirdsum$_{2007}$				
	模型(1)	模型(2)	模型(3)	模型(4)	模型(5)
newsum$_{2004}$				0.029***	0.017**
				(4.58)	(2.07)
newsum$_{2003}$					0.012**
					(2.32)
_cons	2.674***	2.678***	2.684***	2.703***	2.711***
	(40.25)	(40.42)	(40.55)	(40.82)	(40.90)
N	6563	6563	6563	6563	6563
R^2	0.480	0.483	0.484	0.486	0.486
A-R^2	0.48	0.48	0.48	0.49	0.49

注:括号中为 t 值,*** 表示 $p<0.01$,** 表示 $p<0.05$,* 表示 $p<0.10$。

3. 稳健性分析

为了进一步验证分析得到的结论,我们利用地区[近 3600 个县(市、区)]的细分行业数据做稳健性分析。县级数据的样本量更大,达到 10 万以上的样本量,它是前面分析的样本量(最多 1.8 万个)的 5 倍多。表 3-7 的结果显示:多期滞后的外资进入企业数量对内资新企业的设立都有显著的正向效应,表明存在外资企业的溢出效应,并且外资企业的溢出效应是逐年减弱的。以模型(4)为例,2006 年新设外资企业对 2006 年内资企业设立的溢出效应为 1.333,而 2005 年新设外资企业对 2006 年内资企业设立的溢出效应为 0.149,显著降低;2004 年新设外资企业对 2006 年内资企业设立的溢出效应为 0.094。各个模型的回归系数的显著性也是远高于省级层面数据的计量模型。

表 3-7 县级层面回归结果

因变量	模型(1) newsum$_{2003}$	模型(2) newsum$_{2004}$	模型(3) newsum$_{2005}$	模型(4) newsum$_{2006}$	模型(5) newsum$_{2007}$
newfdisum$_{2003}$	1.732***	0.358***	0.186***	0.118***	0.025***
	(251.70)	(49.44)	(25.72)	(15.14)	(4.53)
newfdisum$_{2004}$		1.273***	0.155***	0.094***	−0.005
		(158.61)	(18.77)	(10.66)	(−0.82)
newfdisum$_{2005}$			1.327***	0.149***	0.103***
			(145.58)	(15.08)	(14.46)
newfdisum$_{2006}$				1.333***	0.067***
				(117.48)	(8.22)

续表

因变量	模型(1) newsum$_{2003}$	模型(2) newsum$_{2004}$	模型(3) newsum$_{2005}$	模型(4) newsum$_{2006}$	模型(5) newsum$_{2007}$
newfdisum$_{2007}$					1.979***
					(182.80)
_cons	0.208***	0.187***	0.184***	0.154***	0.084***
	(70.91)	(74.20)	(75.68)	(59.63)	(45.29)
N	106453	106453	106453	106453	106453
R^2	0.373	0.343	0.296	0.194	0.275
A-R^2	0.37	0.34	0.30	0.19	0.27

注:括号中为 t 值,*** 表示 $p<0.01$。

表 3-8 显示了引入控制变量的回归结果,可以发现:与省级层面数据的回归结果相比,即使在引入控制变量(lncompanysum$_{2005}$)之后,滞后的外资进入企业也产生显著的溢出效应,它进一步表明存在外资的溢出效应。不过,溢出效应是逐年减弱的,早先进入的外资企业对当前的新企业设立的影响在逐步减弱。以模型(4)的结果为例,即期的溢出效应为 2.120、滞后一期的溢出效应为 0.037、滞后两期的溢出效应为 0.081、滞后三期的溢出效应为 −0.049,这表明外资企业进入的溢出效应是逐渐减弱的。

表 3-8 县级层面 2005 年控制变量回归结果

因变量	newsum$_{2007}$				
	模型(1)	模型(2)	模型(3)	模型(4)	模型(5)
newfdisum$_{2007}$	2.145***	2.127***	2.113***	2.120***	2.122***
	(180.85)	(173.43)	(170.69)	(170.85)	(170.86)
lncompanysum$_{2005}$	0.128***	0.125***	0.121***	0.124***	0.126***
	(48.02)	(45.89)	(43.86)	(44.54)	(44.60)
newfdisum$_{2006}$		0.050***	0.023 * *	0.037***	0.042***
		(5.99)	(2.46)	(3.98)	(4.47)
newfdisum$_{2005}$			0.056***	0.081***	0.087***
			(7.83)	(10.33)	(10.88)
newfdisum$_{2004}$				−0.049***	−0.039***
				(−7.67)	(−5.66)
newfdisum$_{2003}$					−0.023***
					(−3.83)
_cons	0.002	0.002	0.003	0.002	0.002
	(0.63)	(0.83)	(1.01)	(0.81)	(0.69)
N	81815	81815	81815	81815	81815
R^2	0.321	0.322	0.322	0.323	0.323
A-R^2	0.32	0.32	0.32	0.32	0.32

注:括号中为 t 值,*** 表示 $p<0.01$,** 表示 $p<0.05$。

表 3-9 的回归结果显示,新进入企业对外资企业的创新活动产生显著的竞争效应,即滞后多期的新进入企业数量都会促进外资企业增加 R&D 投入,两者呈现显著的正相关,即使控制了外资企业前期的 R&D 投入,这一结果依然显著。例如,模型(2)的结果显示,2006 年新进入的企业变量的回归系数为 0.052,它意味着在细分行业中每进入一个新企业,外资企业的 R&D 投入增长 5.2%。它表明,新进入企业可以增大市场竞争压力,反向地促进外资企业的创新活动,进而促进整个产业的创新发展。

表 3-9 县级层面竞争效应回归结果

因变量	$lnfdirdsum_{2007}$				
	模型(1)	模型(2)	模型(3)	模型(4)	模型(5)
$newsum_{2007}$	0.047***	0.021*	0.004	−0.002	−0.005
	(4.09)	(1.75)	(0.31)	(−0.15)	(−0.37)
$lnfdirdsum_{2005}$	0.678***	0.677***	0.675***	0.674***	0.673***
	(91.80)	(91.81)	(91.46)	(91.26)	(91.24)
$newsum_{2006}$		0.052***	0.029***	0.024**	0.020*
		(5.89)	(2.81)	(2.32)	(1.93)
$newsum_{2005}$			0.052***	0.020	0.012
			(4.47)	(1.40)	(0.83)
$newsum_{2004}$				0.042***	0.011
				(3.62)	(0.79)
$newsum_{2003}$					0.037***
					(3.73)
_cons	2.602***	2.590***	2.587***	2.586***	2.583***
	(52.74)	(52.52)	(52.50)	(52.50)	(52.48)
N	10882	10882	10882	10882	10882
R^2	0.437	0.439	0.440	0.441	0.442
A-R^2	0.44	0.44	0.44	0.44	0.44

注:括号中为 t 值,*** 表示 $p<0.01$,** 表示 $p<0.05$,* 表示 $p<0.10$。

三、小 结

本章讨论了单个产业的创新增长机制,阐释了异质性企业之间的技术外溢与竞争互动对产业创新增长的影响。理论模型指出,在位企业与新进入企业之间的竞争互动对提升产业创新增长绩效很重要,而技术外溢是增强这种竞争互动的重要因素,它能够降低新企业的进入成本,促进设立更多的新企业;新企业进入也会形成竞争压力,促使在位企业加大创新努力,使得整个产业由低效增长向高效增长转变。对 2005—2007 年的中国工业企业数据库的资料分析显示：外资企业进入在中国市场形成溢出效应，促进新的内资企业的产生，这种正向的溢出效应显著且逐年减弱。新进入企业也会对外资企业形成竞争压力，促使其加大创新投入，这种竞争促进效应随着新进入企业的成长而增强且显著。

本章的政策含义：促进高水平的在位企业与新进入企业之间的竞争互动是加速创新发展的关键，而扩大开放有利于这种竞争互动的发生，它不仅带来技术外溢，鼓励新企业发展，也提升在位企业的创新竞争强度。当然，也要避免外资进入垄断市场、限制竞争的状况发生。

对于一些发展中经济体而言，主要问题还是外溢技术来源不足，新企业进入的技术知识门槛过高，而不是市场垄断阻碍发展。如表 3-10 所示，相对于欧洲发达经济体，发展中经济体的企业在开展创新活动时面临更多的知识阻碍。首先，即使一些外资进入发展中经济体，它们也未必能有效传递技术知识。很多 FDI 是资源寻求型投资，目的以获取发展中经济体的自然资源、利用劳动力资源为主，技术外溢程度不高。其次，发展中经济体也缺乏合格的技术人员、合作伙伴，外溢技术获取不足。相反，一些发达经济体反而聚集了很多高科技产业投资，它们在获取、吸收外溢技术方面的能力强于发展中经济体，因而其高科技产业发展快于发展中经济体。

表 3-10　创新活动中面临知识信息阻碍的制造业企业比例

单位：%

地区	创新活动中的知识阻碍因素			
	缺乏合格的技术人员	缺乏技术信息	缺乏市场信息	很难找到合作伙伴
巴西	16.2	5.9	4.4	7.1
中国	28.0	—	—	—
哥伦比亚	41.5	42.3	41.3	31.2
埃及	29.4	36.1	37.0	27.7
加纳	14.1	7.0	8.8	17.5
印度尼西亚	29.0	29.0	23.0	36.0
以色列	16.0	5.5	4.5	6.3
马来西亚	28.7	25.6	22.9	22.6
菲律宾	11.7	8.2	10.0	5.6
俄罗斯	5.3	1.8	2.9	1.6
南非	23.0	11.9	11.7	13.1

地区	创新活动中的知识阻碍因素			
	缺乏合格的技术人员	缺乏技术信息	缺乏市场信息	很难找到合作伙伴
乌拉圭	32.4	7.3	11.3	16.4
欧洲（最小值）	8.1	2.0	1.6	2.5
欧洲（最大值）	26.6	35.0	36.4	23.4

数据来源：联合国教科文组织。

对于发展中经济体而言，（潜在的）新企业未能成长起来，大部分资源仍处在低效生产环节或产业领域。1996—2011 年，尽管 35 个发展中经济体的 TFP 增长比发达经济体更快，但是它们在贸易开放度、R&D 投入占GDP 比例、每千名劳动者中的 R&D 人员数量等方面远低发达经济体（见表3-11）。这一情况，一方面使得发展中经济体所获得的溢出源泉不足，另一方面使得吸收外溢技术的基础设施和要素不足，例如技术研发机构缺乏、人力资本不足等，制约了发展中经济体的创新发展。

表 3-11　1996—2011 年 65 个经济体的指标比较

经济体	TFP 增长	HC 指数	贸易开放度	R&D 占 GDP 比例	R&D 人员/千劳动者
65 个全部经济体	1.899%	2.819	72.63%	1.20%	7.92
30 个发达经济体	1.224%	3.036	102.62%	1.97%	10.93
35 个发展中经济体	2.477%	2.635	46.91%	0.50%	3.97

注：贸易开放度=进出口总额/GDP。TFP、HC 数据来自 PWT 8.0。R&D 数据来自世界银行。

第四章 外溢吸收投资与异质性企业间发展差异

不同企业发展差异的形成原因一直是经济学关注的重要问题。这种发展差异往往由支撑因素决定。例如,企业发展所拥有的比较优势差异、企业的技术资本差异以及企业所在经济体的资源禀赋或市场差异等。有些因素由先天决定,有些因素则是后天形成的,具有动态累积效应,例如不同企业的技术资本差异。有些企业拥有强大的技术创新能力,每年都能推出新产品,获得许多专利授权,并且每年也投入大量资金进行 R&D,促进其技术资本的累积,使得其在长期竞争中保持优势。

本章从一个动态视角审视不同企业之间发展差异的形成原因。

第一,假定在相同的技术外溢条件下①,一些企业开展外溢吸收投资,另一些企业不开展外溢吸收投资。这种选择差异对企业发展产生很大影响。外溢技术的吸收并不是无成本的,它需要企业进行一定的吸收投资和具备一定的吸收能力。企业需要投入专业人员、专业设备去识别技术、改造技术和利用技术。Cohen and Levinthal(1989,1990)提出 R&D"双面作用"思想,指出外溢吸收与企业的 R&D 投资紧密相关。Girma(2005)、Weithaus(2005)、Leahy and Neary(2007)分析了 R&D 投入对于技术吸收以及产业竞争的影响,发现对于后发企业或经济体而言,开展技术吸收投资对于缩小发展差异很重要。Mancusi(2008)研究了 1991—1999 年 14 个 OECD 成员的 22 个产业的创新效率,假定吸收能力与一个经济体前期的 R&D 投入有关,结果发现吸收能力提高了一个落后经济体对于跨境技术外溢的反应弹性。Griffith et al.(2004)分析了 OECD 中 13 个经济体的工业

---

① 事实上,技术外溢并不同等地惠及每个企业或经济体,例如技术外溢壁垒的存在。一些经济体出于政治原因、产业竞争原因会限制技术流动。例如,美国政府颁布《出口管制法 2007》(Export Enforcement Act of 2007)、《出口管理条例》(Export Administration Regulation)、《商业管制清单》(Commerce Control List)等文件限制一些先进技术产品输出,它还与其他经济体签订《瓦森纳协定》,联合限制先进技术产品对华输出。受限制输出的产品包括电信技术、激光和感应器、导航和航天产品、宇航器和推进系统等。美国将技术产品出口的受控国划分为战略合作伙伴、较少限制经济体以及受关注的经济体等,针对不同的经济体采用差别政策。另外,地理距离、经贸往来频繁程度、互动频率以及经济个体的网络嵌入性也会影响技术外溢程度。很显然,各种壁垒的存在导致技术外溢存在差异。

面板数据,结果显示技术吸收在缩小落后经济体与先进经济体之间的生产率差距中发挥重要作用。

第二,外溢技术吸收不仅需要投资(通常是 R&D 投入),还需要一定的技术吸收能力或技术资本,即累积的专业技术资本。一个典型事例就是:大多数技术吸收只见于同行业的企业间,因为只有同行业企业才具备相应的技术基础和能力对外溢技术进行解码与吸收。复杂技术吸收对专业技术能力的要求更高。一些研究也指出,技术吸收能力差异是造成经济发展差异的重要因素。世界银行的报告称,"经济体经济增长的关键驱动因素是该经济体的吸收能力,或者挖掘世界技术库的能力"(Goldberg et al. , 2008)。还有一些研究指出,人力资本是影响技术吸收的关键变量(Abromovitz,1986;Cohen and Levinthal,1989;Kneller and Stevens,2006;Roper and Love,2006;Criscuolo and Narula,2008)。Xu(2000)研究了美国企业在 40个发展中经济体的技术扩散现象,发现要从美国企业的技术转移中受益就需达到最低的人力资本门槛水平,大多数最不发达经济体没有达到这一最低水平。

第三,其他影响外溢技术吸收的因素。Agrawal et al.(2010)强调技术吸收受到制度、地理和企业、发明者的最优行为等因素影响。Mukherji and Silberman(2013)建立了一个以不同地区间的专利互相引用为基础的空间互动模型,并利用美国 106 个大都市地区的专利数据分析外部知识的吸收对地区的创新生产率增长的影响,发现地理距离、技术兼容性发挥调节作用,影响技术吸收效应。

本章在借鉴以往研究的基础上,建立了一个企业发展模型,同时考虑产业竞争的动态影响,分析了产业竞争与企业的技术资本形成之间的互动影响,以此来解释不同企业发展差异的形成原因。本章以技术资本和技术外溢吸收投资为核心变量,技术资本定义为企业所拥有的技术知识,它为企业的技术人员所掌握,其形成与两个因素有关,即外溢技术与企业吸收的投资,本章将企业的 R&D 投入定义为外溢吸收投资。技术资本的增加可以表现为技术专利的累积。技术资本具有长期作用,它不仅影响企业的产品技术水平,也影响产业竞争。本章借鉴了 Azariadis and Drazen(1990)的技术进步门槛模型,构建了一个基于外溢技术吸收投资、技术资本形成与产业竞争的数理模型,解析企业发展差异的决定因素。理论研究表明:(1)技术外溢吸收投资具有内生性,它与产业竞争、企业前期累积的技术资本差异紧密相关。产业竞争使得处于竞争劣势的企业的外溢吸收投资的边际收益较低,抑制了其外溢吸收投资和进一步的技术资本形成。(2)企业的发展具有一定的路径依赖特性。技术资本相对落后的企业在开放的产业竞争中处于不利地位,进一步抑制了其外溢吸收投资,竞争赶超变得尤为困难。[①](3)来自其他经营领域的比较收益也会影响外溢吸收投资。如果企业从外溢技术吸收中获得的收益较低,或者从其他领域获得的投资收益相对较高,那么它就不会进行外溢技术的吸收投资,进而影响技术资本的积累。在递增收益市场中或不同产业发展存在差异的条件下,这种负面冲击影响巨大,导致不同企业之间的发展差异扩大化,一些企业锁定在低效增长状态,而另一些企业获得快速增长。

一、异质性企业的垄断竞争模型

(一)竞争性产品市场

假定某一产业是一个垄断竞争市场,有多个企业参与竞争,它们提供差异产品。这种差异性表现在多个方面,不仅是不同种类产品之间存在替代,例如 CES(不变替代弹性)消费函数中的替代弹性的大小决定它们的替代程度,也体现在不同种类产品的质量 $a_{i,t}$ 差异,并且这后一种差异具有企业异质性,它影响着企业的收益高低。

假定消费者的效用函数为:

$$U_t = \Big[\sum_{i=1}^{n} (a_{i,t} q_{i,t})^\rho \Big]^{\frac{1}{\rho}} \qquad (4.1)$$

其中,$q_{i,t}$ 是企业 i 在第 t 期提供的产品数量,$a_{i,t}$ 是该产品的质量指数,也可以作为企业的技术资本水平的度量。整个市场有 n 种产品展开垄断竞争,不同种类产品之间的替代弹性为 σ,它由参数 $\rho(1 > \rho > 0)$ 决定,$\sigma = 1/(1-\rho)$。

整个市场的总支出 Y_t 为:

$$Y_t = \sum_{i=1}^{n} p_{i,t} q_{i,t} \qquad (4.2)$$

其中,$p_{i,t}$ 是第 i 种产品在第 t 时期的价格。

由消费者效用最大化可以推导得到每一种产品的市场需求函数。定义

---

① 除非技术外溢具有异质性,后发经济体相对于领先经济体能够获得更多的外溢技术,那么后发经济体才会受到激励加大吸收投入。不同企业之间的技术差距越大,外溢技术越多,对于后发经济体而言,吸收投入激励越大。

企业 i 提供的有效产品数量和有效价格分别为：

$$q_{i,t}^{'} = a_{i,t}q_{i,t}, p_{i,t}^{'} = \frac{p_{i,t}}{a_{i,t}} \tag{4.3}$$

因此，消费者的效用函数和支出函数分别转换为：

$$U_t = \Big[\sum_{i=1}^{n} (q_{i,t}^{'})^{\rho} \Big]^{\frac{1}{\rho}}, Y_t = \sum_{i=1}^{n} p_{i,t}^{'} q_{i,t}^{'} \tag{4.4}$$

进一步定义方程：

$$P_t^{'} = \Big[\sum_{i=1}^{n} (p_{i,t}^{'})^{\frac{-1}{\beta}} \Big]^{-\beta} = \Big[\sum_{i=1}^{n} \Big(\frac{p_{i,t}}{a_{i,t}} \Big)^{\frac{-1}{\beta}} \Big]^{-\beta} \tag{4.5}$$

其中，$\beta = \dfrac{1-\rho}{\rho}$。

由消费者的效用最大化条件，可以得到：

$$\lambda Y_t = U_t \tag{4.6}$$

$$q_{i,t}^{'} = \frac{Y_t}{P_t^{'}} \Big(\frac{P_t^{'}}{p_{i,t}^{'}} \Big)^{\frac{1}{1-\rho}} \tag{4.7}$$

$$Y_t = U_t P_t^{'} \tag{4.8}$$

由此，第 i 种产品的收益函数为：

$$p_{i,t}^{'} q_{i,t}^{'} = Y_t \frac{(p_{i,t}^{'})^{\frac{-1}{\beta}}}{\sum_{i=1}^{n} (p_{i,t}^{'})^{\frac{-1}{\beta}}} = p_{i,t}q_{i,t} \tag{4.9}$$

第 i 种产品的需求函数进一步转变为：

$$q_{i,t} = \frac{Y_t}{P_t^{'}a_{i,t}} \Big(\frac{a_{i,t}P_t^{'}}{p_{i,t}} \Big)^{\frac{1}{1-\rho}} \tag{4.10}$$

假定企业的净收益函数为：

$$\pi_{i,t} = p_{i,t}q_{i,t} - c_t q_{i,t} \tag{4.11}$$

其中，产品生产的边际成本为 c_t。

由企业的最优定价可以得到：

$$p_{i,t} = \frac{c_t}{\rho} \tag{4.12}$$

由此可知：质量越高的产品 i 的有效价格越低，即 $p_{i,t}^{'} = \dfrac{p_{i,t}}{a_{i,t}}$。因而，它在

市场中的竞争力越强，由 $q_{i,t}^{'} = \dfrac{Y_t}{P_t^{'}} \Big(\dfrac{P_t^{'}}{p_{i,t}^{'}} \Big)^{\frac{1}{1-\rho}}$ 可知，它的有效产品销售数量越

多。不过由于不完全替代，它的销量扩大受限。

进一步可知，企业 i 的净收益为：

$$\pi_{i,t} = (1-\rho)p_{i,t}q_{i,t} = (1-\rho)p'_{i,t}q'_{i,t} = (1-\rho)Y_t \frac{(p'_{i,t})^{\frac{-1}{\beta}}}{\sum\limits_{i=1}^{n}(p'_{i,t})^{\frac{-1}{\beta}}} \qquad (4.13)$$

由于 $p_{i,t} = \dfrac{c_t}{\rho}$ 和 $p'_{i,t} = \dfrac{p_{i,t}}{a_{i,t}}$，可以推导得到：

$$\pi_{i,t} = (1-\rho)Y_t \frac{(a_{i,t})^{\frac{-1}{\beta}}}{\sum\limits_{i=1}^{n}(a_{i,t})^{\frac{-1}{\beta}}} \qquad (4.14)$$

进一步，整个产业的总技术水平指数为：

$$A_t = \Big[\sum\limits_{i=1}^{n}(a_{i,t})^{\frac{1}{\beta}} \Big]^{\beta} \qquad (4.15)$$

由此得到企业的净收益函数为：

$$\pi_{i,t} = (1-\rho)Y_t \left(\frac{a_{i,t}}{A_t}\right)^{\frac{1}{\beta}} \ \text{或者}\ \pi_{i,t} = \frac{1}{\sigma}Y_t \left(\frac{a_{i,t}}{A_t}\right)^{\sigma-1} \qquad (4.16)$$

由此可知：显然，如果 $\dfrac{1}{\beta} = \sigma - 1 > 0$，企业 i 的净收益与它在整个产业中的相对技术水平 $(a_{i,t}/A_t)$ 紧密相关。如果 $\sigma > 2$，那么企业关于技术资本 $a_{i,t}$ 的边际收益是递增的，即它处于一个具有递增边际收益的竞争性市场：

$$\frac{\partial \pi_{i,t}}{\partial a_{i,t}} > 0，且 \frac{\partial \dfrac{\partial \pi_{i,t}}{\partial a_{i,t}}}{\partial a_{i,t}} > 0 \qquad (4.17)$$

从偏导函数为正［式(4.17)］可知，企业技术资本与其利润成正比，且具有递增收益。

由此，得到命题1。

命题1：在某一垄断竞争市场中，企业 i 所获得的净收益与它在整个产业中的相对技术资本水平有关。它的相对技术资本水平越高，即 $a_{i,t}/A_t$ 越大，它从竞争中获得的利润越高。

（二）外溢吸收投资选择

借鉴 Azariadis and Drazen(1990) 的方法，引入企业的技术进步函数：

$$a_{i,t} = a_{i,t-1}(1 + \zeta_{i,t}\gamma) \qquad (4.18)$$

其中，γ 是外溢技术冲击，假定它不随时间、经济个体而变。$\zeta_{i,t}$ 是企业 i 的外溢吸收投资。企业的技术进步函数有两个特点：一是企业的技术资本水平具有累积性，当期的技术资本水平与前期的技术资本水平相关。二是企业的外溢技术吸收投资能够实现技术资本水平提升，例如 R&D 投入。如果 $\zeta_{i,t} = 0$，即企业在第 t 期无外溢技术吸收投资，此时 $a_{i,t+1} = a_{i,t}$，企业的技术进步停滞。

企业的外溢吸收投资是选择结果。因为企业的经营资源有限,必须在不同种类的经营活动中进行有效分配。假定企业的经营活动有两类,一类是创新活动,另一类是在其他领域的经营活动,例如,企业从事加工制造环节,或从事多元化产业经营活动,一些制造业企业也会从事房地产开发项目。引入企业在其他领域的经营活动的理由:一是企业的任何资源配置都讲求效率,资源使用具有机会成本,应当进行合理配置。二是企业的技术外溢吸收投资存在制约因素。当然,还假定企业是短视的,对不同产业发展前景了解存在信息不足。

假定企业在其他领域的净收益函数为:

$$\tau_{i,t}(\nu_{i,t-1} - \zeta_{i,t} + \varepsilon_{i,t}, \chi_{i,t}) \tag{4.19}$$

其中,$\nu_{i,t-1} - \zeta_{i,t}$ 是企业在其他经营领域的投入。$\nu_{i,t-1}$ 是企业继承的上一期净收益,企业除了将部分资金 $\zeta_{i,t}$ 投入外溢技术吸收之外,剩余资金将投入到其他领域的经营活动中(它们具有线性替代关系)。$\varepsilon_{i,t}$ 是企业(或经济体)i 在其他经营领域受到的冲击,它是一个二元随机变量,分别取值 $\varepsilon_{i,t}^+$ 和 $\varepsilon_{i,t}^-$,例如农业领域的经营活动受到不利天气的影响等。外生事件也会影响企业的外溢吸收投资选择。$\chi_{i,t}$ 表示来自其他因素的影响,它与 $\pi_{i,t-1} - \zeta_{i,t}$ 互补,可以改变其他领域的投入激励和比较收益,例如生产活动中的土地资源、劳动力资源以及企业的特定资源等。企业的发展与其背景或所在经济体的特定资源禀赋相关。这也会影响企业的发展。一个典型事件就是美国太空探索技术公司(Space X)的发展,它于 2002 年成立,从事运载火箭的开发。它虽然是一个新兴公司,但却在一个高技术行业领域取得成功。这种成功的背后实际有美国政府在航空领域的技术资源支持。在美国国内,掌握这一领域知识的技术人员和相应的知识可以流动,并在该公司的组织下得到运用。因此,美国国家背景是这一家公司快速发展的重要原因之一。

假定企业以短期(一期)净收益最大化为经营目标,其目标函数为:

$$\nu_{i,t} = \pi_{i,t}(a_{i,t}, A_t) + \tau_{i,t}(\nu_{i,t-1} - \zeta_{i,t} + \varepsilon_{i,t}, \chi_{i,t}) \tag{4.20}$$

其中,$\nu_{i,t}$ 是企业 i 在第 t 期的总收益,且有 $a_{i,t} = a_{i,t-1}(1 + \zeta_{i,t}\gamma)$。企业继承上一期的净收益 $\nu_{i,t-1}$,并进行外溢技术吸收投资,获得本期的收益 $\pi_{i,t}$ 和 $\tau_{i,t}$。以短期净收益最大化为目标的企业可能忽略了投资的长期收益,这也会在一定程度上削弱企业的技术资本积累激励。不过,这一假定的合理之处在于企业很多时候并不具有完全信息,也不能清晰判断新兴产业发展的趋势,企业考虑短期收益最大化在某种程度上是理性选择。特别是在面临激烈竞争的条件下,短期收益最大化使得企业能够生存,虽然在长期中它的发展将逐渐被产业竞争"边缘化"。

企业 i 的短期收益最大化的一阶条件为：

$$\frac{\sigma-1}{\sigma}Y_t\left(\frac{a_{i,t}}{A_t}\right)^{\sigma-2}\frac{a_{i,t-1}\gamma}{A_t}=\frac{\partial\tau_{i,t}}{\partial(\nu_{i,t-1}-\zeta_{i,t}+\varepsilon_{i,t})}<0 \qquad (4.21)$$

在均衡处，有 $\zeta_{i,t}^*$。企业的外溢吸收投资的净收益函数和其他经营领域投资的收益函数之间的曲率大小的差异将对企业的选择产生重要影响。首先，其他经营领域的收益函数存在边际收益递减特征，即 $\frac{\partial^2\tau_{i,t}}{\partial(\nu_{i,t-1}-\zeta_{i,t}+\varepsilon_{i,t})^2}<0$，当 $\sigma>2$ 时，企业外溢吸收投资的净收益函数的二阶偏导数 $\frac{\partial^2\pi_{i,t}}{\partial\zeta_{i,t}^2}>0$。其次，当外溢吸收投资增加时，如果外溢吸收投资的边际收益上升速度（类似风险喜好系数）小于其他经营领域投资的边际收益上升速度，就存在稳定均衡，即 $\zeta_{i,t}^*$ 是稳定的。上述均衡决定了企业最优的外溢技术吸收投资数量。

因此，影响企业的外溢吸收投资的因素包括：

第一，企业外溢吸收投资的边际收益。它又与多个因素相关，一是竞争弹性，即 σ。不同企业的产品替代弹性越大，企业越有可能通过技术进步获得较高的净收益。其次是企业 i 在该产业中的相对技术资本水平，即 $a_{i,t}/A_t$，相对技术资本水平越高，企业 i 的市场扩张收益越大。二是企业 i 通过外溢吸收投资实现的相对技术增量，即 $a_{i,t-1}\gamma/A_t$。三是该产业的市场规模 Y_t，市场规模越大，这一产业的投资回报的绝对额也越大。

第二，企业在其他领域投资的比较收益。企业（或经济体）的特质会影响在这一领域的投资，例如 $\chi_{i,t}$ 的影响。企业拥有类似矿产资源等优势、经济体拥有丰富劳动力资源等都会影响到企业在其他经营领域的投资持续性，而这将进一步影响企业的外溢技术吸收投资多少。

因此，得到命题 2。

命题 2：企业的外溢技术吸收投资的多少取决于多个因素，它与产业竞争、企业的相对技术资本水平等有关，并与企业在其他经营领域投资的比较收益（或机会成本）大小相关。如果企业 i 在其他领域的投资收益相对较低，那么企业的外溢吸收投资就越多。

（三）异质性冲击对企业的技术进步影响

当企业的发展存在多元选择时，其他领域的不利冲击会对企业的外溢吸收投资产生影响，进而改变企业的发展路径。

假定在下一时期,企业在其他领域的经营活动受到冲击,例如金融危机的影响。不过,这一冲击具有企业异质性:部分企业 i 受到正向影响,即 $\varepsilon_{i,t}^+ > 0$;部分企业 j 受到负向影响,即 $\varepsilon_{j,t}^- < 0$。

首先,对于受到正向冲击的企业 i 而言,给定其他条件不变,企业的最优外溢技术吸收投资会有所调整。由于在新兴产业的外溢吸收投资具有递增的边际收益,即

$$\frac{\partial \pi_{i,t}}{\partial \zeta_{i,t}} = \frac{\sigma-1}{\sigma} Y_t \left[\frac{a_{i,t-1}(1+\zeta_{i,t}\gamma)}{A_t} \right]^{\sigma-2} \frac{a_{i,t-1}\gamma}{A_t} \qquad (4.22)$$

则在 $\sigma > 2$ 的条件下,边际收益随外溢吸收投资 $\zeta_{i,t}$ 的增加而增加。

但是,企业在其他领域投资的边际收益存在递减的特征,即

$$\frac{\partial \tau_{i,t}}{\partial(\nu_{i,t-1} - \zeta_{i,t} + \varepsilon_{i,t})} < 0 \qquad (4.23)$$

即边际收益随 $\nu_{i,t-1} - \zeta_{i,t} + \varepsilon_{i,t}$ 的增加而减少。

因此,当企业 i 受到正向冲击 $\varepsilon_{i,t}^+$ 时,企业会调整最优的外溢吸收投资 $\zeta_{i,t}^*$,即增加在新兴产业的外溢吸收投资 $\zeta_{i,t+1}^*$,减少在其他领域的投资,$\zeta_{i,t+1}^* > \zeta_{i,t}^*$。企业 i 的技术进步速度加快。

其次,对于受到负面冲击的企业 j 而言,$\varepsilon_{j,t}^-$ 会使得企业减少在 $t+1$ 期的外溢吸收投资,$\zeta_{j,t+1}^* < \zeta_{j,t}^*$。企业 j 的技术进步速度放慢。

最后,市场冲击对于所有企业的相对技术水平也产生影响。受到正向冲击的企业 i 的相对技术水平 $a_{i,t+1}/A_{t+1}$ 提升,而受到负面冲击的企业 j 的相对技术水平 $a_{j,t+1}/A_{t+1}$ 下降。由于新兴产业的企业的净收益是相对技术水平的递增函数,即 $\pi_{i,t} = \frac{1}{\sigma} Y_t \left(\frac{a_{i,t}}{A_t} \right)^{\sigma-1}$,并且边际收益随企业的相对技术水平的提升而增加。因此,不同企业之间形成的技术资本累积差异会进一步改变它们的外溢吸收投资激励,产生持续性影响,得到命题3。

命题3:在收益递增的竞争性市场中,异质性冲击使得企业在新兴产业中的外溢吸收投资呈现差异,并将产生累积效应,形成企业之间的技术进步差异。

(四) 企业间发展差异形成原因的进一步探讨

由前文分析可知,企业在特定产业的技术资本形成与技术外溢吸收投资有关,它又进一步由下列因素决定:

第一,外溢吸收投资与其他领域投资的相对收益大小。这一相对收益水平决定了企业(或经济体)在新兴产业开展外溢吸收投资的机会成本。对于许多发展中经济体而言,这一机会成本可能相当高。由于收入水平较低,大

部分收入需要用于满足基本生活需要,例如购买食物等基本消费品。并且,这些投入的边际收益很高,因为它能够维持劳动者的基本生存,因而,他们也未有多余收入投入到新兴产业或新兴领域的发展中。这也是许多新兴产业会在发达经济体得到发展,却不会在部分发展中经济体出现的一个重要原因。

另外,新兴产业的市场潜力也很重要。如果 Y_t 较小,那么企业从外溢吸收投资中得到的收益很低,企业不会进行外溢技术的吸收投资。高新技术产业的早期发展就是这一情况。由于市场规模较小,一些企业不愿意从事该产业领域的技术吸收,会将资金集中投资于其他领域。但是在产业发展的成熟阶段,市场规模逐步扩大,市场收益逐渐提升。不过,新进入企业与领先企业之间已经形成了较大的技术资本差距,即使市场规模较大,新进入者的收益也是很低的,它不得不留在传统领域中。这一例子说明不同企业之间的发展差异既与产业发展周期有关,也与部分企业的风险偏好、对未来发展的预期存在偏差有关。特别是信息缺乏、不确定性因素以及投资中的"短视行为"造成了企业间的发展差异。产业发展的"先行者"尽管在产业发展初期收入少,但在产业发展后期可依靠累积的技术资本优势获得高回报。

第二,产业竞争与路径依赖。路径依赖的第一个源泉是企业的相对技术资本水平。企业处在一个竞争性产业中,企业的收益大小由相对技术资本水平决定。特别是在产品竞争替代性很强的产业,某一企业的相对技术资本水平越高,企业从外溢技术吸收投资中所获得的收益越高。不过,企业的相对技术资本水平又具有连续性,它与企业的发展历史紧密相关,这使得企业的发展具有一定的路径依赖特性。

路径依赖的第二个源泉是新兴产业的递增收益特性。规模经济效应会强化市场中的异质性冲击,使得不同企业走向差异化发展道路。在递增收益的竞争性市场中,一旦企业间的差距形成,哪怕是短期或近期所形成的差异,历史因素,即前期的相对技术资本水平,就会显得额外重要,它使得企业的创新努力对不同企业间前期的相对技术资本水平差距尤为敏感。此时,即使是一个短暂的市场冲击,也会对不同企业的发展路径产生显著影响。当企业 j 在新兴产业的外溢吸收投资中所获得的收益与它和其他企业之间的相对技术资本水平差距的大小有关时,前期市场冲击的效应会被放大,并产生持续性影响。相对技术资本水平与外溢吸收投资之间建立起的正反馈作用机制,会导致不同企业的发展差异扩大化。相反,如果没有收益递增的竞争性市场,当企业暂时增加外溢吸收投资时,它并未激励在后续发展中持续增加外溢吸收投资。因为递增的投资并不能获得递增的报酬。

第三,可以证明,当存在收益递增的竞争性市场时,企业的战略性投入很重要。这种战略性投入能够获得递增的报酬。所谓战略性投入即某个企业为获得长期发展的收益而进行的超出竞争对手的投资。一方面,这一投资会带来长期收益,特别是促进技术资本积累的投资。技术资本会在多期的市场竞争中发挥效应,因此,在技术资本方面的投资也会带来长期收益。另一方面,战略性投入要求企业能够进行超越竞争对手的投资。如果竞争对手能够承受暂时"牺牲",采用相同的投入,就会抵消其他企业的投入,保持对称的竞争均衡,那么企业间的发展差异也不会存在。

因此,企业只有避免经营过程中的"短视"行为,重视战略性投入,才能保持竞争力。在本书的模型分析中,受到负面冲击的企业并未做出战略性投入,只是被动地应对负面冲击(例如企业管理层的频繁更替、政局的动荡、创新投入缺乏远期规划与协调),那么它在递增收益的竞争性市场中就会逐渐处于劣势地位,与其他企业的发展差异也会越来越大。

二、全球上市公司市场地位变迁的实证分析

(一)计量模型

本章利用 Osiris 数据库的全球上市公司数据来检验外溢吸收投资对企业的产业竞争地位的影响,相应作用机制如表 4-1 所示。实证策略主要是解析影响企业市场地位的两个主要因素:一是企业的相对技术资本水平;二是外溢吸收投资。其中,影响外溢吸收投资的因素主要来自外部冲击,当企业面临外部不利冲击时,它在其他经营领域的比较收益会提升,进而影响其外溢吸收投资,并对企业的产业竞争地位产生影响。

表 4-1 影响企业市场地位的两大因素及其效应

外部冲击	企业市场地位	
	领先	落后
＋(有外溢吸收投资)	扩大领先优势	促进追赶
－(无外溢吸收投资)	削弱优势	差距加大

实证分析采用的数据来自 Osiris 数据库,包括 4476 家上市公司,这些公司来自不同的经济体,分布在制造业的 58 个细分行业,主要是技术密集型的制造业细分行业,例如:空气压缩机制造业,空调、暖气机及商业和工业冷藏设备制造业,飞机制造业,环境及器具自动控制器制造业,轮船建造及

修理业,碳和石墨产品制造业,电脑存储设备制造业,电脑终端机制造业,建筑机器设备制造业,运输装置及设备制造业,内燃电气设备制造业,电脑制造业,电梯及电扶梯制造业,农场机器和设备制造业,食品机器制造业,试管及活有机体内诊断物质制造业,工业和商业风扇,吹风机及空气洗净设备制造业,测量、显示及过程控制用工业仪器和有关产品制造业,工业卡车、农耕机、拖车及堆叠器制造业,电力及电子信号测量和测试仪器制造业,实验用分析仪器制造业,金属切割机床制造业,金属塑型机床制造业,磁性和光记录媒体制造业,药用化学制品及植物性产品制造业,光学仪器和透镜制造业,半导体和相关设备制造业,纺织机制造业,卡车和巴士主体制造业等。

这些行业的企业在全球市场展开竞争,本章以它们为样本展开企业发展的影响因素分析。计量模型设计如下:

$$\mathrm{marketstatus}_{i,j,t}=\alpha+\beta_1\,\mathrm{count}_{i,j,t}+\beta_2\,\mathrm{techstatus}_{i,j,t}$$
$$+\beta_3\,k_{i,j,t}\,\mathrm{count}_{i,j,t}+\beta_4\,X_{i,j,t}+\varepsilon_{i,j,t}.$$

其中,$\mathrm{marketstatus}_{i,j,t}$是$j$行业的企业$i$在第$t$时期的市场地位,它以企业$i$的销售收入占整个行业的销售收入比例为衡量指标。$\mathrm{count}_{i,j,t}$度量企业受到的外部冲击。正如前面理论模型分析显示的,当企业经营遇到负面冲击时,企业可能会压缩研发投入,增加在其他领域的投入(例如偿还债务、缓解现金流紧张等问题),因而,这里以企业研发投入的递增或递减来度量企业受到的外部冲击的性质,间接度量企业在其他领域的比较收益,考察外溢吸收投资对企业竞争发展的影响。当企业i的研发投入在整个行业j的比例上升,就设定$\mathrm{count}_{i,j,t}$等于1;当企业i的研发投入在整个行业j的比例下降,就设定$\mathrm{count}_{i,j,t}$等于-1。之所以选用单个企业i的研发投入占整个行业j的比例变化作为度量指标,是因为很多行业的研发投入都是在不断增长的,只有采用比例变化才能准确度量众多企业受到的异质性冲击影响。另外,本书采用企业的R&D投入作为衡量外溢吸收投入的变量,即企业的lnrd(企业R&D投入的对数)。

除此之外,影响企业i的市场地位的因素之一就是它的相对技术资本水平,本书以它的无形固定资产(intangible fixed assets)占整个行业的无形固定资产的比例为度量指标。无形固定资产包括技术专利等,它在一定程度上能够刻画企业的相对技术资本水平。另外一个影响因素就是外溢技术源泉,即变量$k_{j,t}$,技术外溢水平取决于企业所在经济体或所在城市的同业企业数量。本书采用多个指标加以度量,例如ksum(同一城市同一年份的企业数量)、ksum3(同一城市同一行业同一年份的企业数量)、ksum4(同一经济体同一行业同一年份的企业数量)。最终,技术外溢变量与单个企业的吸收投入变量的交叉项来反映技术外溢效应对企业的市场地位变迁的影响。

(二)计量结果与分析

1. 特征事实

图 4-1、图 4-2、图 4-3、图 4-4 显示了所有企业的相对技术资本水平与其市场份额之间的关系。可以看到:两者呈现显著的正向关系,并且这一关系随着相对技术资本水平的滞后而逐渐减弱,特别是图 4-4 中,滞后十期的相对技术资本水平与市场份额之间的关系大大弱化。它表明即期的相对技术资本水平对企业的市场份额有着更强的影响,而滞后期的相对技术资本水平的影响减弱。这也显示出企业的市场地位存在改变机会,即使是前期落后的企业,也可以通过改变其相对技术资本水平实现赶超。

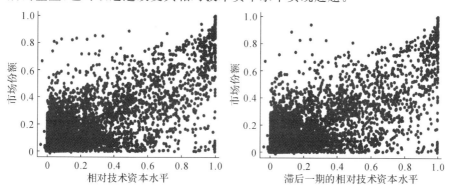

图 4-1　即期的相对技术资本水平
与市场份额

图 4-2　滞后一期的相对技术资本水平
与市场份额

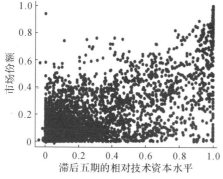
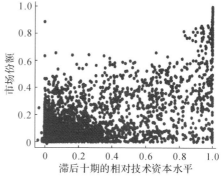

图 4-3　滞后五期的相对技术资本水平
与市场份额

图 4-4　滞后十期的相对技术资本水平
与市场份额

图 4-5、图 4-6 显示了同行业(总共 58 个行业)企业在经济体的集聚程度、城市的集聚程度与单个企业的市场地位之间的关系。一方面,企业在地理空间内的集聚能够产生更多的技术外溢,容易雇佣来自其他企业的技术人员,企业之间的技术信息流动也更便利,进而能够促进企业的发展。从图中结果来看,少部分同业集聚的企业能够获得一定市场份额,例如:同一行业、同一个经济体有超过 300 家企业时,单个企业最高可以获得 10%的市场份额;同一行业、同一个城市有超过 60 家企业时,单个企业最高可以获得超过 10%的市场份额。特别地,当某个城市在同一个行业集聚 10 家企业时,单个企业的市场份额最高可以达到 60%。这也显示了集聚产生的溢出效应较为强烈。另一方面,企业在地理空间的集聚也带来更强的竞争效应,因而企业的市场份额的提升也会遇到很大阻力。从图 4-5、图 4-6 可以看到,整体而言,企业的市场份额与经济体或城市的集聚企业数量呈现负向关系,不过其尾部"丰厚",表明溢出效应仍显著。

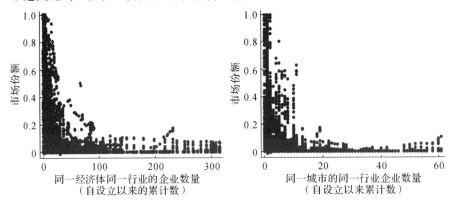

图 4-5　企业的经济体集聚程度与市场份额　　图 4-6　企业的城市集聚程度与市场份额

图 4-7、图 4-8 显示了企业的 R&D 投入份额(占所有样本企业的 R&D 投入总和的比例)与市场份额之间的关系。从图中结果可以看出,两者呈现显著的正向关系。并且,滞后一期的 R&D 投入份额与企业的市场份额之间的正向关系并未改变。这也表明企业的 R&D 投入在改变市场份额中的重要性。

图 4-9 是 R&D 投入增加或减少的企业数,它能够反映哪些企业在什么时间段受到了市场冲击,进而创新行为可能受到影响。从图中的结果来看:第一次异质性表现发生在 1997—2001 年,"互联网泡沫"的冲击使企业的研发行为发生变化,在危机爆发前(1998 年前),增加 R&D 投入的企业在增加,而减少 R&D 投入的企业数量在减少,但是 1999 年以后,减少 R&D 投

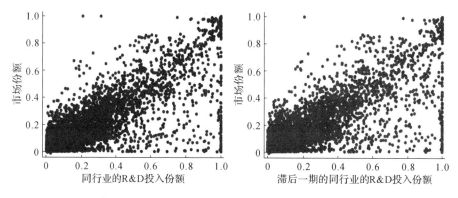

图 4-7　企业的 R&D 投入份额与市场份额　　图 4-8　滞后一期的 R&D 投入份额
与市场份额

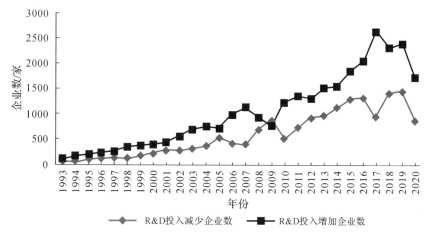

图 4-9　企业的 R&D 投入变化的异质性

入的企业开始逐渐增加。第二次异质性表现发生在 2001—2005 年;第三次
异质性表现发生在 2006—2009 年;第四次异质性表现发生在 2010—2012
年;第五次异质性表现发生在 2015—2018 年。这些企业的异质性表现恰好
为本章的外溢吸收投资分析提供了资料,可用于分析外溢吸收对企业市场
地位的影响。

2. 计量结果分析

表 4-2 给出了企业的 R&D 投入变化与市场地位之间的关联。企业的
R&D 投入变化用 count 变量表达,它通过企业的 R&D 投入在整个行业的
R&D 投入比例(R&D 投入份额)的增加或减少来反映,增加即为 1,减少即
为 -1。这一比例增加,反映了企业的战略性 R&D 投入有利于提升企业的
技术资本和市场竞争力。从模型的回归结果来看,它与企业的市场地位变

化呈现显著的正向关联,例如模型(2)中的回归系数表明,企业的 R&D 投入份额如果增加,那么它的市场份额将提升 0.0877%,表明企业 R&D 投入是影响其市场地位的重要变量。

表 4-2 企业的 R&D 投入变化与市场地位的关联估计

变量	marketstatus				
	(1) 2007—2010 年	(2) 全部年份	(3) 行业固定效应	(4) 2006 年以前	(5) 2006 年以后
count	0.000766***	0.000877***	0.000899***	0.001210**	0.000825***
	(0.0001)	(0.0001)	(0.0001)	(0.0005)	(0.0001)
Constant	0.0269***	0.0147***	0.0060*	0.0249	0.0051
	(0.0021)	(0.0009)	(0.0035)	(0.0155)	(0.0032)
行业固定效应	No	No	Yes	Yes	Yes
Observations	6303	44363	44363	7729	36634
N	1840	4476	4476	1349	4425

注:括号中是标准误显著性水平,*** 表示 $p<0.01$,** 表示 $p<0.05$,* 表示 $p<0.10$。

表 4-3 是分时期的计量回归结果。从回归结果来看,2008 年以后的估计系数有了一定的下降,从 0.000756 下降到 0.000591。这一变化反映了两个变量的关联有所弱化,其原因可能与全球金融危机后的其他影响市场地位变化的因素有关。

表 4-4 是企业的 R&D 投入变化的滞后期影响效应的估计结果。从表中结果来看,影响效应的大小随着滞后期的递进而递减,并且变得不显著。例如,回归系数从 0.00096 分别转变为 0.000761、0.000753、0.000554。它表明企业的 R&D 投入变化具有短期效应,在短期内对企业的市场竞争力产生重要影响。

表 4-3　不同时期的企业 R&D 投入变化与市场地位的关联估计

变量	(1) 2001 年以后	(2) 2002 年以后	(3) 2003 年以后	(4) 2004 年以后	(5) 2005 年以后	(6) 2006 年以后	(7) 2007 年以后	(8) 2008 年以后	(9) 2009 年以后	(10) 2010 年以后
					marketstatus					
count	0.000848***	0.000815***	0.000868***	0.000767***	0.000732***	0.000825***	0.000756***	0.000591***	0.000553***	0.000577***
	(0.0001)	(0.0001)	(0.0001)	(0.0001)	(0.0001)	(0.0001)	(0.0001)	(0.0001)	(9.61E-05)	(8.82E-05)
Constant	0.00548	0.00543	0.00534	0.00528	0.00521	0.00511	0.00503	0.00502	0.00494	0.00482
	(0.0033)	(0.0033)	(0.0033)	(0.0032)	(0.0032)	(0.0032)	(0.0032)	(0.0032)	(0.0032)	(0.0032)
行业固定效应	Yes	Yes	Yes	Yes	Yes	Yes	Yes	Yes	Yes	Yes
Observations	41411	40708	39902	38936	37853	36634	35267	33797	32248	30648
N	4461	4454	4449	4443	4434	4425	4406	4382	4351	4326

注：括号中是标准误显著性水平，*** 表示 $p < 0.01$。

表 4-4　企业的 R&D 投入变化的滞后期影响效应估计

变量	marketstatus				
	（1）滞后 1 期	（2）滞后 2 期	（3）滞后 3 期	（4）滞后 4 期	（5）滞后 5 期
L. count	0.000956***				
	(0.0001)				
L2. count		0.000761***			
		(0.0002)			
L3. count			0.000753***		
			(0.0002)		
L4. count				0.000554**	
				(0.0002)	
L5. count					0.000223
					(0.0002)
Constant	0.00602	0.00642	0.00683	0.00713	0.00682
	(0.0037)	(0.0039)	(0.0041)	(0.0044)	(0.0050)
行业固定效应	Yes	Yes	Yes	Yes	Yes
Observations	40419	36578	32900	29457	26261
N	4351	4172	3921	3659	3228

注：括号中是标准误显著性水平，*** 表示 $p<0.01$，** 表示 $p<0.05$。

表 4-5 引入了企业的相对技术资本水平变量。前文的数理模型分析显示，企业的相对技术资本水平（techstatus）对企业的市场竞争地位也产生重要的影响效应。从模型的估计结果来看，相对技术资本水平变量的作用是显著且正向的影响。例如，模型（3）的回归结果显示，企业的相对技术资本水平提升 1%，它的市场地位（市场份额）将提升 0.199%，正向作用效应显著。模型（4）引入滞后一期的相对技术资本水平，结果依然显著。

表 4-5　企业的 R&D 投入变化与相对技术资本水平的双重影响效应估计

变量	marketstatus		lnmarketstatus	
	（1）	（2）	（3）	（4）
L. count	0.000714***	0.000785***	0.036000***	0.039200***
	(0.0001)	(0.0001)	(0.0035)	(0.0035)
techstatus	0.371***			
	(0.0025)			
L. techstatus		0.334***		
		(0.0025)		

变量	marketstatus		lnmarketstatus	
	(1)	(2)	(3)	(4)
lntechstatus			0.199***	
			(0.0026)	
L. lntechstatus				0.185***
				(0.0026)
Constant	0.00303	0.00321	-5.99200***	-6.11700***
	(0.0020)	(0.0021)	(0.1180)	(0.1210)
行业固定效应	Yes	Yes	Yes	Yes
Observations	34647	34278	34596	34222
N	4023	4021	4022	4021

注:括号中是标准误显著性水平,*** 表示 $p < 0.01$。

表 4-6 引入了技术外溢变量,企业的 R&D 投资作为外溢吸收变量,用两者的交叉项来反映外溢吸收投资对企业的市场地位变化的影响。其中:k3 是度量同一个城市同行业的技术外溢变量;k4 是度量同一个经济体同行业的技术外溢变量。计量结果显示,lnk4count 和 L. lnk4count 对市场地位变迁的作用效应为正且显著,而 lnk3count 和 L. lnk3count 的作用效应不显著,这一结果表明技术外溢效应只发生在经济体内部,而不发生在城市内部。同时,企业的相对技术资本水平也在决定市场地位中发挥重要作用。

表 4-6 经济体内与城市内溢出效应的估计结果(绝对市场份额)

变量	marketstatus					
	(1)	(2)	(3)	(4)	(5) 2006 年以后	(6) 2006 年以后
lnk3count	9.58E-05					
	(9.72E-05)					
techstatus	0.359***	0.372***	0.357***	0.370***	0.313***	0.309***
	(0.0024)	(0.0025)	(0.0024)	(0.0025)	(0.0025)	(0.0025)
L. lnk3count		0.000139			0.000122*	
		(0.0001)			(6.91E-05)	
lnk4count			7.93E-05*			
			(4.05E-05)			
L. lnk4count				8.85E-05**		7.56E-05***
				(4.32E-05)		(2.93E-05)
Constant	0.00348*	0.00318	0.00345*	0.00314	0.00354*	0.00351*
	(0.0020)	(0.0020)	(0.0019)	(0.0020)	(0.0020)	(0.0020)
行业固定效应	Yes	Yes	Yes	Yes	Yes	Yes

续表

变量	marketstatus					
	(1)	(2)	(3)	(4)	(5) 2006 年以后	(6) 2006 年以后
Observations	37411	34202	37792	34610	29728	29899
N	4126	4006	4139	4021	3956	3962

注:括号中是标准误显著性水平,*** 表示 $p<0.01$,** 表示 $p<0.05$,* 表示 $p<0.1$。

表 4-7 变换了部分解释变量,将外溢吸收投资变量由正、负冲击转变为企业的 R&D 投入(rd),并对所有变量取对数进行回归。所有模型的交叉项的回归系数都显示外溢吸收效应显著存在,且为正。例如 lnk3rd 的回归系数为 0.0036,滞后一期的交叉项 L.lnk3rd 的回归系数为 0.006,L.lnk4rd的回归系数为 0.004。

表 4-7　经济体内与城市内溢出效应的估计结果(对数市场份额)

变量	lnmarketstatus			
	(1)	(2)	(3)	(4)
lnk3rd	0.004** (0.0016)			
lnrd	0.251*** (0.0043)		0.250*** (0.0061)	
lntechstatus	0.164*** (0.0024)	0.174*** (0.0025)	0.165*** (0.0024)	0.175*** (0.0025)
lnemp	−0.191*** (0.0115)	−0.186*** (0.0117)	−0.201*** (0.0126)	−0.207*** (0.0128)
lnpgdp	−0.597*** (0.0253)	−0.570*** (0.0269)	−0.617*** (0.026)	−0.606*** (0.0277)
L.lnk3rd		0.006*** (0.0016)		
L.lnrd		0.203*** (0.0043)		0.199*** (0.0062)
lnk4rd			0.00159 (0.0014)	
L.lnk4rd				0.004*** (0.0014)
Constant	−1.414*** (0.289)	−1.233*** (0.307)	−1.177*** (0.300)	−0.782** (0.319)
行业固定效应	Yes	Yes	Yes	Yes
Observations	39032	35831	39459	36314
N	4253	4173	4268	4192

注:括号中是标准误显著性水平,*** 表示 $p<0.01$,** 表示 $p<0.05$。

3. 稳健性分析

为了进一步验证本章实证结果的稳健性,我们采用变换变量的方式进行回归。在表 4-8 中变换了被解释变量,对企业的市场地位取对数,并与企业的 R&D 投入变化进行回归。结果显示,无论是采用 R&D 投入份额的冲击变量 count 或 L.count,还是采用企业的 R&D 投入绝对量的对数 lnrd 或 L.lnrd,企业的 R&D 投入与其市场份额变化都存在显著的正向联系。

表 4-8　对数市场份额的影响效应估计

变量	lnmarketstatus			
	(1)	(2)	(3)	(4)
count	0.0527***			
	(0.0039)			
L.count		0.0569***		
		(0.0040)		
lnrd			0.296***	
			(0.0036)	
L.lnrd				0.250***
				(0.0037)
Constant	−8.336***	−8.124***	−10.530***	−10.130***
	(0.152)	(0.160)	(0.121)	(0.123)
行业固定效应	Yes	Yes	Yes	Yes
Observations	44350	40406	49677	45648
N	4476	4350	4670	4604

注:括号中是标准误显著性水平,*** 表示 $p < 0.01$。

表 4-9 显示了变换解释变量的估计结果。因为企业的吸收投资与它的经营状况紧密相关,因此采用总资产收益率(return on total assets)来替代企业的外溢吸收投资变量,并与经济体内的技术外溢变量和城市内的技术外溢变量结合考察外溢效应大小。结果显示,企业的总资产收益率与企业的研发投资变化 count 显著正相关,这进一步证实了本书的猜测,即它可以作为外溢吸收投资变量。

表 4-9　解释变量与替代解释变量的关联性估计

变量	count					marketstatus
	(1)	(2)	(3)	(4)	(5)	(6)
L. returnasset		0.00631***	0.00695***	0.00684***	0.00680***	9.29E-05***
		(0.0002)	(0.0002)	(0.0002)	(0.0002)	(1.15E-05)
lnpgdp				−0.2620***	−0.1470***	−0.0138***
				(0.0391)	(0.0539)	(0.0007)
returnasset	0.00487***					
	(0.0002)					
lnemp					−0.353***	
					(0.116)	
Constant	0.245***	0.248***	0.996	2.977***	2.681***	0.149***
	(0.0263)	(0.0268)	(0.9430)	(0.5180)	(0.4410)	(0.0265)
行业固定效应	Yes	Yes	Yes	Yes	Yes	Yes
地区固定效应	Yes	Yes	Yes	Yes	Yes	Yes
Observations	43639	43415	43415	40857	40848	67315
N	4455	4457	4457	4407	4406	5906

注:括号中是标准误显著性水平,*** 表示 $p < 0.01$。

表 4-10 显示了采用替代解释变量得到的外溢效应估计结果。模型(1)、模型(2)、模型(4)的交叉项的回归系数为正且显著,例如模型(1)的交叉项系数为 0.00513,模型(2)的交叉项系数为 0.00307。这一结果显示,当采用替代解释变量时,回归结果依然显著,表明外溢吸收效应存在,外溢吸收投资对企业的市场地位变化产生显著影响。

表 4-10　替代解释变量的外溢效应估计结果

变量	lnmarketstatus			
	(1)	(2)	(3)	(4)
L. lnk3returnasset	0.005130***		0.000284	
	(0.0002)		(0.000243)	
lntechstatus	0.206***	0.207***	0.207***	0.207***
	(0.0020)	(0.00199)	(0.00199)	(0.00199)
lnpgdp	0.225***	0.229***	0.242***	0.237***
	(0.0169)	(0.0169)	(0.0169)	(0.0170)
L. lnk4returnasset		0.003070***		0.000467***
		(7.63E-05)		(0.00015)
L. returnasset			0.0113***	0.0103***
			(0.000316)	(−0.000504)

续表

变量	lnmarketstatus			
	(1)	(2)	(3)	(4)
Constant	−7.670***	−7.690***	−7.857***	−7.793***
	(0.878)	(0.842)	(0.812)	(0.815)
行业固定效应	Yes	Yes	Yes	Yes
地区固定效应	Yes	Yes	Yes	Yes
Observations	53597	54127	53597	54127
N	5289	5306	5289	5306

注:括号中是标准误显著性水平,*** 表示 $p < 0.01$。

(三)不同经济体样本的进一步分析

为了进一步论证比较收益在创新投入选择中的重要性,本部分以 104 个经济体 1996—2018 年的创新发展数据做分析,发现:

第一,当人均 GDP(pgdp)在 2 万美元以下时,大多数经济体的 R&D 投入占 GDP 的比例(rdgdp)在 1% 以下。只有当人均 GDP 超过 2 万美元,一些经济体的 R&D 投入占 GDP 的比例才在 1% 以上,并且正相关。这表明经济体的 R&D 投入是存在约束条件的。按照消费理论:人们在收入较低时,会将绝大部分收入用于消费;只有在收入较高时,消费占收入的比重才较低。因为不同选择的比较收益随着收入水平的变化而变化,这可以在一定程度上解释为何人均 GDP 在 2 万美元以上后,R&D 投入占 GDP 的比例才会提升到 1% 以上。对于企业而言,R&D 投入同样存在约束条件。企业需要在生产投资与创新投资之间进行选择。虽然部分生产投资,例如设备更新等,也会促进企业的技术进步,但是,相当部分的生产投资属于生产规模的外延式扩大,以扩大生产规模从而提升产销量为主,对生产工艺革新和产品创新方面的影响不大。因此,企业在生产领域的投资比较收益和机会成本不仅会影响到 R&D 投入和外溢吸收投资,也会影响到企业的技术进步。另外,那些面临融资约束、经营环境不确定以及外溢吸收效应不确定的企业都会尽可能压缩 R&D 投入。

　　第二,中国、中国台湾、韩国和以色列表现突出。特别是前三者,在人均GDP 未达到 2 万美元时,其 R&D 投入占 GDP 的比例就高于 1%。从创新投入对各地区的 TFP 的影响来看,两者显然正相关。另外,这 4 个经济体高科技产品出口占制造业出口的比重也远高于其他地区,这表明它们的产业竞争力很强,这也是 R&D 投入的影响结果之一。例如:中国的高科技产品出口占 GDP 的比例最高为 31%;韩国的这一比例最高达到 36%;以色列的这一比例最高达到 23%;中国台湾的这一比例最高达到 40%——四者都高于 20% 的世界平均水平。这也是其 R&D 投入比例较高的原因之一。日本的 R&D 投入占 GDP 的比例也相对较高,最高达到 3.4%,不过日本企业的国际化经营程度也较高,它的相当部分生产活动布局在海外,相反,它的高科技出口占制造品出口的比重并不高,基本在 20% 左右。

　　第三,以经济体样本进行计量分析。表 4-11 中的模型(1)、模型(2)、模型(3)、模型(4)是样本分类之后的 logit 分析结果。被解释变量 rdgdp1 在R&D 投入占 GDP 比例大于 1% 时,取值为 1;否则,取值为 0。在引入滞后一期的 L.rdgdp1 作为控制变量之后,计量结果显示它与人均 GDP 水平显著相关。模型(5)、模型(6)在引入滞后一期的 TFP 变量作为控制变量后,结果显示 R&D 投入占 GDP 的比例变化与 TFP 增长呈现正相关。不过,模型(8)显示 OECD 成员样本在引入滞后一期的控制变量后,R&D 投入份额的影响效应不显著。这一结果对应于 rdgdp1 取值为 1 时有 R&D 投入份额大于 1%,它表明对于 OECD 成员而言,要保持持续性的 TFP 增长,R&D投入份额要更高才行。

表 4-11　经济体样本的计量分析结果

统计量	全样本 rdgdpl		OECD rdgdpl		全样本 lntfp		OECD lntfp	
	(1)	(2)	(3)	(4)	(5)	(6)	(7)	(8)
pgdp	0.000150***	0.000175***						
	(0.00057)	(0.000)						
lnpgdp		0.950***		2.428***				
		(0.178)		(0.777)				
rdgdpl					0.03360**	0.00743**	0.03440***	-0.00217
					(0.0150)	(0.0037)	(0.0110)	(0.0036)
L. rdgdpl	5.088***	6.367***	5.286***	5.600***				
	(0.880)	(0.389)	(0.725)	(0.691)				
L. lntfp						0.936***		0.919***
						(0.00679)		(0.01170)
常数	-5.311***	-11.86***	-4.938***	-25.50***	-0.497***	-0.0271***	-0.322***	-0.0174***
	(0.896)	(1.661)	(0.8420)	(7.30900)	(0.00730)	(0.00382)	(0.00827)	(0.00466)
					FE	FE	FE	FE
样本	1207	1207	709	709	1257	1215	790	760
R^2					0.004	0.944	0.013	0.897
个体	80	80	36	36	80	80	38	38

注：括号中是标准误差显著性水平，***表示 $p<0.01$，**表示 $p<0.05$。

三、小　结

本章的分析表明:尽管技术外溢对于企业的创新增长意义重大,但是技术外溢能否惠及企业,还由其他因素决定。企业投资中的"短视"行为是导致不同企业发展差异的重要因素,它使得企业改变市场竞争地位的难度或调整成本越来越大。

第一,异质性企业模型中的外溢吸收投资由产业竞争以及其他投资选项(非创新投资活动)的比较收益决定。当企业前期累积的相对技术资本优势使得其外溢吸收投资具有更高的回报时,它在外溢吸收投资方面的激励更大,因而能够保证持续的创新投入。这也表明企业的创新发展具有路径依赖特性。领先企业由于拥有相对技术资本优势而在产业竞争中具有更大的创新投资激励。技术资本或创新能力在产业竞争中发挥重要的作用,它使得后发企业的赶超变得相对困难。

第二,新兴产业的收益递增特征也使得企业的创新发展具有路径依赖特性。收益递增特征意味着领先企业(具有相对技术资本优势的企业)在外溢吸收投资方面具有更高的回报,进一步导致不同类型企业的外溢吸收投资差异和技术进步差异。收益递增特征使得企业发展摆脱了传统理论所倚重的边际收益递减规律,使得企业的技术资本积累更具合理性。相对技术资本落后的企业的创新投资激励较弱,企业间的发展差异越来越大。另外,在收益递增条件下,企业的发展路径对外生的市场冲击更敏感。当企业面临融资约束时,企业的发展也会受限。总之,面对产业周期性发展,"先行者"或坚持长期创新投资的企业会形成技术资本优势,并在产业中后期发展中占据优势。

本章的实证分析利用了全球 4476 家上市公司的数据。实证结果显示:首先,企业的相对技术资本水平和 R&D 投入都对企业的市场份额变化产生重要影响。特别地,企业的 R&D 投入与外溢技术相结合能够产生显著的外溢效应,促进企业的市场份额提升。无论是采用企业的 R&D 投入的绝对量还是 R&D 投入相对比例的变动方向,都在影响市场份额中发挥显著作用。其次,实证结果进一步显示,经济体内的外溢吸收效应要强于单个城市内的外溢吸收效应,前者在影响企业的市场份额变迁方面发挥显著作用。实证结果也证实了企业的外溢吸收投资的重要性,除了外溢源泉,企业需要一定的外溢吸收投资才能实现赶超。最后,利用 104 个经济体的样本数据分析也表明 R&D 投入占 GDP 的比例也与经济体的人均 GDP 水平有关,除了中国、中国台湾、韩国、以色列等少数经济体,大部分经济体的人均 GDP 在超过 2 万美元以后才会加大创新投入。那些加大 R&D 投入比例的经济体能够获得较高的 TFP 和较强的高科技产品出口竞争力。本章分析表明:后发经济体只有实施战略性 R&D 投入,避免创新投资的"短视行为",才能突破产业竞争中的限制性壁垒,加速企业的技术资本积累,实现赶超。如果企业缺乏长远发展规划,忽略外溢吸收投资,会导致技术资本积累停顿,尽管获得了较大短期收益,但是将陷入长期竞争中的不利位置。从某种角度而言,历史因素并不完全重要,因为各种外溢技术机会经常存在,重要的是企业(或经济体)保持各期生产经营活动的一致性,加大创新力度。

第五章　技术更新与企业的市场地位变迁[①]

　　后发企业在什么情况下可以赶超领先企业？这是一个备受关注的问题。要回答这一问题，需要考察产业竞争中企业的创新产出 z_i 的决定因素。梳理已有研究发现，学者们将企业的创新产出的决定因素大致归为两类：一是企业的 R&D 投入（R_i）。R&D 投入是一个短期变量，它具有很大的内生性。一般领先企业的市场收入更高，也更能支持 R&D 投入。二是企业积累的技术创新能力或技术吸收能力 a_i。在本书中，技术创新能力也被定义为企业的技术资本，它是企业掌握的技术知识和产品开发经验，技术资本投入在新产品开发中，能够带来一定的市场价值。不同企业的技术资本差异对其创新绩效差异产生重要影响。正如一场运动项目比赛一样，业余参赛者一般难以战胜职业运动员，尽管两者在比赛时投入了相同的努力，但是职业运动员在运动技能方面胜于业余参赛者。企业的技术资本在创新竞赛中发挥着重要作用，它不仅影响竞赛的胜负，决定着竞赛进入门槛的高低，而且具有一定的私有性，其他企业不能轻易地获得其技术资本。

　　与以往研究不同，本章探讨的是企业的 R&D 投入与技术资本两者的关系，以及这一关系对不同企业在产业竞争中的市场地位变迁的影响。市场地位以单个企业的销售收入在整个市场中的比例度量。本章以技术更新作为核心作用机制来探讨不同创新变量之间的关系及其影响，分析了一个动态竞争模型：首先，企业在产业竞争中的收益大小与其技术资本水平的高低紧密相关。企业的技术资本水平越高，生产的产品越具有竞争力。其次，企业的技术资本具有累积性，它由前期累积的技术资本和近一期（或当期）的新增技术共同组成，新增技术就是所谓的技术更新。再次，新增技术形成就是所谓的创新函数，它的影响因素就是近一期或当期 R&D 投入与前期累积的技术资本。因此，技术资本在产业竞争中发挥两项作用，一是决定产品的技术水平，二是影响新技术开发。本章模型将表明，企业的市场地位具

① 本章部分内容发表在：刘毅群，黄先海，2021.创新竞争中的技术资本更替与企业的市场地位变迁[J].社会科学战线(6)：79-87。

有部分路径依赖特性,以往的技术优势可以在一定程度上保证企业的相应市场收益。但是技术更新的存在又可能改变企业的市场地位。并且,技术更新又与企业的 R&D 投入和前期累积的技术资本紧密相关。企业前期累积的技术资本越多,表明企业开发新技术的能力越强,企业当期的 R&D 投入 R_i 也很重要,它是技术开发中的另一不可获缺的因素,也是改变市场地位的关键变量。最后,本章探讨的最重要的问题是后发企业在何种条件下可以通过加大 R&D 投入来改变市场地位。虽然后发企业在技术资本累积方面具有劣势,但是它仍存在通过加大 R&D 努力,即所谓的战略性 R&D 投入,实现竞争赶超的可能。本章指出,这种可能取决于在技术更新过程中当前的 R&D 投入与前期累积的技术资本之间的替代性大小。如果两者在影响技术更新中发挥互补作用,那么具有技术资本累积劣势的企业实现赶超的困难加大。反之,则较容易实现竞争赶超。①

不少文献研究了创新竞争及其对创新增长的影响,例如 Aghion et al. (2001)、Aghion et al. (2013),但是没有考虑到企业当期的 R&D 努力与前期累积的技术资本共同对创新发展以及产业竞争产生的影响。本章以过去几十年间的全球半导体产业竞争为例,解析竞争中的成功者和不成功者及其影响因素,并分析 1990—2019 年全球半导体产业中 146 家重要公司的数据,检验理论假设,探讨中国半导体产业实现赶超的激励因素与限制性因素。

一、全球半导体产业竞争中的赶超

(一)竞争中的成功者

2018 年以来的"中兴通讯事件"以及美国政府对华为公司的限制性措施引发人们对中国高科技产业发展的关注。依据海关总署的统计数据,2018 年中国进口集成电路金额为 3120.6 亿美元,出口金额为 846.4 亿美元,这一项产品的贸易逆差高达 2274.2 亿美元。中国国产芯片在可编程逻辑设备、数字信号处理设备、半导体存储器等领域的全球市场占有率非常

---

① R&D 努力与技术资本之间的动态联系有两点意义:一是如果在创新函数中当期的 R&D 努力可以部分替代技术资本的作用,那么战略性 R&D 投入就很重要,它能突破"利益短视",促使企业实现竞争赶超;二是大企业一般具有较雄厚的资金实力,它们的资金约束较少,它们会不断进行 R&D 投资,以确保技术领先优势。

低。作为当今世界最大的芯片消费者,中国的半导体产业能否赶超世界领先水平?它成为很多人关注的问题。

从全球半导体产业的发展经验来看,它有两个显著特征:第一,不同经济体的市场地位跌宕起伏。如图 5-1 和表 5-1 所示,在 20 世纪 80 年代到 90 年代初,日本企业几乎占据国际半导体市场的半壁江山,其产品销售额占据全球市场的 50% 左右。1987 年,销售收入排名全球前三位的厂商都是日本企业,分别是 NEC(日本电气)、东芝和日立。但是从 20 世纪 90 年代中期开始,美国企业占据了全球半导体产业的领先位置,它的市场份额上升到 50% 左右。美国英特尔在 1987 年的销售收入排名为第十位,但 1996 年以后它一直保持销售收入第一位的市场地位。同时,韩国和中国台湾的半导体企业迅速成长起来。韩国三星电子的销售收入排名在 2000 年以后逐渐上升到全球第二位。日本公司的市场地位逐渐降低。第二,少部分企业通过并购整合延续了它们的市场地位。尽管日本公司的排名整体下滑,但是少部分企业延续了竞争优势。日本的日立的半导体部门和三菱的半导体部门于 2003 年合并成立瑞萨科技,又于 2010 年与 NEC 的半导体部门合并成立瑞萨电子。2018 年,瑞萨电子的销售收入排名第八位。美国的摩托罗拉也曾遇到困境,但是它的分拆公司仍保持较强的竞争优势。摩托罗拉的半导体部门于 1999 年分拆出安森美,2004 年又分拆出飞思卡尔,飞思卡尔在 2018 年的销售收入排名为第十六位。安森美于 2011 年收购日本三洋电机的半导体部门,2016 年收购美国著名的仙童,2018 年又收购日本富士通的半导体部门。

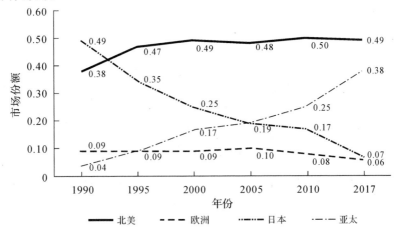

图 5-1　以公司总部所在地区划分的全球集成电路(IC)市场份额

资料来源:IC Insights 公司。

表 5-1　1987 年、2000 年、2018 年全球二十大半导体厂商销售收入排名

排名	1987 年		2000 年		2021 年	
	公司名称	经济体	公司名称	经济体	公司名称	经济体
1	NEC	日本	英特尔	美国	三星电子	韩国
2	东芝	日本	东芝	日本	英特尔	美国
3	日立	日本	德州仪器	美国	SK 海力士	韩国
4	摩托罗拉	美国	三星电子	韩国	美光科技	美国
5	德州仪器	美国	NEC	日本	高通	美国
6	富士通	日本	意法半导体	意法	博通	美国
7	飞利浦	荷兰	摩托罗拉	美国	联发科	中国台湾
8	国家半导体	美国	英飞凌	德国	德州仪器	美国
9	三菱电机	日本	飞利浦	荷兰	英伟达	美国
10	英特尔	美国	美光科技	美国	AMD	美国
11	松下	日本	三菱电机	日本	苹果	美国
12	AMD	美国	日立	日本	英飞凌	德国
13	三洋电机	日本	杰尔(朗讯)	美国	意法半导体	意法
14	SGS-汤姆生	意法	现代	韩国	铠侠	日本
15	AT&T	美国	富士通	日本	恩智浦	荷兰
16	西门子	德国	AMD	美国	西部数据	美国
17	OKI	日本	松下	日本	瑞萨电子	日本
18	夏普	日本	IBM	美国	索尼	日本
19	索尼	日本	夏普	日本	亚德诺	美国
20	通用电气	美国	索尼	日本	安森美	美国

资料来源：iSuppli 公司和 Gartner 公司。

　　如果从 1987 年开始比较全球半导体产业中企业的竞争地位，那么美国、韩国和中国台湾的半导体公司是竞争中的成功者。美国在 20 世纪 90 年代重新夺回了全球霸主地位。韩国的三星电子自 2002 年起稳居全球半导体市场前两位，而众多中国台湾的公司也迅速崛起，包括联发科、台积电、联华电子、力晶半导体、世界先进、稳懋半导体等。

(二)竞争中的不成功者

　　众多的日本公司在半导体产业发展的早期阶段是成功者，它们在 20 世

纪 50 年代就缩小了与半导体技术起源国美国的技术差距。一直到 90 年代初,日本公司都占据全球半导体市场的半壁江山。但是 90 年代中期以后,它们成为半导体产业发展中的不成功者,其市场地位不断被侵蚀,一些公司被迫合并、转让甚至停产,不再开展半导体业务。

长期以来,欧洲有三家公司始终位居全球前二十位:意法半导体、恩智浦(即原飞利浦的半导体部门)和英飞凌(即原德国西门子的半导体部门)。从 2008 年开始,这三家半导体公司的产品销量也大幅下降。这些公司的市场份额也随之下降,并被迫做出组织调整和裁员。

除此之外,还有相当部分经济体是全球半导体产业发展中的不成功者。如果仅从带动地区投资和就业角度而言,很多发展中经济体有过成功。墨西哥在 20 世纪 70 年代集中了拉美地区主要的半导体组装工厂;美国仙童于 1963 年在中国香港建立东南亚地区第一家半导体制造企业;1972 年,惠普、英特尔在马来西亚的槟城自由贸易区设厂;1968 年,德州仪器和国家半导体在新加坡建立半导体装配厂;此外,印度尼西亚、菲律宾、泰国等都有欧、美、日公司的生产基地。① 但是,如果从是否有本地公司成长为具有全球竞争力的公司来衡量,这些经济体是不成功的。只有韩国、中国台湾的半导体公司发展了起来。

(三)半导体产业中的竞争与创新

高技术产业是一个高附加值产业。领先企业并不希望有新进入者。但是,如何解释部分半导体企业的成功进入呢?

在早期的半导体产业发展中,一些经济体的消费电子企业从美国、日本等进口硅片或集成电路,进行组装、销售。但是到了后期,随着市场竞争的加剧,那些没有建立自己的核心部件设计与生产系统的企业受到很大冲击,例如 1987 年全球电子业衰退对东南亚半导体产业的冲击。另外,美国、欧洲、日本的跨国公司都曾在马来西亚、泰国、菲律宾、印度尼西亚等设有合同公司,但是这些经济体的本地企业始终没能在 IC 设计与晶圆制造上获得突破。这些经济体的半导体产业的成熟度无法与韩国、中国台湾相提并论。半导体企业真正的发展还需要当地 R&D 努力。

1. 半导体产业的分工深化

半导体企业一直面临巨大的竞争压力,首先是来自欧、美、日等领先经

---

① 根据 1986 年的统计资料,我国有集成电路生产工厂 30 多家,研究所 10 个,全行业职工总数 4 万人,其中技术人员 5000 多人(俞忠钰,1988)。

济体的竞争,其次是来自低成本经济体的竞争。在设计与制造的各个环节也都存在巨大的竞争压力。虽然巨额投资限制了很多进入者,但是在位企业依然面临很大的挑战。不考虑研发投资,仅在制造方面,1972 年,一个能够装配大容量集成电路的生产线就需要投资 1000 万美元,而到了 1980 年,这种投资上升到 1 亿美元。1989 年,英特尔建造 80486 微处理器厂的投资是 4 亿美元。2005 年,英特尔投资一条 300 毫米晶圆生产线,花费了 30 亿美元。与此同时,标准化的量产并不能保证长远利益。例如,当日本公司利用标准化 DRAM(动态随机存储器)生产和质量控制获得领先优势时,其也面临来自韩国、中国台湾等的竞争,后者在生产能力、投资和生产效率方面具有优势。20 世纪 90 年代的市场变革就证明了这一点。这些制造型企业并不能依靠大规模生产获得长久利润。

　　半导体产业的分工一直在深化,并产生重要影响。到目前为止主要出现了三类企业(见图 5-2):垂直整合制造商,即 IDM(integrated design and manufacturer),例如英特尔、富士、索尼等;无晶圆企业,即 fabless(无制造),例如高通、博通、AMD、英伟达、联发科等,它们的主要产品由专利许可、商业秘密、著作及其他形式的知识产权构成,因而被归为知识产权公司(IP firms);晶圆代工企业,即制造或代工厂(foundry),如台积电、联电、美国的格罗方德(Global Foundries)等。一些公司只设计并销售自己的芯片;另一些公司只生产芯片,不进行设计。[1] 特别是在前者,美国公司具有很强的竞争力,在 2011 年前二十五名的无厂公司中,美国的高通、博通、AMD、

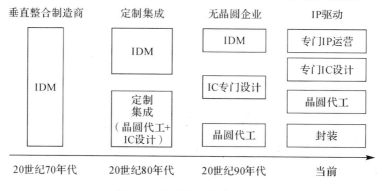

图 5-2　半导体产业分工演化

---

[1]　当前无晶圆企业很多,例如美国的高通、博通、AMD、英伟达等(美国公司数量占前二十五名中的一半);中国台湾的联发科、威盛、瑞星。它们的产品主要由专利许可、商业秘密等构成。ARM、MIPS 等也不销售自有产品,只进行半导体设计。

英伟达、美满(Marvell)位居前五,赛灵思(Xilinx)、河尔特拉(Altera)、艾萨华(Lsi Corp)等位居前十。还有英特尔、IBM、三星电子这类 IDM 模式的竞争企业存在。专业化分工使得部分企业节约了大量资金,集中于设计研发,提高了竞争力。对于后发企业而言,真正的挑战还来自品牌与产品设计方面的不足。

美国与日本的创新体制有所不同。在日本,半导体产业由大企业主导,它们与银行、其他企业形成一个紧密联系的利益共同体,这种制度安排在扩大制造规模、促进资金融通方面有优势,但是限制了新企业的发展。而美国是一个以市场竞争为主导的创新体制,技术资源与人员的流动较为充分,新企业发展活跃,特别是在吸收新的技术成果和发展衍生产品方面具有活力,并成为美国半导体产业发展的新生力量。

2. 企业的升级路径

Hobday(1995,1996)曾提出新兴工业经济体中后发企业的升级路径:从 OEM 到 ODM,再到 OBM。中国台湾和韩国的企业通过 OEM 方式完成了技术学习和升级,也可以视为一种组织创新。跨国公司会帮助 OEM 选择设备,培训工程师和技术人员,对生产管理提出建议等。韩国和中国台湾的企业首先获得了工艺流程方面的技术能力,其次是产品设计方面的能力,进而 OEM 也演化为 ODM,此时 R&D 是企业的重点发展方向。最后是成长为 OBM,这还需要营销和配送方面的能力,只有少部分企业成功实现了这一点。

在缺少深厚的技术基础以及品牌效应的条件下,很多东亚企业难以脱颖而出。东亚地区的半导体产业实际上嵌入欧、美、日企业所主导的全球生产网络之中,而缺少独立经营能力。这些 OEM 不仅在研发、设计、先进材料、关键元件和资本品方面存在不足,在组织结构上也存在一定缺陷,受制于或严重依赖于大企业的垂直生产体系和全球战略转变,对世界市场波动以及低成本竞争非常敏感。OEM 之间的竞争仅仅体现在制造过程中。"受控竞争"产生的危害非常大,企业发展具有路径依赖性,创新活力严重不足,无法应对快速的市场变化。[①] 组织结构障碍、开发和使用新兴技术动力不足成为阻碍企业进一步发展的重要因素。

---

① "受控竞争"(controlled competition)一词来自 Fransman(1995),它是一种特殊的组织形态,牵涉日本通信企业(NTT 电信运营商)、通产省、竞争性供应企业之间长期的、有契约的关系。它是一个封闭群体间的一种合作关系(Fransman,1995)。

3. 本地 R&D 驱动战略

韩国、中国台湾、马来西亚、新加坡、泰国和菲律宾等的半导体工业与FDI 有着紧密联系。不过,这些经济体的半导体产业发展最终呈现很大的差异,本地企业的自主研发成为发展道路"分化"的关键。[①] 韩国和中国台湾都投入巨大努力进行自主研发。引资阶段之后,韩国的半导体产业进入自主化 R&D 发展阶段。从 20 世纪 70 年代末开始,三星电子和韩国电子等公司开始建立独立的半导体制造业。1983 年,三星电子宣布投资 1.33 亿美元(合 1000 亿韩元)开发内存芯片,于 1985 年成功开发 64K DRAM,震惊世界(马修斯和赵东成,2009)。1986 年,其又开发出 1M DRAM。1990年,三星电子、现代、乐喜金星生产 4M DRAM。1993 年,三星电子成为世界最大的 DRAM 供应商。三星电子由脆弱的组装企业变成了先进技术的源泉。1967 年成立的韩国科学技术研究院、1976 年在龟尾电子工业联合体基础上成立的产业研究院都为韩国半导体产业提供了基础技术。中国台湾在 1974 年成立电子产业研究中心,它是工业技术研究院的一个分支,1979年改为电子研究所,成为台湾本地企业设计、研发与制造的起源地,成功实现了半导体技术在台湾本地企业中的扩散。

不过,新加坡和马来西亚的发展战略有所不同。它们主要依靠跨国公司(或 FDI)而非本土企业发展半导体产业,处于整个产业链的下游。当全球电子业务不景气时,其受到极大的不利冲击。正如 Porter(1990)所言:"新加坡是一个外国生产点,而不是一个真正的基地。新加坡的这种大部分依靠跨国公司以求得经济发展的方式,较之韩国发展得更快且风险更小。然而,当新加坡成为一个真正的生产基地时,其上升的潜力将受到限制。"在波特看来,新加坡的半导体产业正在走向一条死胡同,而新加坡所做出的努力"太少,太晚"。Porter(1990)认为,跨国公司只应该作为发展中经济体经济战略的一个组成部分,并且这部分是在不断发展的。在发展过程的某个阶段,应将关注的重点转移到本地企业。新加坡并没有真正为这个转移过程、本地企业创造出一个更为广泛的基础。

[①] 20 世纪 60 年代末期的日本早川电气(1970 年更名为夏普)从美国罗克韦尔旗下的自动控制公司进口大量的基于 MOS 技术的超大集成电路(VLSIs)用于其计算器产品。但是到了 70 年代初期,随着越来越多的日本企业从美国进口 LSIs,夏普在 1970 年投资 75 亿日元(合 2100 万美元)建了自己的半导体公司。这也为其后更大的发展奠定了基础,例如在开发液晶显示屏、摄像机等方面。

4. 开展本地 R&D 的激励因素

除了经济体间技术外溢带来的激励外,实施本地 R&D 所形成的激励主要有四个方面:第一个方面是快速的技术进步和产品更新带来的激励。技术变革对新企业而言是一种机遇,但对于在位企业而言则是一种挑战。在位企业不得不对它们固有的技术路径、组织模式、生产设备等进行更换,为了维持既得利益,需要额外投资。对于新企业而言,这意味着很多机会,半导体新产品不断涌现,如微处理器、DRAM、液晶显示器、手机芯片等。当本地企业通过持续性的 R&D 投入积累了技术能力,就能把握这些机遇。

第二个方面是来自市场的激励。越来越多的企业要么自己开拓,要么借助产业链、外包或代工等形式打开境外市场,突破了境内狭小的市场空间,通过出口和全球化运营提高其投资的回报,支持 R&D,增强全球竞争力。全球市场对后发企业的成功追赶起了很大作用。出口导向刺激了韩国半导体产业的成长。例如,仅在 1995 年,韩国出口的 IC 产品就有 35%销往美国,20%销往欧洲,29%销往亚洲其他经济体。

第三个方面是一些特定要素的禀赋差异。这一因素最容易被忽视。对于许多东亚经济体而言,除了拥有大量低工资的组装工人,还能以较低的费用请到工程师和管理人员(Sporck,2001)。亚洲经济的转变有赖于大量训练有素的高技术劳动力,这与东亚经济体重视教育方面的投资有关。并且,它使得一些本地企业实施 R&D 具有激励,其 R&D 成本价格与欧美经济体可能存在显著差异。2004 年,西门子公司的人员曾抱怨道:"中国华为公司研发的人均成本只需每年 2.5 万美元,而欧洲企业研发的人均成本大约为每年 12 万—15 万美元,是华为公司的 6 倍。"华为公司的人均 R&D 成本比欧洲同行们低得多,投入的工作时间也要多得多。华为公司的低成本优势主要来自低廉的研发成本。研发成本上的差异可以使得本地企业通过投入数量上的优势,最终赶超欧美公司。

第四个方面是政府政策作用。毋庸置疑,东亚经济体的政府政策在促进半导体产业发展中起到了非常重要的作用。Dahlman et al.(1993)曾将政府影响电子产业发展的政策手段归纳为 8 个:直接参与、贸易保护、公共研发、财政激励、政府采购、FDI 控制、产业组织及人力资源战略。特别是在投资引进、基础设施建设、人才培养方面,政府的作用非常大。另外,采购、补贴等措施也能激励本地企业的 R&D 投资。

二、理论假设

什么因素促成了半导体产业不同企业的市场地位的波动？什么因素又促使少数企业能够延续它们的竞争优势和市场地位？尽管已有不少关于经济体层面的收入追赶（catch-up）、经济增长收敛（convergence）或"蛙跳"（leapfrog）的研究，例如 Gerschenkron（1962）的"后发优势理论"，Brezis et al.（1993）的"蛙跳理论"，还有国内学者黄先海（2005）、中国经济增长与宏观稳定课题组（2010）、傅晓霞和吴利学（2013）关于经济赶超的研究，但是关于微观层面的企业的创新竞争与赶超机制的研究仍很少。

本书提炼出高科技产业发展的两个关键变量：企业前期累积的技术资本和企业新近一期投入的 R&D。技术资本是企业累积的技术知识、技能、经验等，它们在创新发展中也起到重要作用。通过研究这两个变量的相互作用，可以探讨企业间的竞争赶超机制。本书强调领先企业具有一定的技术资本优势，不过，如果在新技术发展中，企业当期的 R&D 投入与前期累积的技术资本之间呈现替代性，那么后发企业可以通过策略性地加大 R&D 投入弥补其在技术资本累积方面的不足，并增大竞争赶超的机会。领先企业的技术资本优势会逐渐弱化。不过，如果企业的 R&D 投入与累积的技术资本发挥互补作用，那么领先企业的 R&D 投入激励更大，并能够强化竞争优势，从而使得企业间的增长分化。

假定一个企业 i 在某一竞争性产品市场的第 t 时期的销售收入是 $y_{i,t}$，它是两个变量的函数 $y_{i,t}(a_{i,t}, A_{j,t})$，其中 $a_{i,t}$ 是企业至第 t 时期累积的技术资本量，$A_{j,t}$ 是其他企业 j 累积的技术资本量。在给定市场规模的条件下，企业之间是一种竞争关系，某一企业所拥有的技术资本量相对于其他企业越多，它的市场收入或市场份额也越高。因而 $a_{i,t}$ 与企业的销售收入 $y_{i,t}$ 呈正比例关系，$y_{i,t}$ 与 $A_{j,t}$ 成反比例关系。

企业的技术资本来源有两处：一是企业继承的前期技术资本，即 $a_{i,t-1}$；二是企业新发展的技术，即 $b_{i,t}$。企业的技术资本的表达式为 $a_{i,t}=(1-\delta)a_{i,t-1}+b_{i,t}$，$\delta$ 是技术资本的"折旧率"。如果在企业现存的技术资本中，前期累积的技术资本的比例越高，即 $a_{i,t-1}/a_{i,t}$ 越高，那么影响企业的当前销售收入的一个重要因素就来自 $a_{i,t-1}$，而该企业与其他企业的销售收入差距就与 $a_{i,t-1}/A_{j,t}$ 有关。

不少研究证实了企业的技术资本量与其市场绩效之间的正向关系。

Kogut and Zander(1992)认为技术资本在当代经济发展中越来越重要,强调技术知识的生产和使用已经成为企业获取持续竞争优势的基本活动。Teece et al.(1997)认为,企业为了获取长期的竞争优势需要形成动态能力,这一动态能力与企业的技术资本累积紧密相关。企业通过不断地获取异质性的技术资产、互补资产,实现技术资本累积,从而构建起竞争性门槛,保障其高收入。Díaz-Díaz et al.(2008)检验了1267家西班牙工业企业的技术知识资产(technological knowledge asset)和市场绩效的关系,发现企业的技术知识资产通过影响创新活动间接地对市场绩效产生正向影响。Hulten(2010)分析了美国微软的成长案例,指出微软的收入从1986年的1.98亿美元增长到2006年的442.82亿美元,公司的主要增长源泉来自无形知识资本(intangible intellectual capital),尤其是关于新技术发展的资本。2006年,微软有超过28%的员工从事产品研发,正是不断的投入,增强了它的知识资本优势。Denicolai et al.(2014)研究了290家欧洲上市企业,发现在某一临界值以内,企业的无形资产增长对它的海外市场绩效产生正向影响;不过,如果无形资产超过这一临界值,企业需要增加互补性的物质资产(生成、制造资产等)才能提升市场绩效。综上,本书提出命题1。

命题1:企业累积的技术资本量$a_{i,t-1}$相对于其他企业越高,它的市场销售收入份额也越高。

影响高科技产业竞争的第二个重要因素是新技术。一方面,新技术可以增加企业的技术资本;另一方面,新技术形成对旧技术的替代,造成破坏性影响。正如描述半导体产业的技术进步规律的摩尔定律所述:当产品价格不变时,集成电路上可容纳的元器件的数目,约每隔18—24个月便会增加一倍,其性能也将提升一倍。技术更新使得产业竞争变得更为激烈。在企业的技术资本累积公式$a_{i,t}=(1-\delta)a_{i,t-1}+b_{i,t}$中,新技术$b_{i,t}$可以形成对累积的技术资本$a_{i,t-1}$的替代。给定技术资本折旧率$\delta$的条件下,如果一个企业的创新活动产生的新技术$b_{i,t}$相对于前期累积的技术资本量$a_{i,t-1}$的比例越高,那么该企业的技术发展速度越快,越具有市场竞争力。假定企业的创新函数为$b_{i,t}(r_{i,t},a_{i,t-1})$,其中$r_{i,t}$是企业$i$在第$t$时期的R&D投入。企业的R&D投入越多,它发展的新技术$b_{i,t}$也越多。新旧的技术迭代对于后发企业的竞争赶超意义重大。后发企业在前期累积的技术资本方面相对薄弱,但如果它后期加大创新努力,就能发展更多的新技术,弥补技术资本积累的不足,实现竞争赶超。因此,有命题2。

命题2:后发企业在本期的R&D投入越多,它发展的新技术$b_{i,t}$越多,越能够弥补前期技术资本累积的不足,增强竞争力和提升市场销售收入。

企业的创新函数 $b_{i,t}(r_{i,t}, a_{i,t-1})$ 中除了 R&D 投入 $r_{i,t}$,还有一个重要的影响因素就是企业前期积累的技术资本 $a_{i,t-1}$。很多研究表明企业前期积累的技术资本也能在新技术发展中发挥重要作用。Teece et al. (1997)表明,企业的技术进步具有路径依赖特性,企业的创新绩效与已有的知识质量和数量紧密相关。特别是在不完全竞争市场中,企业的专有技术、经验和技能不容易被复制与转移,具有垄断性质的技术资本对市场竞争产生长期影响。Smith et al. (2005)对 72 家技术公司的研究显示,企业的新产品发展速度与企业已有的知识存量以及对这些知识的利用效率紧密相关。Zucker et al. (2007)显示,一个地区的纳米产品创新与该地区的 R&D 投入以及所拥有的知识资本存量,包括学术论文数量、专利数量和隐形知识等显著正相关。一个地区的知识资本存量越多,它的创新速度也越快。同时,有效的知识资产传递、跨组织交流与合作能显著地提升一个地区的创新绩效。Wu and Shanley(2009)对 1990—2000 年美国电子医疗设备制造企业的研究显示,企业的创新绩效取决于两个维度的知识存量,即知识的深度和知识的广度。当企业具有较小的知识面时,企业适合进行探索型创新(exploration);当企业具有较大的知识面时,企业适合进行开发型创新(exploitation)。Lee(2010)持有与 Teece et al. (1997)相类似的观点:企业的技术能力演化具有路径依赖特性,企业当前的新技术发展与初始的技术知识存量有关,如果技术知识存量超过特定的门槛值,就能推动创新发展。很多技术密集型产业存在技术知识存量的门槛效应,它能够解释不同企业之间的增长分化,Lee(2010)利用世界银行提供的 1500 家企业的调研数据证实了其推论。Roper and Hewitt-Dundas(2015)研究了爱尔兰制造企业的创新活动,发现企业已有的技术知识存量与创新产出之间呈现一定的"弱"负向关系,但是它可以提升企业对外部技术知识的吸收利用效率。Arora et al. (2018)对美国制造企业创新活动的研究显示,拥有技术资本越多的企业越能从外部技术吸收中获益,推动创新发展。而技术资本薄弱的企业则通过吸收外部技术形成创新能力,外部技术更多是补充企业技术资本的不足。Rupiettaa and Backes-Gellner(2019)研究了瑞士制造企业的创新绩效,指出企业的知识与技能存储于雇员中,有效的人力资源管理能够提升已有知识资本的利用效率,提升创新绩效。

在新技术发展中,企业累积的技术资本与 R&D 投入的替代或互补关系性质很重要。但它往往被学者们忽视。如果两者发挥互补作用,即 $\frac{\partial^2 b_{i,t}(r_{i,t}, a_{i,t-1})}{\partial r_{i,t} \partial a_{i,t-1}} > 0$,那么拥有更多的技术资本存量的领先企业的 R&D 投入回报和激励更大,它也会拉大领先企业与后发企业的技术差距,两类企业会出现增长分化,后发企业的技术追赶难度加大。如果在新技术发展中,两者发挥替代作用或 $a_{i,t-1}$ 不起作用,即 $\frac{\partial^2 b_{i,t}(r_{i,t}, a_{i,t-1})}{\partial r_{i,t} \partial a_{i,t-1}} \leqslant 0$,那么后发企业通过策略性地加大 R&D 投入就能缩小它与领先企业的技术差距,增大竞争赶超的机会。

举例说明,假定创新函数为里昂惕夫形式,企业累积的技术资本与 R&D 投入呈现互补关系,即:

$$b_{i,t} = \min(\varphi r_{i,t}, \varphi a_{i,t-1}) \tag{5.1}$$

进一步假定:

$$a_{i,t-1} = b_{i,t-1} = \min(\varphi r_{i,t-1}, \varphi a_{i,t-2}) \tag{5.2}$$

进而有:

$$b_{i,t} = \min\{\varphi r_{i,t}, \varphi \min(\varphi r_{i,t-1}, \varphi a_{i,t-2})\} \tag{5.3}$$

因此,如果在企业的创新活动中,技术资本与企业的 R&D 投入之间呈现互补关系,那么落后企业的技术资本短板会持续产生影响,第 t 期的创新绩效 $b_{i,t}$ 与第 $t-2$ 期的技术资本 $a_{i,t-2}$ 相关并产生持续影响,落后企业的竞争赶超尤为困难。因此,形成命题 3。

命题 3:企业前期累积的技术资本也在创新活动中发挥作用,如果企业累积的技术资本与当期的 R&D 投入在新技术发展中呈现互补作用,那么领先企业的 R&D 投入激励更大,后发企业的追赶难度提升;如果累积的技术资本与 R&D 投入呈现替代作用,那么后发企业通过加大 R&D 投入实现赶超的机会加大。

三、全球半导体企业的市场地位变迁分析

(一)样本选择

本章的实证目的是考察产业竞争中企业市场地位变迁的动因,解析具有"惯性优势"的技术资本和具有"破坏性"的 R&D 投入在影响企业的市场地位变迁所发挥的作用。为了检验本书提出的理论假说,本书采用全球半

导体产业的企业数据来进行实证分析。本书的分析样本包括 146 家半导体企业，它们都是上市公司，财务数据来自全球上市公司分析库（Osiris），数据区间为 1990—2015 年。衡量企业的技术资本变量来自企业累积的技术专利数，数据来自美国专利商标局（USPTO），半导体产业的技术专利分布在 7 个细分领域。由于半导体产业属于全球性竞争产业，全球绝大部分企业都会申请美国的专利保护，同时美国专利商标局对专利授予的考察相对严格，因此专利授予数量能够客观反映企业的技术资本存量水平。企业的专利累积数量从 1969 年开始计算。20 世纪 60 年代也是半导体产业崛起的标志时期，著名的公司如英特尔等纷纷成立，半导体产业的专利申请数在这一时期也逐渐增加。

样本企业的描述性统计如表 5-2 所示：它包含 86 家美国企业，有英特尔、AMD、德州仪器等著名企业；中国台湾企业共 21 家，它是半导体产品制造重要的产业聚集区；日本企业共 12 家；新加坡企业共 3 家；荷兰企业共 4 家；韩国企业共 2 家；意大利企业共 2 家；德国企业共 3 家；英国企业共 2 家；加拿大企业共 3 家；比利时企业共 3 家；注册地在开曼群岛的企业共 4 家；菲律宾企业共 1 家。从企业进入行业的平均年份来看，德国企业、日本企业、韩国企业、荷兰企业平均进入年份较早，在 1976 年左右。美国企业进入行业的平均年份为 1983 年，由于美国的半导体产业持续有新企业进入，因此美国企业进入半导体产业的平均年份相对靠后。从表 5-2 中企业的年均销售额、年均固定资产额来看，德国、日本、荷兰企业的这两项指标相对较高。从单个企业年平均拥有的技术专利累积量来看，比利时企业和美国企业分别位居第一、第二，技术资本优势明显。此外，从企业的年均 R&D 投入占销售收入的比例（R&D 投入密度）来看，英国、比利时、美国、加拿大和荷兰企业位居前列，它们的 R&D 投入密度都在 15% 以上。欧美一些企业以产品设计为主，因而具有"轻资产，高研发人员投入"的特征；中国台湾企业大多从事制造活动，其 R&D 投入占销售收入的比例相对较低，但固定资产投入和人员投入相对较高。

表 5-2　样本企业的描述性统计

经济体	企业数量	单个企业进入行业的平均年份	单个企业年均销售额/百万美元	单个企业年均拥有累积专利数	单个企业年均R&D投入/百万美元	单个企业年均固定资产额/百万美元	单个企业年均员工数/人
美国	86	1983	1375	860	219	1126	4994
中国台湾	21	1993	1440	552	102	1780	7201
新加坡	3	1982	917	416	68	1315	4792
菲律宾	1	1999	124	152	—	17	3306
荷兰	4	1976	3859	291	575	3286	20474
开曼群岛	4	2000	787	140	86	1058	4219
韩国	2	1976	657	293	33	588	—
日本	12	1975	2407	545	237	1441	8029
意大利	2	1994	266	66	18	386	2157
英国	2	1988	272	81	51	109	443
德国	3	1965	4414	568	239	3628	14683
加拿大	3	1983	205	170	32	80	3940
比利时	3	1986	2383	1202	591	2066	7635

注：依据 Osiris 数据和美国专利商标局（USPTO）提供的资料整理。除进入行业平均年份外，其他指标是不同经济体、不同年份的平均值。

(二)计量模型

为了验证技术资本变量和 R&D 投入变量在影响企业的市场地位变迁中的作用，我们引入下述基准模型：

$$\text{salewm}_{i,t} = \alpha + \beta_1 \text{ipratio}_{i,t-1} + \beta_2 \text{rdwm}_{i,t} + \beta_3 \text{ipratio}_{i,t-1} \text{rdwm}_{i,t}$$
$$+ \beta_4 \text{lnfixawm}_{i,t} + \beta_5 X_{i,t} + \text{region}_i + \varepsilon_{i,t}$$

其中，$\text{salewm}_{i,t}$ 是被解释变量，它是企业 i 在第 t 期的产品销售额占全球半导体市场销售额的比例或份额，它的变化反映企业的市场地位变化。$\text{ipratio}_{i,t-1}$ 是技术资本变量，它是企业 i 至第 $t-1$ 期累积的授权技术专利总量占全球半导体产业至第 $t-1$ 期累积的专利总量的比例，它反映企业 i 在技术资本累积方面的相对优势。$\text{rdwm}_{i,t}$ 是企业 i 在第 t 期的 R&D 投入占全球销售收入的比例，它反映企业的相对 R&D 投入密度。$\text{ipratio}_{i,t-1}$ $\text{rdwm}_{i,t}$ 是两个核心解释变量的交叉项。$\text{lnfixawm}_{i,t}$ 是企业的固定资产投入占全球销售额的比例的对数，它反映企业的生产资本投入强度；$X_{i,t}$ 是其他控制变量，包括企业运营风险评级 $\text{rate}_{i,t}$ 等；region_i 是企业所在经济体变量。

1. 实证策略

本章利用交叉项来考察企业的累积技术资本与即期 R&D 投入之间的替代或互补关系。不少研究采用交叉项来解析核心变量之间的替代或互补关系，例如 Hall et al.(2013)、Ceccagnoli et al.(2014)。依据上面的计量模型，企业的技术资本变量对其市场地位变化的边际影响为：$\dfrac{\partial \mathrm{salewm}_{i,t}}{\partial \mathrm{ipratio}_{i,t-1}}=\beta_1$ $+\beta_3 \mathrm{rdwm}_{i,t}$，其中系数 β_1 衡量累积的技术资本对市场地位变化的影响的主效应，β_3 衡量它与 R&D 投入的交叉效应：如果 $\beta_3<0$，则 R&D 投入与技术资本之间呈现替代作用，R&D 投入将削弱技术资本在维护市场地位中的作用，有利于后发企业通过 R&D 投入实现竞争赶超；如果 $\beta_3>0$，则 R&D 投入将强化技术资本在维护市场地位中的作用，后发企业不容易通过 R&D 投入实现竞争赶超。

2. 计量模型设计要解决两个问题

第一，反映市场中的竞争特性。过去几十年里，半导体产业的市场规模在增大，许多企业的 R&D 投入也在增加。某一个企业的创新投入的绝对数量的增加并不一定能提升它的市场份额。因此，为了准确刻画影响变量，本章采用样本企业累积的技术专利的相对比例（即占全球比例）、R&D 投入相对比例（即占全球比例）作为解释变量，反映企业之间的竞争特性。

第二，内生性问题。内生性来源于两个方面：一是解释变量和被解释变量的双向因果关系造成的因果联立偏误。特别是企业的 R&D 投入与上一期的销售收入存在重要关联，因为后者是企业的 R&D 投入的内部资金源泉，它们之间的相互作用会导致内生性问题。本书将采用工具变量方法（2SLS）和广义矩估计（GMM）来解决内生性问题，并进行比较分析。本章采用滞后一期的解释变量 $\mathrm{rdwm}_{i,t-1}$ 和企业的资产收益率（$\mathrm{roa}_{i,t-2}$）作为工具变量。因为滞后变量已经发生，为"前定变量"，它与当期的扰动项不相关。另外，引入滞后两期的企业的资产收益率（$\mathrm{roa}_{i,t-2}$）作为工具变量。一方面，它与滞后一期的企业的 R&D 投入相对比例（$\mathrm{rdwm}_{i,t-1}$）紧密相关，例如企业的资产收益率越高，它就越有能力为 R&D 投入融资，企业的 R&D 投入较少受到融资不足的限制；另一方面，滞后变量与当期的随机误差项不相关，符合工具变量的选择标准。二是遗漏变量造成的内生性问题，例如企业的管理等。本书采用差分 GMM 和系统 GMM 方法，并引入滞后的被解释变量 $\mathrm{salewm}_{i,t-1}$，采用动态面板模型进行估计。滞后的被解释变量能够控制不可测度的遗漏变量，有效地解决内生性问题。同时采用差分 GMM

和系统 GMM 方法也可以解决异方差与随机干扰项的序列相关的问题,整体优化估计效果。

3. 异质性企业影响

为了消除半导体产业的无晶圆企业、晶圆代工企业以及垂直整合制造商(IDM)之间差异的影响,本书引入 $lnfixawm_{i,t}$ 变量,它是企业的生产资本投入强度指标。无晶圆企业以芯片的设计、研发和销售为主,产品制造外包给专业的晶圆代工企业,此类企业的生产固定资本投入比例小。晶圆代工企业则专门从事产品制造,此类企业的生产固定资本投入比例大。垂直整合制造商从事设计、制造、销售等所有环节,它的生产固定资本投入比例居中。

4. 稳健分析

本书还选用不同时期和不同地区的企业的细分数据进行回归分析,也替换其他变量进行分析。本书采用企业从事半导体产业运营的时间长短、无形资产作为技术资本变量进行稳健性分析,还采用企业的毛利润占全球销售额的比例($gprofitwm_{i,t}$)和税息折旧及摊销前利润占全球销售额的比例($ebitdawm_{i,t}$)作为被解释变量,进行稳健性分析。

四、计量结果分析

(一)特征事实分析

本书用图形展示半导体企业的市场地位与其技术资本、R&D 投入的关联。

第一,图 5-3 是各个企业的销售额占全球市场的份额($salewm_{i,t}$),从这一比例可以看到各个企业的市场地位在 1990—2015 年的变化情况。部分企业的市场地位在上升,例如英特尔、东京电子;另一部分企业的市场地位在下降,例如德州仪器。

第二,图 5-4 显示了各个企业的累积技术专利量占全球的比例。它也是计量模型中的 $ipratio_{i,t-1}$,反映企业的技术资本相对优势。从中也发现不少企业的技术资本优势在发生变化,例如德州仪器的技术专利所占比例在不断下降,不过它仍然占据技术领先位置,2015 年它的累积专利量排名全球第三,为 5%—10%。英特尔、美光科技、AMD、国家半导体的技术专利所

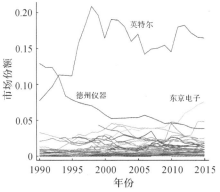
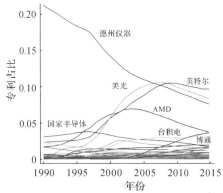
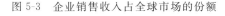

图 5-3 企业销售收入占全球市场的份额   图 5-4 企业的累积技术专利总量占
全球的比例

占比例呈现出"先上升,后略微下降"的趋势,主要原因是其他企业的专利量
也在快速增长。例如中国台湾的台积电和美国博通的技术专利地位在
2000 年以后有了一定提升。

第三,图 5-3 和图 5-4 显示了企业的技术专利优势与市场地位变动之间
的正向关联性。例如英特尔、德州仪器的技术专利优势与市场份额的变动
呈现出较强的一致性。其他公司这两个指标的变动也呈现出一定的关联
性。不过,这两个指标的变动还有一定的差异,例如,英特尔的市场份额在
1995 年左右位居世界第一,但是它的累积专利总量占比在 2005 年左右才
位居世界第一,存在一定的时间滞后。这一滞后说明新、旧技术存在一定的
替代,英特尔尽管在 1995 年不是累积专利总量占比的第一,但是它通过
R&D 努力推出的新技术具有很强的竞争力,促使其市场份额迅速上升到第
一位。另外,从图中可见,企业的市场份额的波动要明显大于企业的技术专
利优势的变换,这也表明有新的因素改变了企业的市场份额。

图 5-5、图 5-6 分别显示了企业的市场份额(salewm$_{i,t}$)和累积的专利优
势(ipratio$_{i,t-1}$)、R&D 投入份额(rdwm$_{i,t-1}$)之间的散点图。两个图对比
看,企业的市场份额与 R&D 投入份额的正向关联要强于市场份额与累积
的专利优势的关联,后两者的关联更集中。前两者的相关系数为 0.913,后
两者的相关系数为 0.690。从这一结果来看,R&D 投入具有改变企业的技
术资本优势在决定市场份额中的可能性。

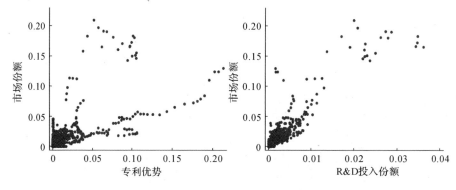

图 5-5　企业市场份额与累积的　　图 5-6　企业市场份额与 R&D 投入份额
　　　　专利优势

(二)基准模型结果

表 5-3 显示了采用 2SLS 方法估计的基准模型的结果。模型(1)—模型 (4)的 Sargan 统计量的 p 值在 0.036 到 0.121 之间。Sargan 检验的原假设是工具变量是外生的,它与扰动项不相关。由 Sargan 检验的结果来看,不能拒绝工具变量有效的原假设,因而本书选取的工具变量有效。

第一,模型(1)显示技术资本变量 $ipratio_{i,t-1}$ 和 R&D 投入变量 $rdwm_{i,t-1}$ 都与企业的市场地位变量呈正相关,且这两个"主效应"显著。它证实了本书提出的命题 1 和命题 2。具体而言:企业的技术资本优势变量 (累积的技术专利量占全球的比例)的回归系数为 0.382,它意味着企业的技术资本优势提升 1%,企业在全球的市场份额或市场地位提升 0.382%; 企业的 R&D 投入变量的回归系数为 3.513,它意味着企业的 R&D 投入占全球销售额的比例提升 1%,企业在全球的市场份额或市场地位提升 3.513%。

第二,技术资本变量和 R&D 投入变量的交叉项的系数为 -25.69,回归系数为负且显著。负的交叉项回归系数表明在影响企业的市场地位变化中,技术资本变量和 R&D 投入变量发挥替代性作用。结合本书中提出的命题 3,这一替代关系意味着领先企业的技术资本优势并不是绝对优势,后发企业通过策略性地增加 R&D 投入可以弥补自身技术资本累积的不足, 加大竞争赶超的机会。具体而言,假定某一企业的 R&D 投入占全球销售额的比例提升 1%,它将使得技术资本变量对企业的市场地位的边际影响下降 0.2569,使得技术资本变量对市场地位变化的净效应为 0.125(=0. 382-0.257)。不过,它也表明即使企业投入相同的 R&D,拥有技术资本相对优势的企业能获得更高的市场地位,R&D 投入不能完全替代技术资本。

第三,从动态角度而言,领先企业的技术资本优势不是长期优势,可以被其他企业逐渐增加的 R&D 投入比例所侵蚀。领先企业也需加大 R&D 投入,形成稳定的 R&D 投入全球占比才能维持市场地位。这也是为何很多拥有技术资本优势的企业每年也进行巨额的 R&D 投入。

表 5-3　2SLS 模型的回归结果

变量	salewm			
	模型(1)	模型(2)	模型(3)	模型(4)
L. ipratio	0.382***	0.389***	0.372***	0.376***
	(0.0147)	(0.0154)	(0.0154)	(0.0163)
rdwm	3.513***	2.832***	3.453***	2.657***
	(0.207)	(0.295)	(0.219)	(0.323)
Lipratio×rdwm	−25.69***	−22.81***	−24.75***	−21.54***
	(1.575)	(2.029)	(1.660)	(2.160)
lnfixawm	0.00037***	0.00051***		
	(0.00012)	(0.00012)		
lnplantwm			0.0006***	0.0008***
			(0.000178)	(0.000199)
FE	yes	yes	yes	yes
观察值	1924	1930	1845	1851
样本数	140	140	139	139
R^2	0.456	0.432	0.459	0.429
Sargan p	0.114	0.121	0.045	0.036

注:*** 表示 $p<0.01$,括号中为标准误。

第四,模型(2)调整了工具变量,将滞后一期的 $rdwm_{i,t-1}$ 变换成滞后两期的 $rdwm_{i,t-2}$,回归结果稳健。模型(3)、模型(4)将企业的固定资产投入强度 $lnfixawm_{i,t}$ 调整为企业的工厂和设备投入强度 $lnplantwm_{i,t}$(数据库指标为 plant & machinery),它是半导体企业的生产工厂和设备投入价值相对于全球市场销售额的比例,能够反映企业的生产资本投入对企业的市场地位的影响。从模型(3)、模型(4)的回归结果看,替换变量的回归系数依然为正且显著,它表明企业增加生产资本的投入强度也能够提升企业的市场地位。同时,替换变量的引入也不改变主回归因子的影响效应,回归结果稳健。

表 5-4 是差分 GMM 和系统 GMM 的估计结果。回归结果通过了

Hansen 检验和 Arellano-Bond 的序列相关检验,表明不存在异方差和序列相关。从比较结果来看,GMM 方法的回归结果与 2SLS 方法的回归结果大体相似:首先,技术资本变量和 R&D 投入变量对市场地位的影响的单变量效应都为正。其次,技术资本变量和 R&D 投入变量的交叉项的回归系数为负,两者呈现替代关系。这意味着在影响企业的市场地位的因素中,企业本期的 R&D 投入能够替代技术资本的影响效应。最后,与 2SLS 的回归结果相比,在引入滞后一期的被解释变量 $salewm_{i,t-1}$ 之后,技术资本变量的影响效应有所弱化,前者替代了后者,两个变量都可以衡量企业的"惯性优势",这表明领先企业在技术资本等方面的"惯性优势"仍在全球半导体产业的竞争中发挥作用。另外值得注意的是,R&D 投入变量的显著性和影响效应基本不变。这一结果清晰表明,企业不断地进行 R&D 投入是全球半导体产业竞争的重要策略,即使是控制了相当部分的"惯性优势",例如引入技术资本变量、滞后的被解释变量等,企业当期的 R&D 投入变量在影响市场地位中仍发挥显著作用。这对于后发企业制定赶超策略具有很强的启示意义。

表 5-4　差分 GMM 和系统 GMM 模型的回归结果

变量	salewm			
	模型(1) 差分 GMM	模型(2) 系统 GMM	模型(3) 差分 GMM	模型(4) 系统 GMM
L. salewm	0.555***	0.896***	0.557***	0.879***
	(0.0605)	(0.0398)	(0.0710)	(0.050)
L. ipratio	0.180**	0.018	0.164*	0.012
	(0.0914)	(0.0235)	(0.0885)	(0.023)
rdwm	3.019***	1.411**	3.279***	1.535**
	(0.899)	(0.670)	(1.002)	(0.714)
Lipratio×rdwm	−23.920***	−8.828*	−23.360***	−7.875
	(6.211)	(5.241)	(6.261)	(4.865)
lnfixawm	−2.42E-05	−8.90E-05		
	(7.56E-05)	(0.000111)		
lnplantwm			−0.000503	−5.82E-05
			(0.000357)	(8.71E-05)
FE	no	yes	no	yes
观察值	1765	1934	1671	1855
样本数	140	141	139	140

注:*** 表示 $p<0.01$, ** 表示 $p<0.05$, * 表示 $p<0.1$。括号中为标准误。

(三)异质性分析

进一步,本章对不同时期、不同地区的子样本进行比较分析(结果见表5-5)。首先,不同时期的回归结果稳健。企业当期的 R&D 投入变量与累积的技术资本变量在影响市场地位中发挥替代性作用,它们的交叉项回归系数为负且显著。其次,相对于 2008 年金融危机之前,金融危机之后的企业的技术资本变量在影响市场地位中的"主效应"作用减弱,系数从 0.376 下降到 0.206,交叉项的回归系数也显示技术资本变量的影响效应减弱。同时,企业的 R&D 投入变量的影响效应略微有增强。这表明在 2008 年金融危机之后,R&D 投入成为影响产业竞争的重要变量。最后,为了剔除金融危机周期的影响,本章将样本划分为金融危机期和非金融危机期进行比较分析。模型(3)和模型(4)的结果显示,在金融危机期,技术资本变量和R&D 投入变量的影响效应都有显著减弱。全球金融危机期间,市场需求下滑,影响半导体企业的销量波动的因素增多。

表 5-5 不同时期的回归结果

变量	salewm			
	模型(1) 2008 年之前	模型(2) 2008 年之后	模型(3) 金融危机期	模型(4) 非金融危机期
L. ipratio	0.376***	0.206***	0.015	0.402***
	(0.0221)	(0.0745)	(0.0366)	(0.0158)
rdwm	4.235***	4.424***	2.539***	3.641***
	(0.382)	(0.497)	(0.336)	(0.234)
Lipratio×rdwm	−32.59***	−48.63***	−14.43***	−26.65***
	(3.145)	(6.771)	(2.557)	(1.764)
lnfixawm	0.000143	0.000356	0.000456*	0.000356***
	(0.000200)	(0.000230)	(0.000236)	(0.000132)
FE	yes	yes	yes	yes
观察值	1,082	590	298	1,686
样本数	117	115	117	138
Sargan p	0.063	0.337	0.841	0.073

注:*** 表示 $p<0.01$,* 表示 $p<0.1$。括号中为标准误。

表 5-6 显示了不同地区的企业的回归结果。首先,与前面结论一致,企业的 R&D 投入变量与技术资本变量对市场地位变动的主效应都为正,并且它们的交叉项系数为负,显示出两者的替代性作用。其次,从中国台湾企

业样本的估计结果来看,两种创新投入变量的"主效应"显著,并且回归系数(分别为 0.566 和 9.646)都大于欧美日企业样本,但是交叉项不显著。这一结果与它们作为全球半导体产业中的新崛起企业的特征一致:新兴企业的技术资本累积薄弱,新增加的 R&D 投入与原有累积的技术资本不存在对冲关系,相反,两者都有助于提升企业的市场地位,这也是它们的回归系数都普遍高于欧美日企业的原因。这一回归结果对我国的半导体产业发展也有启示意义。

表 5-6　不同地区企业的回归结果

变量	salewm			
	模型(1) 欧美日企业	模型(2) 美国企业	模型(3) 中国台湾企业	模型(4) 欧美日企业 (2009 年后)
L. ipratio	0.359***	0.366***	0.566***	0.0916
	(0.0151)	(0.0165)	(0.0806)	(0.0772)
rdwm	2.892***	2.918***	9.646***	3.587***
	(0.221)	(0.262)	(1.606)	(0.527)
Lipratio×rdwm	−21.38***	−21.69***	−48.73	−40.54***
	(1.662)	(1.929)	(46.650)	(6.991)
lnfixawm	0.000445***	0.000362**	0.000268	0.000541*
	(0.00013)	(0.00015)	(0.00022)	(0.00032)
FE	yes	yes	yes	yes
观察值	1678	1,320	237	476
样本数	119	86	21	95
Sargan p	0.121	0.176	0.448	0.524

注:*** 表示 $p<0.01$,** 表示 $p<0.05$,* 表示 $p<0.1$。括号中为标准误。

(四)稳健性分析

本章进一步采用不同指标替换解释变量和被解释变量进行稳健性分析(结果见表 5-7)。

第一,采用企业从事半导体运营的年限和无形资产变量作为技术资本变量的替代变量。以大规模集成电路发展的起始年份(1965 年)计算,企业进入半导体产业越早,其积累的技术知识和经验越丰富,技术资本累积也越多。以 1965 年为起始年份,将企业运营的年限作为 $life_{i,t}$ 变量进行回归。计量结果如模型(1)、模型(2)所示:$life_{i,t}$ 变量的主效应不显著,但它与企业的 R&D 投入变量的交叉项显著且回归系数为负,即−4.314 和−4.102。

表 5-7 不同替代变量的回归结果

变量	salewm		gprofitwm		ebitdawm	
	模型(1)	模型(2)	模型(3)	模型(4)	模型(5)	模型(6)
L.life	-0.00014 (0.00087)	7.40E-05 (0.00087)				
L.intangiblewm			0.163*** (0.0462)	0.007 (0.0405)		
L.ipratio					0.0874*** (0.00934)	0.0332*** (0.00848)
rdwm	5.882*** (0.309)	5.502*** (0.395)	2.888*** (0.297)	3.093*** (0.190)	2.785*** (0.132)	1.503*** (0.120)
L.life×rdwm	-4.314*** (0.298)	-4.102*** (0.353)				
L.intangiblewm×rdwm			-31.18*** (3.496)	-23.29*** (2.415)		
Lipratio×rdwm					-9.273*** (1.003)	-7.992*** (0.912)
lnfixawm	0.000412*** (0.00012)	0.000471*** (0.00012)	0.000562*** (0.00012)	0.000586*** (0.00011)	3.01E-05 (7.64E-05)	-8.97E-05 (6.91E-05)
FE	yes	yes	yes	yes	yes	yes
观察值	2023	2029	1485	1490	1917	1912
样本数	140	140	135	135	140	140
R^2	0.377	0.372	0.365	0.397	0.496	0.152

注：*** 表示 $p<0.01$。括号中为标准误。

这一结果表明企业从事半导体产业运营的时间长并不能保证其市场地位；相反，企业的 R&D 投入变量是决定其市场地位的唯一重要变量。这也表明了国际半导体产业中的快速技术更新及激烈竞争。

第二，模型（3）、模型（4）中使用了无形资产 intangiblewm$_{i,t}$ 作为技术资本变量的替代变量。无形资产包括商标、专利技术等，模型得到的结论也与模型（1）、模型（2）基本一致，即企业的 R&D 投入变量在影响市场地位中的作用要大于无形资产，且两者呈现替代关系。

第三，模型（5）、模型（6）采用了企业的毛利润占全球销售额的比例（gprofitwm$_{i,t}$）和税息折旧及摊销前利润占全球销售额的比例（ebitdawm$_{i,t}$）作为被解释变量的替代变量。两项指标都能反映企业运营绩效，计量结果依然稳健。企业的 R&D 投入变量与累积的技术资本变量在影响企业的运营绩效中发挥替代性作用，并且 R&D 投入变量的影响效应更大。

五、小　结

（一）主要发现

本章探讨高科技产业竞争中企业市场地位的决定因素。创新市场是一个竞争性市场。后发企业在技术资本或技术能力储备方面相对较弱，使得它们在研发效率方面不及领先企业，导致其成功追赶的概率非常低。另外，领先企业在面临高额利润遭到侵蚀时，它们的策略性研发活动也会消减追赶企业的竞争威胁。

本章提出了创新函数中的两个关键变量，即企业前期累积的技术资本和当期的 R&D 投入，这两个变量的关系性质对竞争赶超产生重要影响。当两者呈现替代关系时，后发企业通过策略性地加大 R&D 投入可以削弱领先企业的技术资本累积优势，一旦领先企业的"优势惯性"消退，后发企业就能实现成功赶超。不过，当两者呈现互补关系时，领先企业的 R&D 投入具有更高的回报率，其 R&D 投入激励更大，后发企业的竞争赶超变得很困难。本章利用 1990—2015 年全球 146 家半导体产业的上市企业的数据进行了经验分析，研究结果显示，企业累积的技术资本与本期的 R&D 投入在影响市场份额中发挥替代性作用。如果企业的技术专利占全球总量的比例为 1%，它可以获得 0.382% 的市场份额，但是当其他企业的 R&D 投入占全球销量的比例提升 1%，它可以将技术资本的市场效应从 0.382% 降低到 0.125%。

(二)中国半导体产业发展的机遇与挑战

毫无疑问,半导体产业是未来以科技知识构建的新经济的基石,它的地位与作用就相当于当前的石油、汽车或钢铁产业,半导体产品是整个智能化经济建设的必备部件。半导体产业仍处在成长期,新的产品仍将不断涌现,全球市场规模也将逐步扩大,特别是得益于数字经济的发展,半导体驱动的智能产品将替代那些半机械化、半自动化的产品与系统。那么中国半导体产业是否能在这一逐步扩大的市场"蛋糕"中分享一羹呢?

可以认为,中国半导体产业赶超美、日、欧的困难与机遇并存。首先,中国半导体产业在国际竞争中面临很大压力。中国晶圆代工企业和无晶圆企业都面临巨大的竞争压力。中国晶圆代工企业有中芯国际(SMIC)、华虹宏力半导体等,中国 IC 设计公司有海思半导体、展讯通信等。2013 年,全球晶圆制造企业前十三位(以销售收入排名)中有 2 家美国公司、3 家韩国公司、5 家中国台湾公司、2 家中国公司、1 家以色列公司;2011 年,无晶圆企业排名的全球前二十五位(以销售收入排名)中有 13 家美国公司、5 家中国台湾公司、4 家欧洲公司、2 家中国公司、1 家日本公司。第二,欧美公司可能利用技术能力与巨额 R&D 投资方面的优势抑制中国企业的进入和 R&D 投入。目前欧美公司仍在不断加大 R&D 投入和技术积累,包括英特尔、格罗方德、三星电子在内的企业仍保持很大的创新投入力度。第三,过度依赖 FDI 和跨国公司可能使得本地半导体企业没有可发展的市场空间。一个典型事实是:过度依赖 FDI 的新加坡(特许半导体被收购)和马来西亚始终没有具有世界影响力的半导体公司成长起来。

当然,赶超机遇也存在。第一,中国企业已经建立起设计、制造、封装测试等完整的半导体产业供应链,包括提供半导体制造设备和材料的企业,尽管这一供应链还很脆弱。

第二,半导体产业的分工仍在持续,这为新企业提供了机遇。目前半导体产业排名全球前三十位的公司有相当部分是年轻公司,它们是在 20 世纪 80 年代末和 90 年代末成长起来的。产业链细化分工为中国企业发展提供了机遇。中国企业应该深化 IC 设计与制造的发展,既利用制造优势,也应发展高附加值的 IC 设计,促进产业链合作,通过分工与交流实现技术跟进与竞争力提升。当前的全球半导体产业处于分化与整合阶段,很多企业结成了紧密的合作网络,增强了竞争力。中国企业也应积极参与到这些网络中,借助多方力量实现技术实力的提升。

第三,不断扩大的市场规模有利于追赶企业的技术能力成长。目前,中国仅在半导体产品的进口支出就接近 2000 亿美元。新型半导体产品对传统技术产品的替代也提供了大量市场空间。庞大的市场利益能激励本地企业的 R&D 投入、学习与竞争。一定的市场保护可能有损短期利益,但是有利于追赶企业的成功赶超。超大规模市场效应可以激励企业进行更多的 R&D 投入。中国的半导体产品市场规模大且层次多,可以为企业在细分领域的技术发展提供足够的空间。从过去几十年的发展经验来看,全球半导体市场的快速发展为许多新兴企业提供了发展机遇,并且这种促进效应远超竞争对手实施的抑制效应,这也是一些新兴公司不断崛起的原因。即使在半导体产业发展较为成熟的美国市场,也有一大批新兴企业在 20 世纪 90 年代、21 世纪初成长起来,它们也是美国半导体产业获得持续竞争力的重要源泉。中国企业要积极利用超大规模市场效应激励企业的 R&D 投入,促进创新发展。中国仍能从开放经济中学习新的半导体技术,推进产业发展。

第四,经济体间的技术外溢仍然非常强大,新的技术、新的产品也将不断涌现。中国仍能从开放经济中学习新的半导体技术,推进产业发展。

第五,合作加大了中国企业赶超的概率。例如,基于领先者自身利益的考虑,它会有意进行技术传播(包括开源技术、兼容技术、技术平台或技术网络构建中的许多例子)。最近的案例就是美国电动汽车行业的特斯拉开放快速充电技术,鼓励充电站的建立,推动电动汽车的应用。或者,一些企业与后发者进行分工合作,在 ICT 产业中有很多这样的案例。合作就存在大量的技术外溢,为后发者追赶提供了机遇。

第六,较低的人力资本成本有利于激励追赶企业增加 R&D 投入。当中国庞大的劳动力数量逐渐转变为高质量的人力资本时,中国半导体产业在 R&D 成本方面的优势将凸显,并且这种优势将长时间存在。目前中国的人力资本数量较多,人力资本成本相对较低,这是中国的一个重要优势。如果能够将大量的人才吸引到半导体产业,那么不仅能加速技术资本的积累,也能降低企业的创新成本,加大企业的创新激励。

第七,政府政策干预能加快产业升级和赶超。

(三)促进中国半导体产业发展的建议

中国要在全球半导体产业中占据重要位置就需要实现两个目标:一是缩小与欧美企业在技术资本方面的差距。从美国专利局的统计资料来看,欧、美、日、韩企业的累积专利总量平均达到 1000 件以上,部分企业的专利累积量达到 1 万件以上,中国台湾企业次之,其技术专利累积量也达到 100 件以上,但是中国企业(除华为等少数企业)的全球专利累积量普遍在 100 件以下。除了公开的技术专利,在隐性知识与技能储备方面,中国企业与世界前沿企业之间的差距也很大。二是缩小与欧美企业在 R&D 投入方面的差距。技术更新不仅适用于中国企业,也适用于欧美企业,这也是后者每年进行巨额的 R&D 投入的原因。2015 年,仅英特尔的 R&D 投入就达到 121 亿美元,占到其销售收入的 20% 以上。而依据 Wind 数据库的统计资料,2016—2018 年,中国 50 多家集成电路上市公司的研发支出占营业收入的比例为 7% 左右。两者的差距明显。

发展与壮大中国半导体产业应重视以下四个方面的工作。

第一,促进技术资本或技术开发能力的积累。研发效率是决定赶超成功的最重要因素之一,而决定研发效率的因素包括企业当期的 R&D 投入和已具备的技术能力,技术能力包括已经熟练掌握的核心技术、信息、隐性知识以及对不确定性的把控,甚至包括学习本身,即知道如何建立必要的能力。同当前全球顶尖半导体公司相比,中国半导体公司的技术能力或实力还相当弱,这种能力的发展又不能一蹴而就。韩国和中国台湾的半导体企业都是经过了近 40 年的积累才初步建立起这种能力。技术能力可以通过两条路径构建:一是为企业提供足够的 R&D 投入激励,通过 R&D 投入形成技术能力。其中,溢出冲击提供了第一种激励,政府对研发的技术支持、资金支持提供了第二种激励。韩国的科学技术研究所、中国台湾的工业技术研究院都对本地半导体公司的成长起到了推动作用。不过,后一种激励需要持续性作用才有效,这对政策连续性提出了一定要求。第三种激励来自经济体的“不可转移的”资产禀赋差异,它就是中国所具备的丰富的人力资本,利用好这一优势能形成研发成本方面的优势,从而为企业自主性创新努力加大激励。二是鼓励技术并购。当前全球半导体产业正处于整合阶段,日本公司、欧美的一些小公司都可以成为中国半导体企业的技术源泉。事实上,三星电子在 DRAM 方面的技术能力就是于 20 世纪 80 年代在不断收购美国公司的基础上建立起来的。高通公司不断并购的发展模式也给中国企业提供了启示。

第二,促进企业实施战略性 R&D 投入,尤其是鼓励大企业的跨产业领域发展,为 R&D 投入提供保障性资金。华为的发展是一成功案例,当华为在通信设备制造领域获得成功时,它将一部分收入投入到芯片设计中,并成立了海思半导体,这也为它的业务扩张提供了重要保障。美国的苹果、谷歌等互联网企业也参与到半导体产业的发展中。新兴技术的发展给很多企业带来机遇,中国应引导和激励有实力的企业进入半导体产业,利用它们的资金、管理优势加速半导体产业的发展。

第三,促进适度的市场竞争。相当部分学者认为,市场保护更能促进中国企业的成长,但是这种观点是存在偏误的。一是,大量事实证明,产业的成功发展主要靠企业,而不是政府。尽管韩国和中国台湾的相关政策在半导体产业发展中起了一定的推动作用,但是很多事实表明企业的自身努力才是成功的主要原因。充分的竞争机制是技术能力提升的动力源。二是,不能忽略了保护的"成本"。技术外溢与吸收是在一个动态过程中实现的,竞争依赖性提供了一种可利用条件。没有竞争对手,也就没有技术外溢源泉。后发者的技术能力提升往往是在与领先者(不过,没有永久的领先者)不断的知识"碰撞"中实现的,在"碰撞"中实现企业能力"趋同"。中国在构建适度的市场竞争机制时要保持清晰的思路,即使是在一定的市场保护的前提下,也必须存在竞争压力,不能给予境内企业过度的保护,因为它会导致政府支持"替代"市场竞争机制。与此同时,要严格限制已经进入中国市场的外资公司的垄断性行为,限制其"进入遏制策略",维护公平竞争市场,为新企业参与竞争提供机会。许多新企业的形成是美国半导体产业强大竞争实力的基础。本章分析的美国公司中有许多"85后",而日本没有。经济体的技术能力不仅体现在一家领先企业,而且体现在更多的新企业中,新企业的不断成长保持了一个经济体的长期竞争力。因此,中国应在保障适度的市场竞争的同时,为新企业的成长创造良好环境。IT产业园区发展、小微企业资助、公共研发资助都为新企业进入提供了帮助。

第四,促进经济体间技术知识流动。可以预见,随着信息技术的发展,知识在大众之间的流动将变得更为迅速、全面,而创新也将变得更普遍,一些创新型小公司将迅速崛起。半导体产业中的分工深化为中国无晶圆企业提供了机遇。中国应进一步拓展知识扩散的内、外部渠道,如技术人员流动、科学界与产业界的公开技术(学术、网上信息)交流、衍生企业发展、技术许可、战略性合作等。

第六章　外溢限制、动态比较优势与产业发展差异

技术外溢在一定程度上会促进一些地区或企业的发展,反之,针对特定地区或企业的技术外溢限制是否会抑制其发展呢? 其具体作用机制又是什么呢?

要回答这些问题,首先需要辨析产业发展动力。经典理论一般认为产业发展的动力有两个方面:

第一,地区的资源禀赋,例如自然资源、劳动力资源等。不同类型产品的生产所需的生产要素不同,因此不同地区的要素禀赋差异会决定它们的产业发展的比较优势。各个地区依据要素禀赋差异来发展产业符合经济理性。不过,从资源禀赋差异来审视产业发展的优势一般是比较静态的方法,具有局限性。因为资源禀赋也会随时间改变,例如经济体的资本要素会随积累而变化,技术要素也会随积累而发生变化。很多经济体的产业发展案例表明,看似不具某些产业发展的比较优势的经济体也会在这些产业发展中脱颖而出。

另外,当今世界的绝大多数产品是工业品与服务,与初级产品不同,工业品的主要生产要素——技术要素——是内生的。许多技术都是近几百年发展而来,属于新生事物。因此,从某种程度而言,无法判断哪些地区适合生产工业品,哪些地区不适合生产工业品。从长期经济发展来看,不少经济体在早期发展阶段并没有呈现出显著的技术要素禀赋优势,但是在后续发展中逐渐转变为全球创新经济发展的领先者。例如,韩国、以色列、新加坡和中国台湾等都是高新技术产业发展的领先者。因此,资源禀赋理论不能完全解释部分工业——尤其是高科技产业——的地区发展差异。

第二,产业发展中的动态经济效应。许多理论指出,产业发展中的学习效应、集聚效应、外部效应和规模经济效应等发挥重要作用,它们的作用甚至会超过各个地区初始的要素禀赋优势,从而形成产业发展的动态比较优势。在创新发展中,R&D投入如同学习效应一样,形成技术资本,并改变以

技术资本要素为基础的一些产业发展的比较优势。这一动态效应是许多产业发展的动力。除此之外，产业政策在产业发展中也发挥重要作用。在具有规模经济效应时，产业政策会改变产业发展的动态比较优势。

那么，针对特定经济体的特定产业的技术外溢限制政策是否会对它们的产业发展产生影响？技术外溢限制政策是依靠政策工具将技术外溢控制在一定范围以内，它是一种歧视性政策，它控制技术要素流动，防止技术外溢到特定对象。在冷战期间，以美国为首的西方经济体成立了巴黎统筹委员会，严格限制高科技产品和技术向社会主义经济体流动，苏联和中国是最重要的封锁目标。苏联解体之后，1996 年美国又联合 33 个经济体在奥地利维也纳签署了《瓦森纳协定》(Wassenaar Arrangement)，制定了产品出口的控制清单和信息交换规则。这一技术外溢限制政策主要针对中国。近年来，美国特朗普政府、拜登政府颁布了针对中国中兴、华为、海康威视等多家公司的出口管制实体清单，限制它们采购美国公司的零部件，禁止美国人与名单所列的中国公司进行投资交易，限制向中国公司的技术外溢。另外，一些欧洲经济体也加大了对中国企业并购其高科技企业的审查力度，设置了投资壁垒。这些政策都在一定程度上限制了技术外溢。

本章讨论技术外溢限制对地区间产业发展的影响。本章需要识别产业发展的多种因素：一是不同地区的资源禀赋，它决定一个地区的产业发展潜力。不过，资源禀赋也可能是内生的，特别是技术资本要素，因而产业发展中存在动态比较优势。初始的要素禀赋优势并不具有决定性。二是市场竞争与技术外溢关联。市场竞争与技术外溢有一定共同点，它们都能形成产业发展中不同企业之间的关联。第一种关联是市场竞争关联。来自不同经济体的企业从事同一类产品的竞争；竞争会减少部分企业的市场利益，甚至抑制它们的成长。第二种关联是技术外溢关联。技术外溢使得不同企业间存在正向关联，促进它们的发展。传统理论强调技术外溢产生的利益独占性问题(appropriability)，认为技术外溢会减小创新者激励，抑制创新活动。但是，在一定情形下，不同经济个体之间的技术外溢是互补的，例如异质性技术形成组合关系，两两联合应对来自第三方的竞争，诸如此类。三是技术外溢的差别限制。如果说市场竞争在某种程度上是相对公平的，但是歧视性的技术外溢限制政策却是不公平的，它会使得本具有发展潜力的地区发展滞后，技术资本累积受限，造成不同地区的比较优势发生变化。

本章分析内容包括三部分：一是以全球半导体产业为例，讨论产业发展中的技术外溢以及比较优势逆转。二是构建数理模型来阐述这一作用机制。三是利用 Osiris 数据库中的数千家企业的数据进行实证分析,评估欧美经济体的技术外溢限制政策对中国高科技产业发展的影响效应。

一、全球半导体产业发展

(一)不同地区发展差异

半导体产品是一种高科技产品,它的发展主要依赖于技术创新。自 1947 年美国贝尔实验室发明晶体管以来,半导体产业无论在技术方面还是在产业规模方面都发生了巨大变化。1970 年,全球半导体产业的销售收入为 23 亿美元,1980 年增长到 100 亿美元,1986 年增长到 260 亿美元,1990 年增长到 600 亿美元,2000 年增长到 2044 亿美元,2010 年增长到 2983 亿美元,2020 年增长到 4260 亿美元。

不同经济体在全球半导体产业中的地位也发生了很大的变化。依据世界半导体贸易统计组织(World Semiconductor Trade Statistics,WSTS)提供的数据(见图 6-1),在 1985 年以前,美国的半导体产业的销售收入占据世界第一位。1973 年,日本企业在全球半导体市场的占有率为 28%,美国企业的占有率为 46%,欧洲企业的占有率为 25%。但是在 1985 年,美国的这一比例降低到 38%,而日本的半导体产业的销售收入在这一年超越美国。不过,日本的超越很短暂。1993 年,美国的半导体产业的销售收入再次位居世界第一位。与此同时,亚太地区(除日本外)的半导体产业的销售收入在 2001 年以后迅速增长,韩国、新加坡和中国成为半导体产业新兴地区。

(二)部分地区半导体产业发展

1. 美国的半导体产业发展

1947 年 12 月,美国新泽西州的贝尔实验室研制出世界上第一个锗晶体管。早期掌握晶体管制造技术的公司主要是西电(western electric)。贝尔实验室是西电与 AT&T 合资设立的研发机构,西电擅长通信设备制造,AT&T 负责电信业务,三者构成了 AT&T 的大运营系统,形成了紧密的上下游合作关系。贝尔实验室于 1952 年向其他公司开放了专利授权许可。1952 年 4 月,贝尔实验室举办了为期九天的晶体管技术研讨会,有 40 多家公司支付了 2.5 万美元的专利许可费,参与技术研讨会,并获得了技术专利

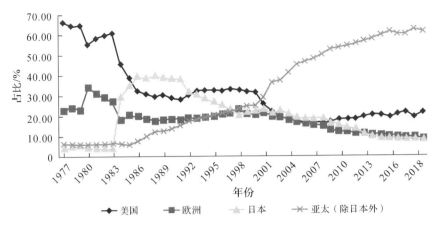

图 6-1　1977—2018 年全球四大地区的半导体产业销售收入占比

资料来源：WSTS。

和相关资料。它们包括德州仪器①（TI）、美国无线电（RCA）、通用电气（GE）和东京通信工业等，东京通信工业即后来的索尼。

1954 年，高纯硅的工业提炼技术变得成熟，可以替代昂贵的锗材料，进一步促进了晶体管的商用发展。德州仪器（TI）于 1954 年 10 月 18 日推出第一款商用晶体管收音机 Regency TR-1，它于 11 月 1 日上市，售价为 49.95 美元。尽管价格相对较高，但是性能优越，这一产品在一年之内销售近 10 万台。德州仪器所使用的产品零件正是全球第一种商业化硅晶体管。

1956 年，晶体管的发明者之一威廉·肖克利博士在美国加州的圣克拉拉市创立了肖克利实验室公司。一年之后，主要成员戈登·摩尔、罗伯特·诺伊斯等八人离开了公司，并于 1957 年创立了仙童（Fairchild）。半导体的制造技术由此扩散，仙童的主要成员先后创立或加入数十家半导体公司，包括：1961 年创立的阿梅尔克（Amelco）；1961 年创立的西格尼蒂克（Signetics），1975 年被荷兰的飞利浦收购；1962 年创立的伊得克斯（Edex）；1967 年创立的英特锡尔（Intersil）；1967 年创立的国家半导体（National Semiconductor）；1968 年创立的英特尔（Intel）；1968 年创立的计算机微技术（Computer Microtechnology）；1969 年创立的 AMD；1974 年创立的齐洛格（Zilog）；1979 年创立的超大规模集成电路（VLSI Technology）；1983 年创立的赛普拉斯（Cypress）；1984 年创立的赛灵思（Xilinx）；1985 年创立的爱特梅尔（Atmel）等。仙童就像蒲公英一样，将技术扩散到美国多个企业。

———————————

①　晶体管的发明者之一沃尔特·布拉顿在 1952 年加入德州仪器。

美国半导体技术的扩散途径有多种。一是人才流动。仙童的技术人员流动带动了其他企业的设立与成长。依据 Rogers and Larsen(1984)所述，在20世纪80年代初，美国硅谷大约有30多家半导体公司是仙童的直接或间接后裔。在美国半导体产业的早期发展过程中，相当部分的工程师都在仙童工作过。二是技术专利的交叉许可。1966年，德州仪器与仙童达成了关于集成电路制造技术的专利交叉许可协议①，促进了彼此的技术学习与使用，节约了开发成本，促进了技术发展。三是企业并购与合资带来的技术扩散。美国半导体产业发展过程中有数千件的并购与合资案例，它们不仅实现了技术资源的整合，也带来企业市场地位的变化。四是研发联盟。1987年，美国组建了半导体制造技术联盟，包括IBM、英特尔等在内的企业都加入了这一联盟。1998年，联盟允许外国半导体公司加入，现代、三星电子、飞利浦、西门子等陆续加入。联盟成员共享开发的通用技术和知识产权成果，减少了单个企业的研发开支。

除此之外，美国的技术也向其他经济体扩散。1962年，仙童在美国缅因州的南波特兰市设立半导体制造工厂，包括测试及封装工厂。为了降低制造成本，其后仙童还在中国香港(1963年)、韩国富川(1966年)、新加坡(1970年)、印度尼西亚(1973年)等地设有组装及测试工厂。在竞争压力下，仙童还以收取技术授权费的方式向其他企业传播半导体的平面制造工艺。1963年，日本电气(NEC)获得该项技术的授权，并向三菱电机、京都电气等扩散了该项技术。1968年，仙童的员工达到3.2万人，年营业额达到1.3亿美元，成为仅次于德州仪器的美国第二大半导体企业。

影响美国半导体产业早期发展的一个重要因素就是政府资助。美国政府的大量军事采购为企业的产品销售和创新投入提供了支撑。例如，1958年1月，IBM给仙童下了第一张订单，以150美元订购100个新研制的硅晶体管。这些硅晶体管主要用于战略轰炸机的导航设备制造。除此之外，仙童的硅晶体管还用于民兵洲际弹道导弹的导航控制设备。巨额的军工订单是美国半导体企业发展的重要资金来源。截至1956年，美国的电子设备销售额超过了30亿美元，其中一半来自军方的采购。另外，电子计算机、电视机、收音机等新兴的家用电器产业发展也为半导体产业的发展提供了市场机遇。

---

① 专利交叉许可已经成为解决创新争端、促进发展的重要手段。2019年，半导体产业中著名的两家代工企业——中国台湾企业台积电和美国格罗方德——就各自在全球范围内的现有半导体专利以及未来10年内将要申请的专利，互相给予宽泛的专利有效期交叉许可。

2. 日本的半导体产业发展

日本的半导体产业发展几乎与美国同步。1952 年,东京通信工业(索尼的前身)以 2.5 万美元的价格购买了贝尔实验室的晶体管制造专利技术,并依靠自制设备实现了晶体管的批量生产。1956 年,东京通信工业开发出了第一台晶体管收音机 TR-55,大获成功。1958 年末,日本的东芝、日立、日本电气(NEC)、富士通等与美国的西电(WE)、通用电气(GE)和美国无线电(RCA)签订了晶体管技术许可合同。1959 年,三菱电机、日本无线(JRC)、三洋电机也加入竞争行列。从 20 世纪 60 年代开始,日本电子产业进入快速发展阶段。

通过与美国公司的互动与合作,日本企业不仅掌握了晶体管制造技术,并不断进行创新,在技术开发与应用方面也取得了很大的成功。日本先后开发了彩色映射技术、液晶显示技术等,并将日本家电推广到全世界,逐渐成为行业的全球领导者。日本除了在半导体产品开发方面取得很大的进步,在半导体设备和材料制造方面也取得很大的成功。日本的佳能、尼康、东京电子、信越、住友等都是全球半导体设备和材料的重要供应商。

3. 欧洲的半导体产业发展

在全球 4000 多亿美元的半导体市场中,欧洲企业获得了大约 10% 的份额,它与欧洲的 GDP 在全球经济中的份额接近。2019 年,欧洲的 GDP 占全球的份额为 16.05%。

在早期发展过程中,德国的西门子、荷兰的飞利浦以及 1987 年合并成立的意法半导体是全球知名的半导体企业。激烈的市场竞争使得这些公司的半导体业务发展跌宕起伏,不断整合变更。截止到 2019 年,意法半导体有 4.6 万名员工,包括 8100 多名研发人员,在全球有 11 家制造工厂,每年约 15% 的营收投入研发。1999 年,英飞凌(Infineon)从西门子的半导体部门独立出来,它在汽车电子和工业功率器件、智能卡等领域有很强的竞争力。2020 年,英飞凌收购赛普拉斯(Cypress)。2006 年,恩智浦(NXP)从飞利浦独立出来,2015 年,恩智浦收购了由摩托罗拉创立的飞思卡尔(Freescale),成为全球最大的车用半导体供应商。2019 年,恩智浦以 17.6 亿美元收购美满(Marvell)的部分业务。荷兰的阿斯麦(ASML)创立于1984 年,后来发展成为半导体制造设备的重要供应商,全球有员工 1.4 万人左右。总部设立在英国的 ARM 由美国的苹果、芬兰的诺基亚、英国的艾康(Acorn)(创立于 1978 年)、美国的超大规模集成电路(VLSI)(创立于

1979 年)等合资设立。ARM 是知名的半导体产品设计公司。

除此之外,美国的半导体企业也在欧洲进行大量投资,市场和技术相互渗透。例如,在 20 世纪 90 年代初,美国的英特尔就在爱尔兰设立晶圆制造工厂,为欧洲提供芯片。近些年来,英特尔继续加大投资,爱尔兰成为英特尔的全球制造中心之一。因此,尽管后来美国国内的半导体产品制造量有所收缩,但是它通过全球投资实际控制了不少海外企业,如果以控股而论,美国在全球拥有的制造能力大于本土制造能力。

4. 韩国的半导体产业发展

韩国的半导体产业起步于 20 世纪 80 年代初,快速发展于 90 年代。韩国半导体产业协会的数据显示,1991 年,韩国半导体产业的销售额为 23 亿美元,1993 年为 53 亿美元。1999 年,韩国电子工业产品出口占全国出口的比例高达 36.2%,金额达到 303 亿美元。在 DRAM 产品领域,韩国的三星电子、海力士是全球的领先企业,与美国的美光并驾齐驱。2020 年,韩国的半导体出口额达到 992 亿美元,创历史第二高。

早在 20 世纪 70 年代,美国的摩托罗拉、仙童、西格尼蒂克(Signetics)(被飞利浦收购)公司等先后在韩国设立半导体组装工厂,从事封装环节的业务。韩国本土企业在 20 世纪 70 年代末进入半导体制造行业。1974 年12 月,三星电子收购韩国半导体 50% 的股份,进入半导体产业,1976 年,三星电子最早开发出韩国的国产电子管。1977 年 12 月,三星电子收购了韩国半导体剩余的 50% 的股份,同时还收购了美国仙童在韩国设立的子公司,并获得了有关技术。1981 年,三星电子开发超大规模集成电路(VLSI)技术,成立了半导体研究所。通过不断学习吸收和加大研发投资,三星电子直接开发出 16K DRAM,并在 1983 年成功开发出 64K DRAM,1984 年成功开发出 1M DRAM,1990 年成功开发出 16M DRAM。三星电子在 1992年开发出世界上最早的 256M DRAM,正式超越日本公司。

1983—1989 年,韩国的三星电子、乐喜金星(Lucky-GoldStar,又称乐金,后改名为 LG)、现代和大宇先后投资数十亿美元开发新产品。除了 LG利用日立的技术开展合作生产,韩国其余的半导体公司作为东芝、IBM、德州仪器和英特尔等公司的原始设备制造商(OEM)开展代工生产。1988 年,OEM 生产的产品占到韩国半导体产品出口总额的 70%。到 1994 年,韩国企业的 16M DRAM 产品已经占据了世界市场 40% 左右的份额,成为美国和日本的主要竞争者。1995 年,韩国 4 家半导体公司的出口额达到 90 亿美元。韩国企业在 20 世纪 90 年代已经从 OEM 运营方式转变为自主品牌运营方式。2009年,韩国的三星电子的市值达到1102亿美元,首次超越美国的英特尔,成为全球营收最多的半导体制造商。

5. 东南亚地区的半导体产业发展

早在20世纪70年代中期,美国的仙童、英特尔等就在马来西亚、新加坡、菲律宾、泰国等投资建立半导体产品的组装与测试厂。到了80年代,一些企业开始在这些地区投资建立晶圆制造厂。东南亚地区的半导体产业有了很大发展。1985年,欧洲的意法半导体在新加坡投资建立晶圆厂。1987年,惠普在新加坡建立了它在海外的第一家晶圆制造厂。1990年,新加坡政府投资特许半导体,并于1993年投产。1991年,新加坡成立微电子研究所(IME,Institute of Microelectronics)。1993年,德州仪器、惠普(HP)、佳能等纷纷在新加坡投资,建立DRAM产品的制造工厂。星朋科技和特许半导体都是新加坡本土的半导体企业,特许半导体于2009年被格罗方德并购。2010年的统计数据显示,半导体产业成为新加坡的支柱性产业之一,占到电子制造业产值的58%。新加坡在IC设计、晶圆制造等领域也具有较强实力。

受益于跨国公司在马来西亚的投资,马来西亚的电子产品出口规模在20世纪80年代不断扩大,1980—1990年,马来西亚的电子产品出口增长了6倍。从1987年起,电子产品成为马来西亚出口收入占比最大的产品,1990年,电子产业的产值占GDP的份额为19%,电子产品出口占出口总额的40%。不过,在20世纪90年代,跨国公司将部分电子产品生产向中国转移,马来西亚的电子产业发展受到一定冲击。与日本、韩国的半导体产业发展相比,马来西亚主要依靠跨国公司的投资来发展半导体产业,以外向型产业为主,其发展脆弱性很大。一旦出现不利的市场行情,这些子公司的生产量将大幅下降。与此相反,日、韩的企业在后期发展阶段以自主技术创新为主,发展的韧性更强。

在菲律宾、泰国、越南等地,还有大量的半导体测试与封装企业。安森美(ON)于1999年从摩托罗拉的半导体部门分拆而成立,它在菲律宾有三家封测厂;微芯(Microchip)的功率器件由菲律宾的两家工厂负责封测;1965年成立的亚德诺(ADI)在马来西亚和菲律宾设有封测厂。荷兰的安世(Nexperia)在马来西亚、菲律宾各有一家封测厂,它于2017年从恩智浦独立出来,并在2020年被中国的闻泰集团并购;意法半导体(ST)有六家封测厂,其中三家在摩洛哥,其余的在中国、菲律宾、马来西亚;德州仪器(TI)在中国、菲律宾、马来西亚各有一家封测厂;美信在泰国和菲律宾各有一家封测工厂；罗姆在菲律宾也设有封装厂。

6. 以色列的半导体产业发展

以色列是全球半导体产业的重镇。英特尔、飞思卡尔、德州仪器以及美满等都在以色列设立多家子公司、研发中心。2020年，以色列从事半导体产业的就业人员有近3万人，以色列全部人口为926万，它占到全部人口的0.32%。早在1974年，英特尔就在以色列的海法设有IC设计中心，英特尔的一些处理器就是在以色列完成设计的，例如奔腾处理器、赛扬处理器等。除此之外，英特尔还在以色列设有多家制造工厂，并不断扩大投资，更新生产设备。2013年，英特尔在以色列的子公司的出口额达到13.62亿美元，占当年以色列全国电子信息产品出口额的13%（蒋宾，2005）。目前，英特尔在以色列拥有约1.4万名员工。高塔（Tower）是以色列政府在1993年设立的晶圆制造厂，2022年被英特尔收购。1991年，美国应用材料公司也在以色列设立子公司，专门从事半导体制造设备的开发。纵观历史，以色列的半导体产业发展与美国的投资紧密相关。

(三)中国的半导体产业发展

1. 中国大陆的半导体产业发展

半导体产业可以分为集成电路产业和分立器件产业。依据中国半导体行业协会提供的数据，1994年，中国大陆的集成电路产业的销售收入约为17亿元，2020年增至8911亿元，相比1994年增长了500多倍。从细分领域来看，2020年，中国大陆半导体产业的IC设计业的销售额为3778亿元，制造业的销售额为2560亿元，封装测试业的销售额为2510亿元——各个环节的销售收入相当。与此同时，中国大陆还大量进口集成电路产品。2020年，中国大陆的集成电路产业的进口额为3500亿美元，出口额为1166亿美元，逆差达到2334亿美元，折合人民币为1.6万多亿元，远高于境内产值。

早在1956年，中国大陆就组织了一批科学家开展半导体技术研究。黄昆、谢希德等在北京大学创建半导体教研室，林兰英、王守武等创立中国科学院半导体研究所。在20世纪70年代，以中国科学院和电子工业部为主，中国大陆建立起庞大的电子科研体系，下属各类电子企业单位数量超过2500家。70年代末，中国大陆的科研机构先后开发出1K DRAM产品、4K DRAM产品，于1980年开发出16K DRAM产品，并在中国科学院北京109厂进行批量生产，不过成品率较低，仅为28%。1985年，中国科学院微电子中心成功研制出 64K DRAM 产品,并在江苏无锡的江南无线电器材厂(742厂)成功投产。

20 世纪 80 年代,中国大陆开始引进日本的半导体制造设备与技术,更新生产设施。1982 年,江南无线电器材厂(742 厂)投入 6600 万美元从日本东芝引进 3 英寸晶圆生产线,制程为 5 微米,月产能为 1 万片,用于生产电视机集成电路。1985 年,该厂制造出中国大陆第一块 64K DRAM。1988 年,742 厂改组成立无锡华晶电子公司。1993 年,已经改组的无锡华晶电子公司制造出中国大陆第一块 256K DRAM。1986 年,中国大陆的集成电路生产企业有 30 多家,研究所有 20 个,40 多所高等院校设置了与半导体器件、集成电路有关的专业。全行业职工总数为 4 万人,其中技术人员有 5 千人左右(俞忠钰,1988)。中国大陆的半导体产业拥有一定技术资源。比如,上海元件五厂 1958 年成立,前身为上海半导体厂,该厂生产的不少器件应用于国内第一颗人造地球卫星、大型计算机和导弹、舰艇等重要项目。1980 年,它的利润高达 2070 万元,职工人均利润达 1.5 万元。即使是 1985年,上海元件五厂的产值仍然高达 6713 万元,利润达 1261 万元。但是在1990 年,上海元件五厂产值下降至 1496 万元,企业跌入亏损的边缘。上海无线电七厂成立于 1960 年,前身为上海电子管厂,它在 1981—1990 年分别从美国、日本引进双极型集成电路和大功率管生产线各一条,达到年产 400万块集成电路、100 万只大功率管的生产能力。上海无线电七厂在 1990 年生产晶体管 554 万只,集成电路 109 万块,工业总产值达 2299 万元,实现利润 65 万元。1990 年末,该厂有职工 1744 人,其中技术人员 243 人。

这一时期的中国大陆半导体产业发展面临几大问题:一是产品开发技术和制造技术落后于欧、美、日等;二是市场需求未有效释放出来,企业的生产运营仍采用计划指令方式,且各地分割,重复性引进投资较多,商业运营不足,未能实现规模经济;三是市场竞争趋于激烈,外来电子零部件产品、设备和技术逐渐占据了境内市场,境内企业反而趋于衰退。

20 世纪 70 年代末期,尽管中国大陆的半导体企业的制造能力弱于西方经济体,但是强于韩国、中国台湾。当时的中国大陆半导体产业发展以满足军需为主,企业众多,也有大批技术人员。不过,地域分割和缺乏市场化运营成为中国企业发展的障碍,企业按地域划分运营,没有形成规模化运营能力,企业之间缺乏深入的技术交流,它们是相对独立且封闭的科研与生产单位,企业的技术进步速度也相对缓慢。

20 世纪 90 年代中后期,中国大陆企业的技术开发能力和生产能力已落后于韩国、中国台湾,后两者已经形成了"出口扩张—反哺技术再创新—市场竞争力提升"的良性循环。1991年,韩国半导体产业协会成立,1996年,它的会员有半导体产品制造企业13家,制造装备企业61家,材料企业24家,关联企业15家,外资企业20家。三星电子更是在1995年以后位居全球销售额排名的第二位。相反,中国大陆的企业在市场开放条件下面临激烈竞争,半导体产业的投资在逐步减少。虽然政府推动了多个重大攻关项目,但是效果不佳。20世纪80年代,很多企业引进境外设备,使得境内从事半导体设备和材料研制的企业、研究受到冲击,自产设备的市场占有率在1986年下降到27%。中国大陆的集成电路产量在1988年首次突破1亿块之后,一直徘徊不前,半导体产业的发展也陷入低谷。一些企业在激烈的市场竞争中举步维艰,投资在减少,技术人员在流失。众多的国有半导体器件厂在20世纪90年代出现亏损,面临破产境地。一些以半导体设备生产为主的企业也因市场竞争而亏损,不得不转向其他产业。

技术相对落后和激烈的市场竞争是抑制本地企业发展的两大因素。20世纪90年代以后,中国大陆市场对半导体产品的需求开始增加,但是境外产品占据了大部分市场,它们尽管不是最先进的产品,但是相对于本地产品仍保持着技术领先优势,这使得本地企业很难有市场空间,再加上不同企业之间缺乏有效整合,力量薄弱,很难进行大规模的研发投资,与境外企业的技术差距也在不断扩大。

与此相反,合资企业却凭借一定的产品技术优势在中国大陆市场获得较高利润。1988年成立的上海贝岭公司是由上海无线电十四厂和上海贝尔公司合资成立的,是中国大陆集成电路行业的第一家中外合资企业。它主要开发程控交换机等产品,引入了境外技术,并进行改造升级。1992年,它的销售额为1.02亿元,利润为0.21亿元。1995年,它的销售额为4.25亿元,利润为1.16亿元,它在中国大陆电子百强企业中排名第五位,利润排名第八位。

20世纪90年代中后期,外资的引入加快了中国大陆的半导体产业发展。1991年,首都钢铁公司与日本NEC合资,并于1995年投产。上海贝岭公司于1988年成立,通过合资方式引入境外技术,于1994年引入CMOS技术,于1995年引入美国ISSI的技术。1997年,上海华虹NEC成立;2000年,中芯国际成立。台资企业宏力半导体、先进半导体、台积电等进入中国大陆,半导体产业发展加速。截至2020年,中国大陆知名半导体企业包括:长电科技,它由1972年的江阴晶体管厂发展而来;京东方,它于1993年设立;上海先进半导体,它于 1988 年由中荷合资成立,其前身为上海飞利浦半导体,于 1995 年易名为上海先进半导体;和舰科技,它于 2001 年设立;海思半导体,它于 2004 年设立;中芯国际,它于 2000 年设立;上海宏力,它于 2003 年设立;华虹 NEC,它于 1997 年设立;长江存储,它于 2016 年设立;合肥长鑫,它于 2016 年设立。还有一些外资在中国大陆设立晶圆制造、封装与测试企业,例如英特尔在大连设立的晶圆制造厂,在成都设立的封测厂等。不过,截至 2020 年,中国的半导体产业发展与美国、日本、韩国仍有一定差距。

2. 中国台湾的半导体产业发展

中国台湾的半导体产业始于 1976 年,台湾工业技术研究院电子所派遣数十位专家到美国学习半导体制造技术,并于 1980 年联合民间资本创立了联华电子,即台湾第一家半导体企业。依据国际半导体产业协会(SEMI)提供的数据,1991 年,中国台湾的半导体产业产值为 35 亿美元,占全球产值的 6%。到 2000 年,台湾半导体产业的产值已经占到全球产值的 8%,此时全球产值为 2078.92 亿美元。到 2020 年,中国台湾半导体产业的产值占全球的比例提升到 25%,为 1/4 的市场份额。2020 年,中国台湾的半导体产业的产值达到 1059 亿美元,超越韩国,位居世界第二,仅次于美国。中国台湾的半导体产业在先进制程、IC(集成电路)设计、测试与封装等领域领先全球。台积电在晶圆代工领域位居世界第一,日月光在封装测试领域位居世界第一。

(四)半导体产业的竞争与创新投入

半导体产业发展的一个特点就是高强度竞争,竞争迫使企业进行大量的创新投入。一方面,半导体产业的市场规模越来越大,从最初每年千万美元发展到数千亿美元。例如,1965—1970 年,美国半导体市场的需求以每年 16% 的速率增长。推动市场规模扩大的因素除了全球 GDP 增长、收入增长、人口增长等,还包括技术进步本身,它开拓了更多的应用市场。另一方面,半导体产业的投入也很高。它要求企业进行持续性的高投入,无论是生产设备更新还是产品研发都是高投入的。例如,在 20 世纪 60 年代,美国的IBM 开发了第一款基于小规模集成电路的计算机 System-360,投入了 53 亿美元。当然,IBM 在开发过程中也培育了数万名员工,获得了超过 300 项专利。1966 年,IBM 的年营业收入突破 40 亿美元。1966 年,日本通产省主导超高性能大型计算机开发计划,联合日立、东芝、NEC、富士通、三菱电机、冲电气(OKI)等,对日本的 HITAC 8000 系列大型计算机进行升级改造。

日本电报电信（NTT）在 1975—1981 年进行超大规模集成电路研究，投入400 亿日元，合 1.6 亿美元，最终在 1980 年研制出 256K DRAM。NTT 的大量采购，使日本的 256K DRAM 迅速形成产能优势。

为了提升制造水平，日本企业也重视对专业设备的投资。20 世纪 70 年代末至 80 年代初，日本九家半导体企业，NEC、日立、东芝、松下、三菱电机、富士通、冲电气、夏普和三洋电机，在专用设备方面的总投资分别是：1979 年 4.9 亿美元，1980 年 5.6 亿美元，1982 年 6.5 亿美元。其中，NEC、日立、富士通三家企业的总投资在 1979 年、1980 年和 1981 年分别为 3.4 亿美元、2.4 亿美元和 2.6 亿美元。先进设备投资促进了企业的产品升级，降低了成本，提升了市场竞争力。日本也积极发展半导体专用设备，从最初的设备进口转向设备出口。日本的佳能、尼康等成为半导体制造设备的重要供应商。

2004 年，日本的尔必达（Elpida）在广岛建成 12 英寸 DRAM 晶圆厂，投资额达到 20 至 30 亿美元。2015 年，三星电子投资 136 亿美元（合 15.6 万亿韩元）在韩国平泽市建设 12 英寸 DRAM 晶圆厂，总产能达到每月 45 万片晶圆，2017 年 7 月该厂投产。2015 年，美国的美光（Micron）在新加坡投资 40 亿美元扩建 Fab 10X 晶圆厂，于 2017 年建成，月产能 14 万片晶圆。2019 年，合肥长鑫投资 1500 亿元的 DRAM 内存芯片制造基地投产。

高投入一方面拓展了产业发展空间，另一方面也使得市场竞争更激烈。"高投入—高市场份额"之间的有效循环让大企业屹立不倒，也迫使大批竞争对手退出市场。1987 年，中国的 33 家企事业单位不同程度引进各种集成电路生产线设备，累计投资约 13 亿元，但最终建成投入使用的仅有少数几条线。其原因：一是资金不足，技术创新中断；二是市场竞争激烈，引进的产品技术相对落后，不能适应市场竞争；三是机制僵硬，没有形成很好的市场激励。投资中断也迫使很多中国半导体企业在 20 世纪 80 年代、90 年代退出市场。由于前期放弃投资，相对于境外企业，中国企业就会丧失竞争力。20 世纪 90 年代以后，设备更新和研发投资的门槛不断提高，20 世纪的70 年代、80 年代的亿美元量级，提高到 20 世纪 90 年代的十亿美元量级，再到 2000 年以后的数十亿美元量级以及 2010 年以后的百亿美元量级。一旦企业失去"投资—赢利"循环，就再也没有能力追加巨额投资来实现赶超。

为了保护美国的半导体产业，美国政府利用政策手段打压日本企业，限制日本企业的市场竞争，给日本企业的发展带来很大的负面冲击。1985年，美国商务部启动了 301 反倾销调查，并在 1986 年与日本通产省签署了

《美日半导体协议》(市场限制协议)。① 该协议一方面迫使日本打开封闭的日本芯片市场,另一方面限制日本电子产品在美国的销售价格,间接地抑制其市场份额的提升。1987 年,美国政府以日本未遵守协议为由,对日本部分电子产品征收了 100％的报复性关税。1991 年,日、美续签了 5 年期的新半导体协议。这一系列限制性措施使得美国半导体企业的竞争力有所恢复,而日本在全球半导体市场的份额在 1986 年后停止增长。"高市场份额—高投入"的有利循环被打破。

(五)经济体之间的技术外溢

除了创新投入之外,半导体产业自诞生之日也存在很强的技术外溢效应。在美国,技术外溢催生了一大批新企业和新技术。以仙童、英特尔为核心,在美国硅谷地区、得克萨斯州的奥斯汀、缅因州的南波特兰以及犹他州等地,一批新的企业成长起来。即使是到了 20 世纪 90 年代,还有一批新企业衍生出来。人员流动、合资、技术许可以及学术交流等形式促进了技术扩散,为美国新兴企业的发展提供了有力支撑。

此外,美国、欧洲、日本、韩国、中国台湾之间有着很强的技术外溢,对彼此在产业发展方面存在互补效应。

1. 技术许可

日本 NEC 在 1962 年从美国的仙童获得平面光刻生产工艺的技术之后,解决了集成电路批量生产的问题,集成电路的产量大幅增加。1961 年,NEC 的集成电路的产量只有 50 块,1962 年增至 1 万多块,1965 年达到了 5 万块。其后,日立、东芝、三菱电机、京都电气等也纷纷与美国公司合作,获得技术转让。索尼在 1968 年与德州仪器成立合资公司,各自占股 50％,索尼从德州仪器获得了相关的半导体制造技术。

1974 年,在美国的 RCA 工作的华裔潘文渊建议中国台湾发展集成电路产业。中国台湾也制定了《集成电路计划草案》。1976 年,台湾工业技术研究院组织了半导体技术开发团队,并与 RCA 签署了一份为期 5 年的技术转让协议,获得技术转让和员工培训的机会。研发团队派遣了一支由 37 名

---

① 1985 年 6 月,英特尔、AMD 等半导体公司联合起来,相继指控日本的不公正贸易行为,并向美国国会递交一份正式的 301 条款文本,要求美国政府制止日本公司的倾销行为。1985 年 10 月,美国商务部制定了一项法案,指控日本公司倾销 256K DRAM 和 1M DRAM。随后,美国商务部与日本通产省就 301 条款和反倾销诉讼进行谈判。1986 年 9 月,日本通产省与美国商务部签署第一份《美日半导体协议》。根据这项协议,美国暂时停止对日本企业的反倾销诉讼。

工程师组成的团队前往 RCA 接受培训,在时间跨度为 1 年的培训中系统地学习了集成电路设计和制造技术。台湾工业技术研究院因而成为中国台湾半导体产业的发源地,先后衍生出联华电子(UMC,1980 年)、台积电(TSMC,1986 年)和世界先进积体电路股份有限公司(VIS,1993 年)等企业。联华电子在 1996 年以后又衍生出联发科技、联咏科技、联阳半导体、智原科技等公司,从事 IC 设计等业务。

中国台湾的华邦电子(Winbond Electronics)、力晶(Power Chip)等分别从日本的三菱电机、东芝、尔必达、瑞萨电子(Renesas)获得技术授权,缔结生产与销售的联盟,生产存储芯片。1994 年,台塑集团的南亚塑料和日本的冲电气(OKI)合资成立南亚科技,获得 16M DRAM 的技术转让授权,1996 年再与冲电气签订了 64M DRAM 的技术授权合约,1998 年又与 IBM签订了 256M DRAM 的技术授权合约。2002 年,华亚科技成立,它是由南亚科技(隶属于台塑集团)与英飞凌(Infineon)设立的合资公司。2005 年,它与英飞凌签订了 60 纳米制造技术的共同研发合约,2008 年又与美国的美光签署了共同研发技术合约。

韩国的半导体产业发展也受益于美、日企业的技术转移。20 世纪 80年代,韩国的现代、乐喜金星(即 LG)等分别从美国的 AMD、德州仪器获得技术授权,生产 DRAM 产品。例如,1985 年,现代从德州仪器获得 64KDRAM 技术,提升了半导体产品制造的良品率。1986 年,现代成为韩国第二家量产 64K DRAM 产品的企业。1989 年,乐喜金星与日立签订技术转移协议,获得 1M 和 4M DRAM 的量产技术,并为日立代工。日立则集中开发技术。统计资料显示,1982—1986 年,韩国共引进 53 项技术,其中,从美国公司获得转让技术 36 项,从日本公司获得转让技术 13 项。其中,三星电子获得技术转让 19 项,乐喜金星获得技术转让 12 项,现代获得技术转让 10项(汪进和金廷镐,1996)。

2.FDI 促进技术外溢

半导体产业的基石是芯片,它来源于晶体管技术,该项技术于 1947 年12 月诞生于美国 AT&T 的贝尔实验室。1949 年,美国司法部对 AT&T提起反托拉斯诉讼,AT&T 和西电必须以合理的费用向其他公司转让其专利。[①] 不过部分人士认为,AT&T 主动实施了技术扩散战略,正如它的副总

---

① RCA 在 20 世纪 20 年代就采用了"捆绑转让"方式获得专利权转让收入。1985 年 12 月,RCA被通用电气收购。

裁杰克·莫顿所言，"如果晶体管技术真如我们所认为的那么重要的话，我们就不可能将其据为己有，我们也不可能做出所有技术方面的贡献。我们的利益促使了我们将这一技术进行传播。有时把面包丢在水里，说不定得到的回报是一块精美的蛋糕"（Morton，1968）。其后，一些关键技术又通过人才流动的形式从贝尔实验室转到肖克利的半导体公司、仙童以及英特尔、AMD 等公司。另外，美国半导体公司之间的技术专利互许可也成为技术扩散的重要方式。例如，英特尔与德州仪器就微处理器技术在 1971 年、1976 年两次达成专利互许可协议。① 因为英特尔的诺伊斯与德州仪器的基尔比同时发明了基于 MOS 技术的集成电路。1976 年，AMD 与英特尔签署了专利互许可协议。1981 年，它与英特尔扩大合作，互相开放技术，共同成为 IBM 的两大供应商。1987 年，由美国政府支持，14 家美国半导体公司组成了半导体制造技术联盟（SEMATECH），它鼓励了成员之间的技术外溢，减少了成员间重复性的研发支出，为美国在其后重新夺回全球半导体产业的霸主地位做出了重要贡献。②

日本公司在 20 世纪 50 年代中后期就获得了晶体管专利技术。1953 年，包括神户工业、日立、东芝、东京通信工业（即后来的索尼）等在内的企业分别与美国无线电（RCA）、西电等签署技术转让协议，并开始生产收音机、电视机等产品。1958 年，收音机出口占到日本电子工业出口额的 77%，价值为 63 亿日元（合 1.75 亿美元）。1960 年，RCA 主席戴维·萨洛夫对日本商人说，"针对电子研究最明智的政策，不是将知识隐藏起来，而是进行最广泛、最迅速的传播，这样大家都可受益"（约翰斯通，2004）。1960 年，日本是 RCA 进行技术转让的首要市场，至少有 82 家日本制造商从 RCA 获得了专利转让，RCA 每年得到的转让收入为 2 亿—3 亿美元。可以认为，日本公司在半导体产业发展的初期就几乎与美国公司站在了同一竞争起跑线。其后，日本公司依靠自身的创新努力在市场竞争中取得了很大成就。表 6-1 显示了日本公司在 20 世纪 50 年代、60 年代以及 70 年代的部分创新成果。

① 1958 年，诺伊斯在仙童时就发明了硅集成电路。1959 年 2 月，他为微型电路申请了专利，但是没有为平面处理制造的集成电路申请专利。1959 年 7 月，他补全了申请手续。此时，德州仪器的基尔比用锗晶片研制了集成电路，并拥有第一个专利。整个 20 世纪 60 年代，仙童和德州仪器相互告状，法院将集成电路的发明专利授予基尔比，而将关键的内部连接技术专利授予诺伊斯。

② 1992 年，即 SEMATECH 成立的第五年，美国公司在全球半导体产业中的份额为 43.7%，日本的份额为 43.4%。Spencer and Grindley（1993）认为："SEMATECH 减少了公司开发新设备和保证质量合格的重复性努力，降低了设备开发和引进的成本。" Irwin and Klenow（1996）利用 Compusta 数据估计了 SEMATECH 对成员公司的研发费用、营利能力、投资和生产率的影响，发现 SEMATECH 为成员企业每年节省研发费用约 3 亿美元。

表 6-1　20 世纪中后期日本半导体公司的主要创新成果

年份	主要创新成果
1953	神户工业(后与富士通合并)成为日本第一家制造晶体管的公司
1955	东京通信工业(索尼)制造了晶体管收音机的雏形
1957	东京通信工业(索尼)的江崎玲于奈构建隧道二极管
1960	索尼生产出世界上第一台全晶体管电视
1964	早川电机(夏普)推出第一台晶体二极管计算器 Sharp Compet CS-10A;佳能也推出晶体管计算器
1966	早川电机(夏普)生产出第一台集成电路计算器
1973	夏普开发全球首款带液晶显示的 COS 袖珍计算器
1979	富士通公司率先生产出 64K DRAM

　　韩国、中国台湾、马来西亚和新加坡等地的半导体工业主要是依靠 FDI 建立起来。表 6-2 显示了美国、日本和欧洲的一些公司在韩国、新加坡、中国台湾和马来西亚的一些投资情况。1965 年,韩国政府将电子产业列为 13 个出口先导产业部门之一,开始了与美国、日本、欧洲等企业的互动,通过 FDI 的形式引进了大量的半导体生产企业。1967 年,韩国科学技术研究院设立,并制定了电子产业发展的五年计划。1969 年,韩国东芝电子有限公司成立,并于 1970 年开始生产晶体管,1974 年改名为韩国电子(KEC)。1970 年,安南成为韩国本土第一家从事合同半导体制造业务的企业。1974 年,美国公司在韩国已经设立有九家完全所有权公司,包括摩托罗拉、仙童、西格尼蒂克斯(1975 年被飞利浦收购)等设立的子公司。这些公司利用韩国低成本的劳动力组装半成品散件再出口。韩国的亚南、LG、现代都与美国公司展开合作,参与了半导体的组装生产。韩国公司先后通过合资、并购、购买和授权等方式获得溢出技术。例如,韩国东芝从日本东芝取得授权许可。三星电子进入任何一项新产品市场时,都会与当时最领先的厂商进行策略联盟,学习对方最先进的技术。例如:在 DRAM 及闪存产品方面,三星电子与日本东芝、NEC 合作;在液晶技术方面,三星电子则与富士通(擅长液晶技术)、索尼(擅长液晶电视技术)、IBM(擅长逻辑晶片技术)合作。三星电子在每次合作过程中,都会尽可能地学习,把竞争对手的知识全部吸收,再加以消化改良。FDI 的进入也带动了本地配套企业的成长,例如,马来西亚的 LKT(SEM)、东益电子、丰隆(后改名嘉盛)、宇芯。东益电子是马来西亚从事封装业务的唯一一家本土半导体公司。

表 6-2　美国、日本、欧洲半导体公司在东南亚地区的投资

年份	大事件	备注
1965	美国的科米(Komi)在韩建立第一家晶体管生产线	美、日、欧企业在韩国投资
1966	仙童、西格尼蒂克斯在韩设半导体生产线	
1967	摩托罗拉、东芝、三洋电机、罗姆、国家半导体等先后在韩投资设厂	
1972	三星收购三洋电机在韩国的股份,创建三星电子	
1975	韩国电子(KEC)开始生产 IC 产品	
1977	现代(Hansaeng)接管仙童在韩业务	
1978	韩国产业研究院从美国引进 VLSI 技术;韩国伊克斯浦洛斯夫(Explosives)从国家半导体引进技术	
1980	金星从西屋(朗讯)引进技术,生产首批集成电路	
1983	三星电子获得美国美光授权许可,生产 64K DRAM	
1968	德州仪器、国家半导体在新加坡设厂	美、日、欧企业在新加坡投资
1969	意法半导体(原 SGS)在新加坡设电子装配厂	
1982	意法半导体在新加坡设立 IC 设计中心	
1984	意法半导体在新加坡设立晶圆厂	
1991	德州仪器、惠普、佳能与新加坡经济发展局成立 TECH	
1965	通用仪器(GI)在台湾设厂	美、日、欧企业在中国台湾投资
1966	飞利浦在中国台湾设立电子制造厂	
1967	德州仪器在中国台湾设立电子生产线	
1969	飞利浦在中国台湾开展 IC 封装业务;通用电气在中国台湾从事二极管制造	
1976	台湾工业技术研究院获得 RCA 技术转让合同	
1983	台湾工业技术研究院和日本电器合作创建集成电路 CAD 设计生产线	
1987	台积电从台湾工业技术研究院脱离,并与飞利浦合资生产 VLSI	
1989	德州仪器与宏碁合资生产 DRAM	
1993	茂矽利用日冲电气进口技术开始生产 DRAM	
1995	南亚利用日冲电气技术生产 DRAM;华邦获得东芝 DRAM 制造技术	
1972	英特尔在槟城设 1K 存储芯片装配厂	美、日、欧企业在马来西亚投资
1973	AMD、摩托罗拉在槟城工业园设厂	
1978	英特尔在槟城设第一个测试厂	
1985	丰隆收购卡特半导体并重组为嘉盛	
1992	英特尔槟城设计中心成立	

资料来源:马修斯和赵东成(2009);金麟洙和尼尔森(2011);拉佐尼克(2011)。

20 世纪 70 年代,因产品更新加快以及国内外竞争加剧,美国企业开始将一部分低附加值、劳动密集型的装配工序转移到东南亚地区,间接地促进了东南亚经济体在半导体产业的人力资本成长。例如,仙童、英特尔、惠普、国家半导体(National Semiconductor,1971 投资设厂)、摩托罗拉(1972 年在东南亚设厂)在东南亚进行了大量生产投资。同时,也有一些企业在中国台湾投资设厂,借助当地的产能参与市场竞争。台积电是一家合资公司,设立时的资本为 1.45 亿美元,中国台湾当局出资 48.3%,荷兰飞利浦公司出资 27.5%,台湾民营企业出资 24.2%。1989 年,德州仪器与台湾的宏碁(Acer)组成合资企业生产半导体。2016 年,中国台湾的华亚科技以总计 1300 亿新台币被美国的美光并购。境外企业投资培育了大量本地人才,促进了知识溢出。这些企业在中国台湾设厂,将生产技术、管理经验带入台湾,培育了一大批半导体人才。

美国的科米是最早进入韩国的外资半导体企业,主要生产晶体二极管。1966 年仙童在韩国建立子公司赛米克尔(Semikor),同年美国的西格尼蒂克斯也在韩国设立工厂,摩托罗拉则于 1969 年在韩国设立工厂。虽然跨国公司在韩国的工厂以劳动密集型生产为主,但是它带来了技术外溢,也让韩国的本土企业看到了半导体产业的发展前景。韩国的三星在 1968 年 11 月与三洋电机(Sanyo Electric)签署了合资协议,成立三星三洋电子公司(1975 年改名为三星电子机械公司,1977 年与三星电子工业公司合并),获得转让技术,生产电视机。1969 年,三星电子工业公司成立(1984 年改名为三星电子),三星电子又与日本的 NEC 合作。为了提升生产技术水平,三星电子派遣 100 多名员工去日本学习电视和真空管生产工艺。为了开发半导体产品,三星电子寻求与美国公司的合作,最终在 1983 年 6 月获得美光的技术授权,生产 64K DRAM,同时获得了泽特克斯(Zytrex)高速 MOS 工艺的授权。仅花费六个月时间,三星电子就实现了 64K DRAM 的量产。为了摆脱授权费用,三星电子设立在美国加州圣·克拉拉市的研究团队通过逆向工程设计出了 256Kb DRAM,并于 1985 年 7 月实现量产。生产由设立在韩国器兴(Giheung)的新工厂完成。除此之外,在海外设立研发中心,也能获得技术外溢。日本的三菱电机也在美国和欧洲各设立有研发中心。

3. 人才流动实现技术外溢

当美国的资本以 FDI 形式流向亚洲的时候,有相当部分的亚洲劳动力却流向美国,这些高技术劳动力的流动促进了亚洲地区半导体产业的发展。这种技术人员流动从 20 世纪 50 年代就开始了,日本半导体产业发展中的重要人物,包括菊池诚(索尼)、西泽俊一(学者)、江崎玲于奈(索尼)、冢本哲夫(索尼)、佐佐木正治(神户工业、早川或夏普)都成长于 20 世纪 50、60 年代,他们或访学美国,或接受大公司的培训,并且进一步培养、带动了所在企业工程师的成长,将半导体技术扩散到一些较小的日本公司。一般而言,精工、夏普等小公司早期将其技术人员送到政府办的东京电子技术实验室(ETL)接受集成电路技术培训,而日立、东芝等大公司则直接将技术人员送至美国的 MIT 或斯坦福大学接受培训。

韩国、中国等的一些人员在美国大学或公司接受教育、获得工作经验,成为一种宝贵的人力资本。1960 年,韩国适龄人口失学率为 42.8%,中国台湾为 37.3%,新加坡为 46.2%,中国香港为 19.7%,其平均教育年限为 4—5 年(Barro and Lee,2000)。1980 年,韩国 15 岁以上人口平均教育年限为 7.9 年,2000 年则为 10.9 年,韩国人均博士数上升为全球第一(Kim and Leslie,1998)。1983 年,三星电子派专业技术人员去美国的美光接受培训,并在美国招聘有着半导体研究经验的研究人员,其中包括加州大学的李任成博士、齐洛格(Zilog)公司技术中心的李相俊博士。仅仅 10 个月后,即 1983 年的 12 月,三星电子宣布成功开发 64K(即 64000 个晶体管的 IC)的 DRAM。其后,IBM 的陈大济、权五铉博士以及斯坦福大学的黄昌奎博士也加入三星电子,开发 16M、64M、256M 的 DRAM。1993—1996 年,中国台湾每年从岛外回归的人数在 6000 人以上(Saxenian and Hsu,2001)。而马来西亚的黄宏宗(Michael Ng)在英特尔工作近 20 年,后创办一家从事 IC 装配和封装业务的公司,即东益电子。人才外流的反转既是产业成功发展的结果,也是其原因。1990 年,英特尔在马来西亚设立英特尔大学,人才的培训力度进一步加大。到了 20 世纪 90 年代中期,英特尔在槟城的分公司成为英特尔全球业务不可替代的一部分,其负责微控制器的全部设计、制造和销售业务。1972—2003 年,英特尔在马来西亚的累计投资达到 23 亿美元。正如英特尔总裁克雷格·巴利特(Craig Barrett)所言:影响英特尔投资的关键在于人才的持续性供给,以维持本地设计和开发。

日本、韩国等有一批人员在美国企业工作,后他们通过离职、办理提前退休等方式加入其他公司,为其他企业的发展提供了技术支持。1984 年,在美国德州仪器工作近 30 年的张忠谋回到中国台湾,担任台湾工业技术研究院院长,兼任联华电子股份有限公司董事长。在他的支持下,由荷兰飞利浦公司投资的台积电在 1986 年设立,并大量招聘在美国有过半导体工作经验的人员。20 世纪 80 年代,大批在外人才回到中国台湾,中国台湾的半导体人才充实起来。1976年,韩国政府在龟尾产业园设立韩国电子技术研究所(KIET,1985年改名为韩国电子通信研究院,ETRI),也大量招收从美国归来的工程师,推动了DRAM的研发。

4. 合作研发获得外溢技术

大公司的竞争分为两个方面:一是技术,二是制造成本。在一些时期,前者决定胜负;在另一些时期,后者决定胜负;有时两者结合作用。新加坡、中国香港等地的半导体装配成本仅为欧洲或美国的1/12,这也成为一些地区的竞争优势。不过,对这些竞争优势的利用还需要政府政策推动,比如设立工业园区、制定产业发展规划等。曾在1961—1967年任仙童半导体业务主管的斯波克回忆:"仙童于1963年在中国香港设立的东南亚第一家制造企业立刻为我们带来了劳动成本和管理费用上的优势,并且一夜之间对摩托罗拉、德州仪器和其他推行装配自动化的公司造成了威胁。我们实际开创了一个将组装线转往东南亚的新潮流,随着时间的推移,许多企业纷纷效仿我们的做法。"(Sporck,2001)在1971年,22家美国半导体公司在海外建立了33家工厂。1974年,美国公司在马来西亚开设了11家工厂,在韩国开设了9家工厂,在中国香港开设了8家,在中国台湾开设了6家,另外在拉美地区开设了15家,主要集中在墨西哥(Davis and Hatano,1985)。1985年,美国在亚洲的半导体工厂达到63家,雇员人数超过10万(Scott,1987;Henderson,1989)。

合作成为技术扩散与传播的重要工具之一。许多公司通过技术许可、转让或收购等方式获得技术。例如,三星电子在开发64K DRAM产品时,从美国一些急需现金的较小公司,如美光科技,获取技术。1985年,三星电子花费210万美元从刚刚破产的泽特克斯(Zytrex)公司获得高速金属氧化物(MOS)的先进制造工艺。韩国、中国台湾、新加坡等经济体在发展初期除了拥有最基本的劳动资源之外,并没有研发或企业自主创新活动,但是通过合作制造、许可证生产、合资企业等形式的合作,它们具备了基本的生产能力。同时,积极地参与市场竞争可以获得一定的市场回报,这进一步反哺了它们快速仿制境外领先企业的产品与技术。

在整个20世纪60年代,日本公司和美国公司有着很深入的技术交流与合作。1965年,日立与RCA合作开发HITAC 8000系列产品,东芝与通用电气合作开发TOSBAC 3400系列产品,三菱电机与美国的航空航天设备制造公司汤普森·拉莫·伍尔德里奇公司(TRW,Thompson Ramo Wooldridge)合作开发MELCOM-3100系列产品。到了20世纪90年代,合作研发在半导体产业变得更为普遍。例如,为了应对日本企业的竞争,1990年1月,IBM 与德国西门子签订协议,合作开发 64M DRAM 芯片。

1976 年 3 月,日本通产省推动并联合日立、富士通、三菱电机、NEC 和东芝共同建立超大规模集成电路(VLSI)技术联盟,即 VLSI 计划。该计划在 1980 年 3 月结束。在这一计划实施过程中,日本的半导体产业获得快速发展,其 DRAM 产品由 16K DRAM 升级到 64K DRAM,并获得全球市场66%的份额。这一计划在实施期间,申请实用新型专利和发明专利 1210件、47 件,开发了各型制版复印装置、干式蚀刻装置等,提升了 DRAM 量产的成功率,奠定了日本企业在 DRAM 市场的领先地位。

1987 年,美国政府给予每年 1 亿美元的补贴,以推动 14 家美国企业组成半导体制造技术战略联盟,即 SEMATECH。联盟促进成员企业分享成果和减少重复研究。1988 年,SEMATECH 将总部设在得克萨斯州的奥斯汀(Austin),并于同年 11 月建成了具有世界水平的超净工作室。SEMATECH 每年投入 2 亿美元的研究经费,经费由成员企业和美国政府平摊。

1986 年,韩国政府推动了由韩国电子通信研究院、三星电子、乐喜金星(LG)、现代等共同参与的 DRAM 开发计划,成功研发出 1M DRAM 产品和4M DRAM 产品,实现了韩国对日本 DRAM 产业的技术追赶。三星电子在1990 年成功推出 16M DRAM 产品,并在 1992 年推出 64M DRAM 产品。

中国台湾在 1990 年实施了次微米制程技术发展五年计划,联华电子、台积电、华邦电子、茂矽电子、旺宏电子、天下电子六家企业参与,发展目标是开发 8 英寸晶圆 0.5 微米制程技术,获得 4M SRAM 和 16M DRAM 的生产能力。计划实施期间,大批由美国归来的工程师、研发人员成为产业技术发展的源头。例如,在 IBM 负责 16M DRAM 研制的卢超群博士等在中国台湾设立了钰创科技,将技术转移到中国台湾。1994 年,台积电联合多家企业创立了世界先进积体电路(VIS),建设中国台湾第一座 8 英寸晶圆厂,自主开发 DRAM 技术。

企业之间的技术外溢吸收与技术自主发展并非相悖,两者都能提升企业的竞争力。日本在 20 世纪 60 年代以引进美国的技术为主,但是到了 70年代,它以自主创新为主。日本在 1972 年实现了 MOS 集成电路的大规模生产,使得产品成本大幅下降。中国台湾的企业在依靠美、日技术引入的基础上,发展了自身的制造成本优势。美、日、韩、欧等的技术交流和投资不仅促进了它们的半导体产业发展与全球分工合作,也促进了技术创新。一大批新的半导体生产设备和技术出现，包括计算机辅助设计、图形发生器、离子注入机、光刻机、电子束曝光机等。

5. 其他获得外溢技术的途径

(1)从代工中获得外溢技术

欧美企业为了降低成本，将部分制造环节转移到韩国、中国台湾等地，促使了代工企业的成长。中国台湾的代工企业也积极地提升它们的技术水平，获得竞争力。例如，台积电通过为飞利浦、NEC、AMD 等提供产品代加工服务，获得技术转让授权，提升了自身的制造与技术水平。同时，分工合作形成的互补性也促使美、日企业愿意将技术转移到中国台湾。虽然在技术转移过程中会收取一定的授权费用，但是与韩国、中国台湾的企业合作能够获得很高的互补收益。分工合作也带来了产业链的发展，中国台湾企业逐渐向产业上游的芯片设计、晶圆生产发展，以及向下游的封装、测试延伸发展，形成全产业链发展，配套企业和人才也逐渐增多了起来。早期阶段的"强＋弱"合作逐渐转变为"强＋强"合作。

(2)从关键制造设备采购中获得外溢技术

荷兰的阿斯麦主要制造晶圆生产设备，它在早期是一个小公司。自从美国的美光科技率先采用了 ASML 的步进光刻机之后，ASML 逐渐走上发展正轨。三星电子也开始采购 ASML 的 PAS550 设备，该设备的产能大大优于日本尼康的设备。1995 年，三星电子装备第一台 ASML 的产品，之后的两年时间三星电子就替换了所有尼康的产品。SK 海力士紧跟三星电子的步伐，也在 20 世纪 90 年代采购了 ASML 的光刻机。日本的 DRAM 产品制造商则主要使用尼康和佳能的产品。

(六)针对中国的技术封锁

与美、日、欧、韩等之间的技术开放和扩散相反，它们针对中国制定了严格的技术外溢限制政策。

1. 出口限制

在冷战期间，以美国为首的西方经济体成立了巴黎统筹委员会，严格限制高科技产品和技术向社会主义经济体流动。苏联解体之后，美国又在 1996 年拉动 33 个经济体(包括日、韩等)在奥地利维也纳签署了《瓦森纳协定》，控制两大类产品和技术向中国的输出：一部分是军民两用的产品和技术，包括先进材料、材料处理、电子器件、计算机、电信与信息安全、传感与激光、导航与航空电子仪器、船舶与海事设备、推进系统九大类；另一部分是22类军品。美国等也严格控制半导体工艺技术、关键生产设备和材料等向中国输出，使得中国的半导体产业发展面临很大困难。与此相对应，美、欧、日、韩等之间的技术外溢却是被允许的。这种差异性限制政策对不同地区的产业发展产生了重要影响。

2. 投资限制

美国政府等对本国企业在中国的投资以及中国企业并购美国企业等进行严格审查。例如，2018年8月13日生效的美国《外国投资风险审查现代化法案》要求的严格审查涉及美国知识产权转移、相关技术和基础设施领域的投资，并要求加大监管力度。半导体产业、计算机存储设备制造业、电子计算机制造业、无线通信设备业等都是审查重点。这些法规对与中国企业有关联的投资设置了很高的门槛，增加了投资困难。

3. 技术转让限制

在技术引进方面，欧、美、日等也会严格限制先进技术向中国的输出。1978—1987年，中国引进日本等国的集成电路制造生产线30多条，但是相当部分是二手设备，甚至是落后两、三代的技术设备，主要是为收录机、电视机等消费品提供集成电路部件。虽然世界排名前十的封装企业都在中国建有生产基地，但是它们并没有将先进的封装技术转移到中国。美国公司、日本公司和韩国公司虽然也已经在中国建有封装工厂，但是并不对外加工，技术也是严格保密。无论是在中国的合资企业还是独资企业都无法触及核心技术。

2010年以后，中国少数企业才有机会接触到部分核心技术。例如，奇梦达（Qimonda AG）于2006年5月由英飞凌分拆而设立，在2009年破产。加拿大WiLAN的全资子公司北极星（Polaris）在2015年6月以3000万欧元的价格从英飞凌购得7000多项DRAM技术的专利和申请。2019年，合肥长鑫从北极星获得大量的DRAM技术专利。

4. 人员流动限制

韩国等的企业会限制离职员工到中国工作，防止人才流失带来的技术泄露。

（七）外溢限制政策对不同地区半导体产业发展的影响

一方面，中国的市场向世界开放；另一方面，其他经济体却对中国实施技术外溢限制,抑制中国半导体企业的发展。企业收入、研发投资与技术资本积累之间的良性循环被打断,中国企业在动态竞争中处于不利位置。

当前,中国半导体产业的发展地位与中国的经济地位并不匹配。依据中国半导体行业协会提供的数据,2020 年,中国 GDP 为 101.4 万亿元,集成电路产业销售额为 8848.0 亿元(合 1282.0 亿美元),占 GDP 的 0.87%。中国的集成电路净进口额为 1.6 万亿元(折合 2333.0 亿美元),占 GDP 的比例为 1.58%。

与此对应,2020 年韩国出口半导体产品 992.0 亿美元,GDP 为 1.6 万亿美元,占比为 6.20%,远高于中国。2018 年,韩国的半导体产品出口额为 1267.0 亿美元,占 GDP 的比例更是达到 7.82%。2020 年,中国台湾的半导体产业产值为 1156 亿美元,GDP 为 6693.0 亿美元,半导体产业产值(非增加值)占 GDP 的比例高达 17.27%。

依据美国半导体产业协会(SIA)的数据,1999 年美国半导体产业的销售值为 767 亿美元,2019 年的销售值为 1928 亿美元,1999 年、2019 年美国的 GDP 分别为 9.26 万亿美元和 21.43 万亿美元,其比例分别为 0.83%和 0.90%。尽管从这一比例来看,半导体产业在美国经济中的比重并不是很大。但是,其他经济体的半导体产品销售额有相当部分是美国公司所贡献的。2019 年,美国半导体公司的销售额占据了全球市场份额的 47%。中国市场(1445 亿美元)48.8%的销售额为美国公司所占据,亚太其他经济体市场(1134 亿美元)的 47.5%为美国公司所占据,欧洲市场(398 亿美元)、日本市场(360 亿美元)、美洲市场(786 亿美元)的 50.0%、39.8%和 43.6%分别为美国公司所占据。

总之,中国与其他经济体的半导体产业发展差距除了与历史因素有关,也与美、日等的技术外溢限制有很大关联。

二、外溢限制下的产业增长模型

(一)模型概述

本章这一部分通过理论模型来阐释高科技产业在不同地区的发展差异的形成原因。模型指出产业发展需要技术外溢,技术外溢起到两个作用:一是促进后发企业的市场竞争力提升,并且企业之间的相互外溢能够促进它们共同提升竞争力,这也是赢得市场竞争的关键。二是技术外溢促进一个经济体的产业结构的转变。从宏观角度而言,技术外溢促进一个经济体的劳动力向具有更大市场潜力的产业移动,实现了整个经济体的资源要素优化配置。这两个方面的作用也正是后发经济体追赶领先经济体的原因。

不过,技术外溢限制会制约特定经济体的产业发展速度,并在一定程度上降低全球资源配置效率。它使得一些经济体的产业发展无法享受外溢带来的正向效应,却同时面临激烈的市场竞争,使得高科技产业发展滞后。更有甚者,一些经济体的产业发展的比较优势被逆转,资源要素也被限制在低端环节。

本章借鉴了 Romer(1986)的经济增长思想,在此基础上做了改进,引入不完全市场竞争,讨论差异化的外溢限制政策对不同地区的产业发展的影响。

(二)市场竞争

假定高科技产品市场在第 t 期的总效用函数为:

$$U_t = \left(\sum_i q_{i,t}^\rho \right)^{\frac{1}{\rho}} \tag{6.1}$$

其中,U_t 是效用函数,$q_{i,t}$ 是参与市场竞争的第 i 家企业在第 t 期的产品销售数量,ρ 是参数,不同企业的产品之间的替代弹性为 $\sigma = \frac{1}{1-\rho}$。

整个市场的支出函数为:

$$\sum_i p_{i,t} q_{i,t} = Y_t \tag{6.2}$$

其中,Y_t 是所有用户的总支出,即市场销售规模。$r_{i,t} = p_{i,t} q_{i,t}$,是企业 i 在第 t 期的产品销售收入。

产品用户的最优选择决定了每一家企业的产品销量。拉格朗日函数为:

$$L_t = U_t + \lambda_t (Y_t - \sum_t p_{i,t} q_{i,t}) \tag{6.3}$$

一阶条件得到:

$$\frac{\partial U_t}{\partial q_{i,t}} = \lambda_t p_{i,t} \tag{6.4}$$

求得:

$$q_{i,t} = U_t (\lambda_t p_{i,t})^{\frac{1}{\rho-1}} \tag{6.5}$$

两边乘以 $p_{i,t}$,进一步加总得到:

$$Y_t = U_t (\lambda_t)^{\frac{1}{\rho-1}} \sum_i (p_{i,t})^{\frac{\rho}{\rho-1}} \tag{6.6}$$

因而,需求函数可以进一步转变为:

$$q_{i,t} = \frac{Y_t p_{i,t}^{\frac{1}{\rho-1}}}{\sum_i p_{i,t}^{\frac{\rho}{\rho-1}}} \tag{6.7}$$

定义复合价格指数 P_t，同时有 $1-\sigma = \frac{\rho}{\rho-1}$ 和 $-\sigma = \frac{1}{\rho-1}$，可以得到：

$$P_t = \left[\sum_i p_{i,t}^{-(\sigma-1)} \right]^{\frac{-1}{\sigma-1}} \tag{6.8}$$

因此，有：

$$q_{i,t} = \frac{Y_t}{P_t} \left(\frac{P_t}{P_{i,t}} \right)^{\sigma} \tag{6.9}$$

综合式(6.1)、式(6.2)和式(6.9)，整个市场的总效用函数可以重新表达为：

$$Q_t = U_t = \left(\sum_i q_{i,t}^{\rho} \right)^{\frac{1}{\rho}} = \frac{Y_t}{P_t} \tag{6.10}$$

其中，Q_t 可以定义为复合产量。式(6.10)表明，在给定总支出 Y_t 的条件下，如果复合价格指数 P_t 下降，那么市场的总效用将提升，也可以认为整个半导体产业的经济福利水平得到提高。

正如摩尔定律所指出的，半导体产品的性能每 18 个月提高一倍，而产品价格下降一半。这既表明半导体产业的技术进步速度较快，产品在不断迭代更新，也表明半导体产业与市场竞争紧密相关。当市场参与者通过创新降低产品的生产成本和价格时，上述情形就会发生。

令单个企业的销售收益为：

$$r_{i,t} = p_{i,t} q_{i,t} = Y_t \left(\frac{P_t}{p_{i,t}} \right)^{\sigma-1} \tag{6.11}$$

进一步，假定企业 i 生产产品的边际成本为 $c_{i,t}$，那么企业的最优定价依赖于净收益（扣除生产的总成本）最大化，即

$$\pi_{i,t} = r_{i,t} - c_{i,t} q_{i,t} \tag{6.12}$$

一阶条件可以得到

$$p_{i,t} = c_{i,t} \frac{\sigma}{\sigma-1} \tag{6.13}$$

因此，企业在第 t 期的净收益为：

$$\pi_{i,t} = r_{i,t} - c_{i,t} q_{i,t} = Y_t \frac{(\sigma-1)^{\sigma-1}}{\sigma^{\sigma}} \left(\frac{P_t}{c_{i,t}} \right)^{\sigma-1} \tag{6.14}$$

当 $\sigma > 1$ 时，不同企业的产品之间存在竞争替代性，替代弹性越大，这种竞争替代性越高。从式(6.14)可以看出，企业的半导体制造成本越低，它在市场中越具有竞争力，获得的净收益越大。

这里需要着重指出的是,不完全竞争市场的企业定价行为与技术外溢产生的原因有些类似,那就是企业在做出经营决策时往往忽略其他企业的反应,通常都是假定其他企业或市场条件不变,企业依据自身最优来进行经营选择。技术外溢的产生也与这一情况类似,企业不能完全将技术外溢的影响内生化,也无法确知技术外溢的实际影响。但是,当每个企业都采用相同的行为模式时,最终的市场结果与个体做决策时的市场条件不尽相同。

这种"动态不一致"现象大量存在。出于信息不完全等原因,企业无法将其行为的所有影响结果都纳入到决策中,并独占利益(appropriability)。但有时这种预期"不一致"有益于经济发展。当企业做出投入决策时,它预期自身的投入带来的边际收益高于边际成本(假定其他企业不增加投入),它就会进行投入。虽然最终所有企业都增加了投入,每个企业的实际边际收益都降低了,但是产业发展并未陷入"低增长陷阱"。并且,以技术外溢呈现的预期"不一致"能够为每个企业带来好处,节约了技术研发成本。

(三)企业的创新行为

假定企业的生产边际成本的倒数,即生产率有下列关系式

$$\frac{1}{c_{i,t}} = a_{i,t}^{\phi} A_t^{\varphi} \tag{6.15}$$

其中,企业的生产率与两方面因素有关:一是企业自主创新形成的技术资本优势,即技术资本变量 $a_{i,t}$;二是来自其他企业的外溢技术,即 $A_t = \sum_i a_{i,t}$。值得注意的是这一种形式假定有很大的局限性,技术外溢并非完全以线性相加的方式呈现,并且 $a_{1,t}, \cdots, a_{i,t}$ 和 $a_{i-1,t}, \cdots, a_{n,t}$ 之间可能有很大的线性相关性,可以通过一系列的线性参数加以转换。这些线性参数有时也反映了技术外溢的程度,很重要。但是本章为了简化分析,并未深入刻画这些特性 φ。ϕ 和 φ 是大于 0 的参数。企业自主发展的技术和外溢技术在促进企业的生产率提升方面具有互补作用,它们不能简单相加。

将企业的创新函数带入净收益函数可以得到:

$$\pi_{i,t} = Y_t \frac{(\sigma-1)^{\sigma-1}}{\sigma^{\sigma}} \left(\frac{a_{i,t}^{\phi} A_t^{\varphi}}{1/P_t} \right)^{\sigma-1} \tag{6.16}$$

从单个企业与整个行业的相对技术水平对企业的创新激励来看,即

$$\frac{\partial \pi_{i,t}}{\partial \left(\frac{a_{i,t}^{\phi} A_t^{\varphi}}{1/P_t} \right)} = (\sigma-1) Y_t \frac{(\sigma-1)^{\sigma-1}}{\sigma^{\sigma}} \left(\frac{a_{i,t}^{\phi} A_t^{\varphi}}{1/P_t} \right)^{\sigma-2} \tag{6.17}$$

如果 $\sigma > 2$,那么它具有递增的边际效应,即当半导体产品之间的竞争

替代性很强时,领先企业具有较强的激励扩大它与整个行业的相对技术水平差距。不过,此时还未考虑企业的创新效率和创新成本。假定企业 i 的创新产出函数为:

$$\dot{a}_{i,t} = \frac{\partial a_{i,t}}{\partial t} = h_{i,t}^{\beta} \tag{6.18}$$

其中 $\dot{a}_{i,t}$ 是企业 i 在第 t 期的技术资本增进量;$h_{i,t}$ 是企业 i 在第 t 期的研发投入,主要为技术人员。同时,假定有 $\beta > 0$。也可以考虑存在技术资本折旧的情形,即

$$\dot{a}_{i,t} = \frac{\partial a_{i,t}}{\partial t} = h_{i,t}^{\beta} - \delta a_{i,t} \tag{6.19}$$

其中,$\delta > 0$ 是技术资本的折旧率。该系数越大,表明技术资本折旧速度越快。

企业 i 的经营目标函数为 $\max \int_{0}^{\infty} (\pi_{i,t} - w_t h_{i,t}) \mathrm{e}^{-\theta t} \mathrm{d}t$。其中,参数 θ 是折现率,w_t 是企业雇佣技术人员所支付的工资,$h_{i,t}$ 是企业 i 的技术人员投入量,企业的经营目标就是使得所有时期的利润(扣除每一期的创新投入)的总和最大化。此时的企业经营行为是自洽的,即企业可以通过短期、长期的运营调整实现企业的总利润最大化。企业可以在短期内增加创新投入,压缩短期的利润,获得长期的利润增加,并通过投入调整,“平滑”各时期的折现利润,例如获得加总利润的最大化。

建立哈密尔顿方程,得到:

$$H_{i,t} = (\pi_{i,t} - w_t h_{i,t}) \mathrm{e}^{-\theta t} + \mu_{i,t} h_{i,t}^{\beta} \tag{6.20}$$

令 $\mu_{i,t} = \eta_{i,t} \mathrm{e}^{-\theta t}$。哈密尔顿方程可以改变为:

$$H_{i,t} = (\pi_{i,t} - w_t h_{i,t} + \eta_{i,t} h_{i,t}^{\beta}) \mathrm{e}^{-\theta t} \tag{6.21}$$

最优路径的充分必要条件为:

$$\frac{\partial H_{i,t}}{\partial h_{i,t}} = 0 \tag{6.22}$$

$$\mu_{i,t} = -\frac{\partial H_{i,t}}{\partial a_{i,t}} \tag{6.23}$$

进一步得到:

$$w_t = \eta_{i,t} \beta h_{i,t}^{\beta-1} \tag{6.24}$$

$$\dot{\eta}_{i,t} = \eta_{i,t} \theta - \frac{\partial \pi_{i,t}}{\partial a_{i,t}} \tag{6.25}$$

第一个条件是企业的投入决策变量的最优条件。企业加大创新力度,虽然能够提升技术资本存量及其价值,但也会导致投入成本的增加。投入的边

际效应取决于参数 β 的大小。如果半导体产业的投入具有规模经济效应，那么 β 应该大于 1。否则，β 小于 1。

第二个条件是企业的技术资本的状态变量的最优条件。企业的技术资本提升会提高企业的市场竞争力，带来更多的净收益，但是它也会导致单位技术资本的影子价格的下降，最优状态形成价值平衡。

进一步整理得到：

$$\frac{1}{h_{i,t}}\frac{\partial h_{i,t}}{\partial t} = \frac{\theta}{(1-\beta)} - \frac{\beta Y_t}{(1-\beta)w_t h_{i,t}^{1-\beta}}\frac{\phi}{\sigma^\sigma}(\sigma-1)^\sigma\left(\frac{A_t^\varphi a_{i,t}^\phi}{1/P_t}\right)^{\sigma-1}\frac{1}{a_{i,t}}$$

(6.26)

$$\frac{1}{h_{i,t}}\frac{\partial h_{i,t}}{\partial t} = \frac{\theta}{(1-\beta)} - \frac{\beta}{(1-\beta)w_t h_{i,t}^{1-\beta}}\phi(\sigma-1)\pi_{i,t}\frac{1}{a_{i,t}}$$

(6.27)

式(6.27)即最优条件下企业 i 的技术人员投入 $h_{i,t}$ 的增长路径。

本章重点分析当企业的研发投入具有互补情形，即 $\beta>1$ 时(也有一定限值)，企业的技术人员投入的变动因素。企业技术人员投入的决定因素分为两类：一类是外生因素，一类是内生因素。前者形成产业发展的初始比较优势，例如 w_t 和 Y_t；后者形成产业发展的动态比较优势，例如 A_t 和 $a_{i,t}$。本章着重强调动态比较优势变化对产业发展的影响。

单个企业的技术人员投入的变动与 $a_{i,t}^{\phi(\sigma-1)-1}$、$h_{i,t}^{\beta-1}$ 有关。渐进均衡路径在两种情形下出现：一是当 $\beta>1$ 且 $\phi(\sigma-1)-1<0$ 时，会有均衡路径。因为 $a_{i,t}$ 和 $h_{i,t}$ 都在增大，只有 $a_{i,t}^{\phi(\sigma-1)-1}$ 减小的速度超过 $h_{i,t}^{\beta-1}$ 减小的速度(即 $h_{i,t}^{\beta-1}$ 增大的速度，意味着创新竞争市场的边际收益减小的速度超过创新产出函数的投入边际效率的增大速度)时，才会有 $\frac{1}{h_{i,t}}\frac{\partial h_{i,t}}{\partial t}$ 随 $h_{i,t}$ 的增大而不断减小，$h_{i,t}$ 趋于平稳。这意味着企业的创新投入增长带来的边际市场效应的减小速度超过了企业的创新函数的边际产出效应，企业的创新投入增长就会逐步减少，即企业的技术资本累积($\partial a_{i,t}$)带来的竞争性市场的边际收益($\frac{\partial \pi_{i,t}}{\partial a_{i,t}}$)的下降速度超过了技术人员的增加($\partial h_{i,t}$)带来的边际技术资本($\frac{\partial a_{i,t}}{\partial h_{i,t}}$)增加效应。

二是当 $\beta<1$ 且 $\phi(\sigma-1)-1>0$ 时，只有 $a_{i,t}^{\phi(\sigma-1)-1}$ 增大的速度超过 $h_{i,t}^{\beta-1}$ 的增大速度，即 $h_{i,t}^{\beta-1}$ 的减小速度，意味着创新产品竞争市场的边际收益递增效应大于创新产出函数的投入边际效率的递减速度时，$h_{i,t}$ 才渐进增加，并趋于平稳。不过，此时，由 $w_t=\eta_{i,t}\beta h_{i,t}^{\beta-1}$ 可知，技术资本的影子价格随 $h_{i,t}$ 的增大而不断提升，不符合产业发展规律。因此，剔除此情形。

$\beta > 1$ 且 $\phi(\sigma-1)-1<0$ 的情形表明：虽然创新产出函数意味着企业的技术人员投入具有规模报酬递增效应，即 $\beta h_{i,t}^{\beta-1} > 0$，但是由于半导体产品是非完全替代产品，竞争性市场的边际收益是加速递减的，这会削弱持续性递增投入的激励。相反，如果产品替代弹性无穷大，即 $\sigma \gg 1$，在竞争的开端就会形成垄断或者寡头的市场结构。每个企业都有很大的激励一次性提高创新投入，垄断整个市场。

图 6-2 显示了企业的技术资本累积与技术人员投入之间的关系。

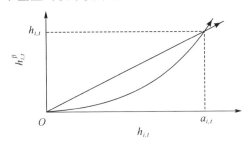

图 6-2　企业的技术资本累积与技术人员投入的关系

进一步考虑单个企业与整个行业的相对技术资本水平差距的影响效应。当 $\beta > 1$ 时，$\pi_{i,t}$ 越高，企业的研发投入增长越快，$\pi_{i,t}$ 是单个企业与整个行业的相对技术资本水平的增函数。因此，仅从这一变量来说，领先企业具有更大的创新投入激励。不过，上面等式中还有一个变量 $1/a_{i,t}$，因此单个企业提升技术资本水平还会受到一定调节效应的影响。另外，可以发现，$\dfrac{1}{h_{i,t}}\dfrac{\partial h_{i,t}}{\partial t}$ 是 $\dfrac{(A_i^{\varphi}a_{i,t}^{\phi})^{\sigma-1}}{h_{i,t}}$ 和 $\dfrac{1}{a_{i,t}}\dfrac{\partial a_{i,t}}{\partial t}$ 的正向函数。

在稳定状态，如果 $\dfrac{1}{h_{i,t}}\dfrac{\partial h_{i,t}}{\partial t}=0$，即企业的技术人员投入不变，则 $\dfrac{1}{a_{i,t}}\dfrac{\partial a_{i,t}}{\partial t}$ 和 $\dfrac{(A_i^{\varphi}a_{i,t}^{\phi})^{\sigma-1}}{h_{i,t}}$ 成反向关系。当 $a_{i,t}$ 越大时，企业的技术资本累积呈现递减状态，技术资本累积速度下降；均衡的 $h_{i,t}$ 越大，企业的技术资本累积速度越快（见图 6-3）。

进一步考虑，如果所有企业对称，都提升技术资本水平，即 $\dfrac{A_i^{\varphi}a_{i,t}^{\phi}}{1/P_t}$ 保持不变，就会削弱企业的创新投入激励。不过，由于分散决策，单个企业仍有很大激励进行创新发展，只要 $\phi(\sigma-1)>0$。

考虑折现率 θ 或技术资本折旧 δ 的影响，如果存在技术资本折旧，那么 δ 也会进入到企业的技术人员投入的演化路径中。θ 越大，企业的创新投入激励越小，δ 越大，也会存在相同的效应，技术资本的过快折旧使得创新投入的

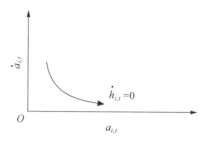

图 6-3　企业的技术资本累积路径

激励减小。

另外，市场规模 Y_t 越大，则 $\frac{1}{h_{i,t}} \frac{\partial h_{i,t}}{\partial t}$ 越大，即更大的市场收益有利于支撑每个企业雇佣更多的技术人员，加速技术资本的累积。相反，工资水平 w_t 的提升会减小企业的创新投入激励。

（四）技术外溢的影响效应

1. 技术外溢的产业竞争效应

为了分析外溢技术 A_t^φ 对单个企业创新行为的影响，本章对有、无技术外溢的两种情形进行比较分析，并假定两种情形的初始 $h_{i,t}$ 与 $a_{i,t}$ 相同。很显然，技术外溢使得单个的企业的创新投入激励加大。考虑到 $\frac{A_t^\varphi a_{i,t}^\phi}{1/P_t}$，尽管如果所有的企业都增加创新投入，单个企业的高创新投入会被抵消，但是技术外溢确实会提升企业的创新努力。因为它能提升企业产品的竞争力（由 $\frac{1}{c_{i,t}}$ $= a_{i,t}^\phi A_t^\varphi$ 可知），带来更多的边际收益。

A_t^φ 可以改写为 $n^\varphi a_{i,t}^\varphi$，当一个经济体的企业数量越多，技术外溢效应越大，企业的产品的边际成本越低，市场竞争力越大。当 $\sigma > 1, A_t^{\varphi(\sigma-1)}$ 大于 0，企业的技术人员投入 $h_{i,t}$ 的增长率更高。如果不考虑增长收敛，即不考虑 $\frac{1}{h_{i,t}}$ $\frac{\partial h_{i,t}}{\partial t} = 0$ 的情形，单个企业会有着更快的技术进步速度。因此，有命题 1。

命题 1：当存在技术外溢时，由于外溢技术与企业自主研发技术在降低产品生产的边际成本方面发挥互补效应，因此它会促使企业加大技术人员的投入，有着更大的创新激励和更快的技术进步速度。

技术外溢还有两项系统性影响效应：

一是竞争效应。从产业竞争的角度而言，由于所有的企业都可以获得外

溢技术 A_t，它对所有企业的影响都是相同的。因此有 $P_t = n^{\frac{-1}{\sigma-1}} p_{i,t}$，又由于 $p_{i,t}$ 与 $c_{i,t}$ 以及 $A_t^{\varphi} a_{i,t}^{\phi}$ 的关系。因此，$\dfrac{A_t^{\varphi} a_{i,t}^{\phi}}{1/P_t}$ 保持不变。此时，尽管技术外溢提升了单个企业的创新努力，但是产业竞争在一定程度上会抵消单个企业的研发努力，使得单个企业的收益增长困难加大。

不过，在现实经济中，竞争并非对称的，因此企业有足够激励通过加大研发投入来提升自身的竞争力。而技术外溢又在影响企业的研发投入方面发挥互补效应，因此，技术外溢能够在一定程度上加速企业的创新发展。

二是技术外溢的长期动态效应。相对于无技术外溢的情形，技术外溢提升了企业的研发努力，$h_{i,t}$ 与 $a_{i,t}$ 有着更高的水平，反之，它也促使外溢源泉 A_t 更高，因为 A_t 本身就由各个企业的研发努力构成，特别是在 $a_{i,t}^{\phi} A_t^{\varphi} = n^{\varphi} a^{\phi+\varphi}$ 呈现规模报酬递增的条件下，即 $\phi + \varphi > 1$ 时，这种互动效应对经济增长意义重大，它甚至可能改变企业的增长路径。尽管外溢技术也有互补效应，但它的边际效应随 $a_{i,t}$ 的增大而减小）。例如，当 $(\varphi + \phi)(\sigma - 1) - 1 > 0$ 时，就会出现非均衡增长。因此，有命题 2。

命题 2：当单个企业只考虑技术外溢的正向效应（即考虑 A_t^{φ}），而未考虑竞争效应（$1/P_{i,t}$）时，技术外溢会形成互动效应，在 $(\varphi + \phi)(\sigma - 1) - 1 > 0$ 时，企业的创新投入具有报酬递增效应，$h_{i,t}$ 呈现增长强化的态势。

2. 技术外溢引起产业结构转变

技术外溢除了能够提升企业的研发努力，还能促进经济体的人力资源结构转变，即吸引技术人员从传统产业向半导体产业转移。

假定整个市场的技术人员总量为 H，它分布在两大行业，一是传统产业（$H - \sum_i h_{i,t}$），二是半导体产业（$\sum_i h_{i,t}$）。技术人员的流动受到工资报酬的激励，假定技术人员是一个统一市场，寻求报酬最大化，即

$$E_t = v_t \left[K_t, \left(H - \sum_i h_{i,t} \right) \right] + w_t \sum_i h_{i,t} \qquad (6.28)$$

其中，E_t 是技术人员的总报酬，它由两部分构成：一部分来自传统产业的收入，即 $v_t \left[K_t, \left(H - \sum_i h_{i,t} \right) \right]$，另一部分来自半导体产业的收入。$K_t$ 是传统产业的特定投入要素，假定 $\dfrac{\partial v_t}{\partial K_t} > 0$，$\dfrac{\partial v_t}{\partial \left(H - \sum_i h_{i,t} \right)} > 0$，$\dfrac{\partial^2 v_t}{\partial \left(H - \sum_i h_{i,t} \right)^2} > 0$。

最优化结果的一阶条件得到：

$$\frac{\partial v_t\left[K_t, (H - \sum_i h_{i,t})\right]}{\partial(H - \sum_i h_{i,t})} = w_t \tag{6.29}$$

当半导体产业的技术人员的工资水平 w_t 提高时,它就会吸引技术人员从传统产业流向半导体产业。

首先,经济体的技术人员资源总量,即 H,它越大,技术人员资源越丰富,一国的半导体产业发展越有潜力。因为它能够在低工资水平的条件下,为半导体产业提供需要的人才。结合式(6.26),当 w_t 越小时,企业的技术人员投入增加速度越快,企业的技术进步速度越快。我们可以将此效应称为产业发展的比较优势效应,即拥有更多技术人员的经济体有着更快的技术进步速度。因此,有命题3。

命题3:经济体的初始比较优势能够加速产业创新发展。

其次,也有一些因素可能限制技术人员由传统产业向高科技产业转移。例如,传统产业的特定投入要素的增长,即 K_t 的增长。如果在传统产业中,特定要素投入与技术人员也存在生产互补性,即 $\dfrac{\partial^2 v_t\left[K_t, (H - \sum_i h_{i,t})\right]}{\partial(H - \sum_i h_{i,t})\partial K_t} > 0$,那么特定投入要素 K_t 的增长会提升传统产业的吸引力,抑制技术人员向半导体产业的流动。

再次,半导体产业本身的发展。由于存在企业发展的溢出互补效应以及报酬递增效应,当一个经济体的半导体产业越发达时,它的产业发展越能够为技术人员提供高工资,也就越能吸引技术人员由传统产业向半导体产业流动。并且,对于一个经济体而言,当所有的企业都能增加技术人员投入,那么它们产生的技术外溢也较大,每个企业从技术外溢中的获益也较大,因而该经济体的经济能够呈现良性发展。

不过,市场竞争效应在一定程度上抑制企业的发展。假定所有企业对称,并考虑市场竞争效应,整个市场有 n 个企业,则 $A_t = \sum_i a_{i,t} = na_{i,t}$,且复合价格指数为 $P_t = n^{\frac{1}{\sigma-1}} p_{i,t}$。因而有:

$$\frac{1}{h_{i,t}}\frac{\partial h_{i,t}}{\partial t} = \frac{\theta}{1-\beta} - \frac{\beta Y_t}{(1-\beta)w_t h_{i,t}^{1-\beta}}\phi\frac{(\sigma-1)}{n\sigma}\frac{1}{a_{i,t}} \tag{6.30}$$

考虑渐进的均衡状态,即当 $\dfrac{1}{h_{i,t}}\dfrac{\partial h_{i,t}}{\partial t}$ 渐进趋于0时,h_t 渐进增加,$\dfrac{1}{a_{i,t}}\dfrac{\partial a_{i,t}}{\partial t}$ 也渐进递减。显然,对应于更大的市场规模 Y_t 和更小的 w_t(技术人员资源更丰富,即 H 更大时,只需较小的 w_t 就可以吸引大量技术人员转移到半导体

产业），渐进的均衡状态会不一样，技术人员投入的增长速度也越快，h_t 与 $\dfrac{1}{a_{i,t}}\dfrac{\partial a_{i,t}}{\partial t}$ 也越大。

最后，总结外溢技术所起的作用。在局部均衡中（单个企业的最优行为中），技术外溢 A_t^φ 激发了企业更大的创新努力，$a_{i,t}$ 更大。当考虑一般均衡（或竞争性均衡）时，所有企业均加大创新努力，尽管 $\dfrac{A_t^\varphi a_{i,t}^\phi}{1/P_t}$ 不变，但是由于单个企业会加大创新投入 $h_{i,t}$，因此对应着更小的 $\dfrac{1}{a_{i,t}}$，技术外溢最终带来更高水平的技术资本（$a_{i,t}$）。

从整个半导体产业的实际产出来看：

$$Q_t = U_t = \frac{Y_t}{P_t} = n^{\frac{1}{\sigma-1}} Y_t a_{i,t}^\phi A_t^\varphi = n^{\frac{1}{\sigma-1}} Y_t a_{i,t}^\phi (na_{i,t})^\varphi \qquad (6.31)$$

即外溢不仅使得企业共享技术 $(na_{i,t})^\varphi$，也加大了它们的创新努力（$a_{i,t}$），促进了整个产业的实际产出的增长。

（五）外溢限制与地区间产业发展差异

外溢限制有两种情形，第一种是两个区域内部的技术完全隔离，企业之间的技术外溢只是发生在区域内部。假定有两个经济体，它们的技术外溢只发生在经济体内部，外溢技术分别为 $A_{1,t}$ 和 $A_{2,t}$。其中 1 和 2 分别代表两个经济体，这两个经济体分别有 n 和 m 个企业，外溢技术分别为：$A_{1,t}=\sum_i a_{i,t}$；$A_{2,t}=\sum_j a_{j,t}$。

此时经济体 1 和经济体 2 的典型企业 i、j 的生产率（生产边际成本的倒数）分别为：

$$\frac{1}{c_{i,t}} = a_{i,t}^\phi A_{1,t}^\varphi,\ \frac{1}{c_{j,t}} = a_{j,t}^\phi A_{2,t}^\varphi \qquad (6.32)$$

尽管不同经济体之间的技术外溢受到限制，但是它们都能参与同一世界市场的竞争。此时决定企业的创新行为的主要是：

$$\frac{1}{h_{i,t}}\frac{\partial h_{i,t}}{\partial t} = \frac{\theta}{(1-\beta)} - \frac{\beta Y_t}{(1-\beta)w_{1,t}\ (h_{i,t})^{1-\beta}} \frac{\phi}{\sigma^\sigma} \frac{(\sigma-1)^\sigma}{\sigma^\sigma} \left(\frac{A_{1,t}^\varphi a_{i,t}^\phi}{1/P_{1,t}}\right)^{\sigma-1} \frac{1}{a_{i,t}}$$

$$\qquad (6.33)$$

$$\frac{1}{h_{j,t}}\frac{\partial h_{j,t}}{\partial t} = \frac{\theta}{(1-\beta)} - \frac{\beta Y_t}{(1-\beta)w_{2,t}\ (h_{j,t})^{1-\beta}} \frac{\phi}{\sigma^\sigma} \frac{(\sigma-1)^\sigma}{\sigma^\sigma} \left(\frac{A_{2,t}^\varphi a_{j,t}^\phi}{1/P_{2,t}}\right)^{\sigma-1} \frac{1}{a_{j,t}}$$

$$\qquad (6.34)$$

其中，$w_{1,t}$ 和 $w_{2,t}$ 分别为经济体 1、经济体 2 的技术人员工资。比较式(6.33)和式(6.34)，造成经济体的典型企业的创新行为差异的因素有两类：

一是技术外溢。如果 $A_{1,t} > A_{2,t}$，那么经济体 1 的企业具有更大的创新投入激励，其技术进步速度更快。当经济体 1 包括更多的企业时，例如，$n > m$，就会出现上述情形。更为重要的是 $A_{1,t}$、$A_{2,t}$ 是内生形成的，如果两者的水平在后续发展过程中发生转变，那么不同经济体的产业发展的比较优势就可能发生转变。

二是技术人员的初始资源禀赋。不同经济体的技术人员的初始资源禀赋不一样，造成了产业发展的比较优势不一样。当经济体 1 的技术资源更丰富时，有 $H_1 > H_2$，此时，经济体 1 能够为半导体产业发展提供更多的技术人员，表现为其技术人员的工资水平相对较低，即 $w_{1,t} < w_{2,t}$。经济体 1 的企业的创新成本相对较低，经济体 1 就能够获得更快的技术进步。

很显然，外溢技术的差异 $A_{1,t}$、$A_{2,t}$ 和技术人员的资源禀赋差异 H_1、H_2 会影响不同经济体的企业的创新投入决策变量 $h_{i,t}$、$h_{j,t}$。假定两个经济体的市场规模一样，即有相同的 Y_t。可以得到：

$$\frac{\partial h_{j,t}/\partial t}{h_{j,t}} + \frac{\theta}{(\beta-1)} = \frac{w_{2,t}}{w_{1,t}} \left(\frac{h_{j,t}}{h_{i,t}}\right)^{1-\beta} \left(\frac{A_{1,t}^{\varphi} a_{j,t}^{\phi}}{A_{2,t}^{\varphi} a_{i,t}^{\phi}} \frac{1/P_{2,t}}{1/P_{1,t}}\right)^{\sigma-1} \left(\frac{a_{j,t}}{a_{i,t}}\right) \quad (6.35)$$

进一步可以简化为：

$$\frac{\partial h_{j,t}/\partial t}{h_{j,t}} + \frac{\theta}{(\beta-1)} = \frac{w_{2,t}}{w_{1,t}} \left(\frac{h_{j,t}}{h_{i,t}}\right)^{1-\beta} \left(\frac{n}{m} \frac{1/P_{2,t}}{1/P_{1,t}}\right)^{\sigma-1} \left(\frac{a_{j,t}}{a_{i,t}}\right)^{(\phi+\varphi)(\sigma-1)-1} \quad (6.36)$$

显然，经济体 1 和经济体 2 的企业的创新投入选择与 $w_{1,t}$、$w_{2,t}$ 以及 n、m 有关。另外，$a_{i,t}/a_{j,t}$ 很重要，它实际上代表着在外溢受限的情形下两个经济体内部的外溢技术水平，它是内生变量，它的变化影响着两个经济体的动态比较优势的变化。除此之外，经济体 1 的典型企业 i 的创新投入选择受到以下因素的影响：一是经济体 1 的技术外溢规模。这里所强调的规模是指企业数量的多少。例如当 $n > m$，且参数 φ 越大时，经济体 1 的典型企业 i 的技术进步速度越快。二是当经济体 1 在技术人员资源禀赋方面具有优势时，即 $w_{i,t} < w_{2,t}$，经济体 1 的典型企业 i 的技术进步速度更快。三是如果经济体 1 在技术人员资源禀赋方面并不具有比较优势，但是它的技术外溢效应超过经济体 2，并且优势显著，那么经济体 1 的典型企业 i 的技术进步速度更快。

如果存在 $(\phi+\varphi)(\sigma-1)-1 > 0$ 和 $\phi(\sigma-1)-1 < 0$，即 $\frac{1}{\sigma-1} > \phi >$

$\frac{1}{\sigma-1}-\varphi$，则企业的技术资本累积具有均衡路径，并且不同企业之间的技术资本差距会越来越大。不同经济体的企业的创新投入变量 $h_{i,t}$ 和 $h_{j,t}$ 呈现增长差异，且技术资本 $a_{i,t}$ 和 $a_{j,t}$ 呈现增长差异。

更为重要一点是：如果两个经济体的产品市场开放，但是又存在经济体之间的技术外溢限制，那么 $P_{1,t}$ 和 $P_{2,t}$ 将相等，不同经济体的企业发展差异扩大，更依赖各经济体特质。因此有命题4。

命题4：当存在不同经济体之间的技术外溢限制且产品市场开放竞争时，不同经济体之间的产业发展差异由初始的技术人员资源禀赋、不同经济体组内的技术外溢水平决定。特别地，技术外溢水平具有内生性，它的变化改变产业发展的比较优势，因而外溢限制会导致不同经济体的产业发展的比较优势逆转，造成不同经济体的产业发展差异。

第二种技术外溢情形是：

$$\frac{1}{c_{i,t}} = a_{i,t}^{\phi}A_{1,t}^{\psi}A_{2,t}^{\varphi} \tag{6.37}$$

经济体1和经济体2之间存在技术外溢，但是单个经济体内部的技术外溢限制程度与不同经济体之间的技术外溢限制程度不一样。这种差异体现在参数的取值上，有 $\psi > \varphi$。

两个经济体企业的创新投入决策变量可以转换为：

$$\frac{\frac{\partial h_{j,t}/\partial t}{h_{j,t}} + \frac{\theta}{(\beta-1)}}{\frac{\partial h_{i,t}/\partial t}{h_{i,t}} + \frac{\theta}{(\beta-1)}} = \frac{w_{2,t}}{w_{1,t}}\left(\frac{h_{j,t}}{h_{i,t}}\right)^{1-\beta}\left(\frac{na_{j,t}}{ma_{i,t}}\right)^{(\psi-\varphi)(\sigma-1)}\left(\frac{a_{j,t}}{a_{i,t}}\right)^{\phi(\sigma-1)-1}$$

$$\tag{6.38}$$

显然，如果有 $\psi > \varphi$，经济体1和经济体2的技术外溢产生的效应不一样。同样，当 $(\phi+\psi-\varphi)(\sigma-1)-1>0$ 且 $\phi(\sigma-1)-1<0$ 时，不同经济体之间的技术外溢限制差异会导致它们的创新行为差异和企业的技术资本累积差异。并且，如果技术外溢限制差异的影响效应超过了不同经济体之间的技术人员资源禀赋差异形成的优势，会导致具有潜在发展优势的经济体在创新竞争中落后于其他经济体。

当存在技术外溢限制时，例如 $\psi > \varphi$，单个企业的创新投入将对整个市场（或产业、或经济体、或全球）的竞争格局产生很大影响。单个企业的创新投入 不仅能提升自身的竞争力$\left[\text{即}\left(\frac{a_{j,t}}{a_{i,t}}\right)^{\phi(\sigma-1)-1}\right]$，也通过技术外溢$\left[\text{即}\right.$

$$\left(\frac{na_{j,t}}{ma_{i,t}}\right)^{(\psi-\varphi)(\sigma-1)}\right]\text{促进其他企业的发展}\left[\text{即}\frac{\dfrac{\partial h_{j,t}/\partial t}{h_{j,t}}+\dfrac{\theta}{(\beta-1)}}{\dfrac{\partial h_{i,t}/\partial t}{h_{i,t}}+\dfrac{\theta}{(\beta-1)}}\text{的提升}\right],\text{加速}$$

其他的技术人员投入和技术资本的累积,并促进整个经济体的产业发展。充分利用产业发展的比较优势(人力资本 H 和工资 w),它们不仅能改变经济体的产业结构,也能决定经济体内的企业在全球产业竞争中的地位。

三、全球高科技产业发展的实证分析

(一) 计量模型

数理模型解释了针对不同经济体的技术外溢限制是如何造成产业发展差异的,尤其当存在技术外溢的动态效应时,技术外溢限制会抑制受限地区的企业的研发努力,使得其产业发展相对滞后。本章的这一部分利用 Osiris 的全球上市公司的数据来检验这一推论。

实证检验的基本思路就是评价技术外溢限制对不同经济体的细分产业的新企业(新上市公司)数量的影响。很多研究表明,新企业数量与技术外溢有着紧密联系。例如,相当部分新企业的创立者来自其他企业。截至 1986 年,美国仙童就催生了 126 家半导体公司,对美国半导体产业发展起了很大的推动作用。区域内的技术外溢对新企业的产生有着重要影响。不过,有些经济体及部分产业的技术外溢是受到限制的,因而其新企业的产生也会受到限制。将受限地区与非受限地区、受限产业与非受限产业的新企业发展进行对比分析,就能考察技术外溢限制政策的影响效应。

计量模型设计如下:

$$\text{new}_{i,j,t} = \alpha + \beta_1 \text{limit}_{i,j,t} + \beta_2 \text{control}_{i,j,t} + \beta_3 \text{limit}_{i,j,t}\text{control}_{i,j,t}$$
$$+ \beta X_{i,j,t} + \varepsilon_{i,j,t}$$

其中,i 是经济体,j 是行业,t 是年份,$\text{new}_{i,j,t}$ 是 i 经济体的 j 行业在 t 年产生的新企业数量。$\text{limit}_{i,j,t}$ 是外溢受限地区变量:如果某一地区与欧美之间不存在外溢受限,即取值为 0;中国是受限地区,取值为 1。$\text{control}_{i,j,t}$ 是外溢受限行业变量,如果某一行业属于技术输出限制性行业,则取值为 1,否则取值为 0。交叉项的参数 β_3 用于度量外溢限制对受限地区的受限行业的影响效应。$X_{i,j,t}$ 是控制变量,例如,$k_{i,j,t}$ 或 $\ln k_{i,j,t}$,它是经济体内单个产业的已有技术资本。新企业的产生除了与经济体间的技术外溢相关,还与经济体内已有的技术资本紧密相关。因此,本章以经济体内单个产业的累积企业数量作为影响新企业数量的重要控制变量。

在变量取值方面:首先,将全球划分为两大区域,一是技术外溢的非受限地区,二是技术外溢的受限地区。非受限地区主要包括澳大利亚、加拿大、德国、法国、印度、以色列、意大利、日本、韩国、马来西亚、荷兰、新加坡、瑞典、泰国、中国台湾和美国;受限地区主要是中国。这种划分与《瓦森纳协议》基本一致,印度、日本、韩国等都是该协议的成员。其次,将所有四位产业划分为受限行业和非受限行业。美国等制定的《瓦森纳协议》主要限制高科技产品出口,管制清单的范围包括工业用途、军事用途及原子能相关的产品与技术项目,具体包括尖端材料、材料加工程序、先进集成电路和计算机、电信设备、传感器、导航及航空电子、涡轮引擎、船舶与海事设备、推进系统等。本章最终选择了60个行业的数据,其中15个行业属于受限行业,45个行业属于非受限行业,总共2988家企业。依据设定标准,本章所选取的行业如表6-3所示。

表6-3 技术外溢受限行业与非受限行业

产业类型	代码	产业名称
受限	3482	轻型武器弹药制造业
	3483	轻型武器除外之弹药制造业
	3484	轻型武器制造业
	3489	其他军械及配件制造业
	3511	蒸汽、气体和水力涡轮及涡轮发电机组配件制造业
	3519	其他内燃机制造业
	3672	印刷电路板制造业
	3674	半导体和相关设备制造业
	3721	飞机制造业
	3724	飞机引擎和引擎零件制造业
	3761	导引导弹和航天飞机
	3764	导引导弹和航天飞机推进单位和推进单位零件制造业
	3769	其他导引导弹和航天飞机和辅助设备
	3812	搜寻、侦查、航行、引导、航空船舶的系统仪器制造业
	3731	船舰建造及修理业

续表

产业类型	代码	产业名称
非受限	2833	药用化学制品及植物性产品制造业
	2834	医药制剂制造业
	2835	试管及活有机体内诊断物质制造业
	3523	农场机器和设备制造业
	3524	草坪花园农耕机及家庭草坪和花园设备制造业
	3531	建筑机器设备制造业
	3532	采矿机器设备制造业,油气田除外
	3533	油气田机器和设备制造业
	3534	电梯及电扶梯制造业
	3535	运输装置及设备制造业
	3536	高架吊车、起重机及单轨系统制造业
	3537	工业卡车、农耕机、拖车及堆叠器制造业
	3541	金属切割机床制造业
	3542	金属塑型机床制造业
	3552	纺织机制造业
	3554	造纸业机器制造业
	3555	印刷业机器和设备制造业
	3556	食品机器制造业
	3563	空气压缩机制造业
	3564	工业和商业风扇、吹风机及空气洗净设备制造业
	3565	包装机器制造业
	3571	电脑制造业
	3572	电脑存储设备制造业
	3575	电脑终端机制造业
	3577	其他计算机外围设备制造业
	3585	空调、暖气机及商业和工业冷藏设备制造业
	3612	动力、配送及特定变压器制造业
	3613	配电盘及配电板仪器制造业
	3621	内燃机和发电机制造业

续表

产业类型	代码	产业名称
非受限	3624	碳和石墨产品制造业
	3625	继电器及工业控制装置制造业
	3694	内燃电气设备制造业
	3695	磁性和光记录媒体制造业
	3711	机动车辆和小客车主体制造业
	3713	卡车和巴士主体制造业
	3714	机动车辆零件和配件制造业
	3732	轮船建造及修理业
	3821	实验室仪器和设备制造业
	3822	调节居住和商业环境及器具自动控制器制造业
	3823	测量、显示及过程控制用工业仪器和有关产品制造业
	3824	液体计量计数仪器制造业
	3825	电力及电子信号测量和测试仪器制造业
	3826	实验用分析仪器制造业
	3827	光学仪器和透镜制造业
	3861	摄影设备和零件制造业

(二)特征事实

本章以半导体产业(行业代码为 3672 和 3674)为例,分析企业的地区分布特征(见图 6-4)。半导体产业的企业主要分布在美国、中国台湾、韩国、日本、中国、以色列、新加坡、印度、加拿大、法国、德国、意大利、荷兰等经济体,总共有 287 家。如果统计每年新诞生的半导体企业,可以发现两个特征:一是全球新诞生的半导体企业从 20 世纪 80 年代开始逐步增加,在 20 世纪 90 年代中后期达到高峰。二是中国台湾、美国、韩国和中国的新设企业相对较多,它们占据了全球新设半导体企业的大部分。尽管美国是半导体产业的传统大国,但是它与日本、欧洲国家等不同,在 2000 年左右依然有相当多的新企业诞生。这些新企业的诞生与技术革新、技术外溢等有关。另外,与韩国、中国台湾相比,中国的新设企业数量在相对较晚时期才有所增加,且未曾达到韩国、中国台湾与美国那样的数量高峰。这也说明中国曾错过半导体产业的发展高峰(20 世纪 90 年代)。

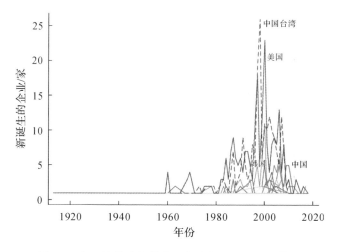

图 6-4　各经济体半导体产业每年新诞生的企业数量

图 6-5 展示了不同经济体的城市每年新设半导体企业的数量,显示出两个特征:一是 20 世纪 80 年代到 21 世纪初是半导体企业开设的高峰时期;二是产业集聚的重点城市包括中国台湾新竹(Hsinchu)以及美国的圣·克拉拉(Santa Clara)、圣·何塞(San Jose)、森尼韦尔(Sunnyvale),其中美国的这三个城市就形成了"大硅谷"地区,它是美国半导体产业的核心区域。

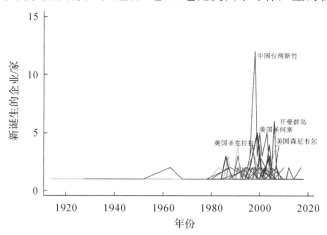

图 6-5　全球主要城市半导体产业每年新诞生的企业数量

图 6-6 显示了不同经济体累积的半导体企业数量。在 20 世纪 80 年代以前,美国和日本的企业数量不相上下,但是在 80 年代之后,美国的企业数量保持了一个较快的增长速度,而日本的企业数量并未有显著增长。与此同时,中国台湾和韩国的半导体企业数量在 80 年代之后有了较快增长,尤其是中国台湾。在 2000 年以后,中国的半导体企业数量开始增加,还有设

立在开曼群岛的企业也开始增加。不过,在 2010 年以后,除了美国、开曼群岛仍有较弱增长趋势之外,其他经济体并未有明显的新设半导体企业数量增长趋势。这可能与市场竞争日趋激烈有关,越来越高的技术门槛以及投资门槛限制了企业进入。总之,可以将 20 世纪 80 年代到 2010 年期间视为全球半导体产业发展的"黄金时期"。

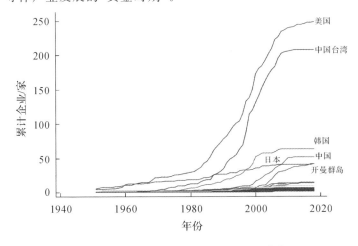

图 6-6 各经济体半导体产业的企业累计数量

(三)计量结果与分析

本章利用前文设定的计量模型进行分析,表 6-4 显示了回归结果。模型(1)是基准回归,核心变量是交叉项(limit×control),结果显示外溢限制政策对新企业的产生有显著负向作用,回归系数为 -1.006,它的含义是外溢限制政策导致中国每年每个产业少诞生约 1 个上市企业。技术外溢与经济体内单个产业的已有技术资本紧密相关,因此本书引入经济体在单个产业的已有累计企业数量作为控制变量。模型(2)的结果显示,该变量(k)发挥显著的正向作用。模型(3)、模型(4)将被解释变量换成了对数形式,即 lnnew,交叉项为负,且结果依然显著。它表明外溢限制政策对中国的产业发展产生显著的抑制作用。

表 6-4 基准模型回归结果

变量	new		lnnew	
	模型（1）	模型（2）	模型（3）	模型（4）
limit	1.325***	0.864***	0.418***	0.269***
	(0.1060)	(0.0873)	(0.0277)	(0.0265)
control	0.0091	0.0780	0.0183	0.0456
	(0.1150)	(0.0938)	(0.0300)	(0.0303)
limit×control	−1.006***	−0.541**	−0.225***	−0.171**
	(0.2770)	(0.2270)	(0.0725)	(0.0689)
k		0.0342***		
		(0.0008)		
ln$k$				0.250***
				(0.0073)
Constant	1.517***	0.995***	0.218***	−0.219***
	(0.0484)	(0.0418)	(0.0127)	(0.0191)
Observations	2988	2988	2988	2425
Number of id	563	563	563	361

注:括号内为标准误显著性水平,*** 表示 $p<0.01$,** 表示 $p<0.05$。

表 6-5 显示了不同时期的回归结果。除了 1980—1990 年之外,其他时期的样本回归结果显示外溢限制依然对中国的半导体产业发展具有负向作用。这一负向作用在 1990—2000 年期间尤为显著。模型（3）的结果显示,外溢限制作用导致中国半导体产业每年少产生 1.917 个新上市企业。

表 6-5 不同时期的回归结果

变量	new			
	模型（1） 1980—1990 年	模型（2） 1990 年以后	模型（3） 1990—2000 年	模型（4） 2000 年以后
limit	−0.233	1.173***	1.146***	1.168***
	(0.262)	(0.147)	(0.236)	(0.187)
control	−0.180	0.022	0.491*	−0.286
	(0.156)	(0.192)	(0.287)	(0.254)
limit×control	0.100	−1.069***	−1.917***	−0.559
	(0.638)	(0.374)	(0.594)	(0.480)
Constant	1.513***	1.759***	1.613***	1.850***
	(0.069)	(0.085)	(0.129)	(0.111)
Observations	446	1788	660	1128
Number of id	226	416	279	314

注:括号内为标准误显著性水平,*** 表示 $p<0.01$,* 表示 $p<0.1$。

表 6-6 显示了引入控制变量的回归结果。同表 6-5 结果一样,累积的技术资本,即经济体内单个产业的累计企业数量,对新企业的产生有显著的正向作用。同时,外溢限制政策对中国的产业发展有负向作用。特别是在 1990—2000 年,这种负向作用尤为显著,其交叉项的回归系数为 -1.525。

表 6-6 引入技术资本(k)的回归结果

变量	new			
	模型(1) 1980—1990 年	模型(2) 1990 年以后	模型(3) 1990—2000 年	模型(4) 2000 年以后
limit	0.323* (0.179)	0.963*** (0.121)	1.499*** (0.179)	0.838*** (0.153)
control	0.056 (0.106)	0.132 (0.158)	0.461** (0.217)	−0.126 (0.208)
limit×control	−0.107 (0.432)	−0.628** (0.309)	−1.525*** (0.451)	−0.061 (0.392)
k	0.0654*** (0.0028)	0.0336*** (0.0011)	0.0669*** (0.0030)	0.0305*** (0.0012)
Constant	0.889*** (0.054)	0.952*** (0.075)	0.618*** (0.108)	0.943*** (0.098)
Observations	446	1788	660	1128
Number of id	226	416	279	314

注:括号内为标准误显著性水平,*** 表示 $p<0.01$,** 表示 $p<0.05$,* 表示 $p<0.1$。

(四)稳健性分析

表 6-7 是替换被解释变量的稳健性分析结果,将被解释变量由 new 替换成 lnnew,模型(2)和模型(3)的回归结果依然显著,例如,模型(3)的交叉项系数为 -0.475,它显示在 1990—2000 年期间外溢限制政策对中国半导体产业发展存在显著的抑制作用。

表 6-7 替换被解释变量的稳健性分析回归结果

变量	lnnew			
	模型(1) 1980—1990 年	模型(2) 1990 年以后	模型(3) 1990—2000 年	模型(4) 2000 年以后
ln$k$	0.259*** (0.0188)	0.278*** (0.0098)	0.341*** (0.0163)	0.276*** (0.0127)

续表

变量	lnnew			
	模型(1) 1980—1990 年	模型(2) 1990 年以后	模型(3) 1990—2000 年	模型(4) 2000 年以后
limit	0.171 (0.1270)	0.287*** (0.0319)	0.477*** (0.0504)	0.225*** (0.0401)
control	−0.0475 (0.0571)	0.0647 (0.0428)	0.1330** (0.0613)	0.0040 (0.0565)
limit×control	0.287 (0.319)	−0.192** (0.082)	−0.475*** (0.129)	−0.034 (0.102)
Constant	−0.154*** (0.0405)	−0.305*** (0.0295)	−0.368*** (0.0419)	−0.336*** (0.0404)
Observations	345	1603	558	1045
Number of id	147	314	210	250

注:括号内为标准误显著性水平,*** 表示 $p<0.01$,** 表示 $p<0.05$。

除了引入一个经济体细分产业的技术资本变量之外,本章还引入人力资本做稳健性分析。表 6-8 中的结果显示交叉项的系数依然为负且显著,它表明外溢限制政策存在负向作用。模型(1)和模型(3)的结果显示人力资本对经济体内新企业的诞生有正向作用。另外,如果同时引入技术资本变量,则人力资本变量的作用弱化,变得不显著。

表 6-8　替换控制变量的回归结果

变量	new		lnnew	
	模型(1)	模型(2)	模型(3)	模型(4)
limit	1.386*** (0.1200)	0.847*** (0.0992)	0.428*** (0.0303)	0.261*** (0.0285)
control	−0.0118 (0.129)	0.1010 (0.105)	0.0147 (0.0331)	0.0572* (0.0319)
limit×control	−0.983*** (0.296)	−0.552** (0.242)	−0.220*** (0.076)	−0.180** (0.071)
k		0.0350*** (0.0009)		
ln$k$				0.260*** (0.0079)
hc	0.209*** (0.0659)	−0.020 (0.0542)		
lnhc			0.163*** (0.0401)	−0.067* (0.0392)

续表

变量	new		lnnew	
	模型(1)	模型(2)	模型(3)	模型(4)
Constant	0.998***	1.036***	0.081**	−0.182***
	(0.0000)	(0.0000)	(0.0413)	(0.0417)
Observations	2628	2628	2628	2225
Number of id5	506	506	506	343

注:括号内为标准误显著性水平,*** 表示 $p<0.01$,** 表示 $p<0.05$,* 表示 $p<0.1$。

四、小　结

本章分析表明,技术外溢限制政策对部分经济体的高科技产业发展具有动态效应:一方面,它使得本具有初始比较优势的受限经济体的产业发展滞后;另一方面,它有助于非受限经济体的技术资本形成,并在全球产业竞争中逐渐占据有利位置。韩国、中国台湾、新加坡和以色列等的半导体产业发展案例说明相对落后的小经济体也能在高科技产业发展中有所突破。技术外溢限制不仅导致不同经济体的产业发展差异,也导致全球资源配置低效。本章的实证分析表明:针对中国的外溢限制政策对中国高新技术产业的发展产生显著的负面影响。

目前中国半导体产业发展有三个短板:一是技术资本累积短板,包括人才短板。中国的半导体产业除了在封装测试环节具有较强的国际竞争力,在集成电路设计、芯片制造以及设备材料等三个领域的技术积累还不足,仍缺乏具有较强世界竞争力的企业。在这三大领域,尽管中国企业数量不少,但整体实力较弱,技术水平落后于世界领先企业。二是企业研发投入短板。越来越激烈的市场竞争以及不断扩大的投资规模对企业发展形成很大的挑战。半导体产业是一个投资大、人才密集的行业,只有获得较高的市场份额才能形成创新投资与市场竞争的有利循环。企业在获取资金、技术、人才等资源方面遇到很多挑战。三是外溢技术获取短板。由于欧美对中国企业的持续性技术封锁,尤其是在高科技产业领域,外溢限制会在一定程度上削弱中国企业的市场竞争力,抑制产业发展。

相关对策建议如下:

第一,在其他经济体限制技术外溢的条件下,中国企业需要加大自主创新投入,破除短板,推动境内外技术外溢与技术资本之间形成互动。另外,中国市场庞大,能够为企业的创新活动和技术资本积累提供发展空间。中国的产业体系也很庞大,特别是关联市场的需求,例如来自汽车市场、电子产品信息市场、消费电子市场、建筑市场、医疗设备市场等的需求都能为企业的创新发展提供机遇。

第二,促进动态比较优势的形成。半导体产业的发展,谁更有优势?很难回答。因为很多产业的发展优势是后天形成的。特别是在动态经济中,很多经济体都有成为产业发展先进地区的机会。相对于其他经济体,中国最大的优势除了劳动成本低、市场规模大之外,庞大的人才库是产业发展的比较优势,也是推动科技发展的最大动力。如果能够将大批劳动力或技术人员引向半导体产业,就能为产业发展提供支撑。中国需要加大投入,促进人才的引进与培育,特别是管理和技术方面的人才,通过引进人才、鼓励创业带动本地人才的培育和转换。中国每年有近 50 万名工程师毕业,能够为企业发展提供人才支撑。产业发展需要为企业创新创业提供良好的基础条件和市场条件。

第三,坚持走开放创新发展道路,促进全球半导体产业的生产要素、人才流动。即使存在部分经济体的外溢限制,中国仍应大力发展与其他经济体的创新合作。全球市场非常大,有 200 多个经济体,而创新发展空间又很大。通过加强与新兴经济体、发展中经济体和部分发达经济体的经济联系,促进协同发展,形成产业链优势,也能打破发展僵局。由于经济体间的技术信息传递需要接触、交流与学习,地理距离、缺少合作交流、缺少商品贸易流动以及投资流动等都会成为溢出的壁垒。对此,中国应继续加大与其他经济体的市场联系、技术联系和人才联系,为技术外溢创造良好的环境,通过加强合作,加快技术开发速度和技术资本积累,在全球市场中占据有利位置。

第四,坚持"以我为主",加大对外来技术的整合力度。从理论上而言,技术外溢对于所有企业是等同的,只有加大自主创新力度,才能掌握企业发展的主动权。企业在获得外来技术之后,要加大吸收与再创新力度。企业要建立起具备一定的独立开发能力的机构,将研发向基础领域延伸,积累技术资本,才能在核心技术开发与市场竞争方面有所突破。华为的发展为其他企业提供了参考经验。当华为逐步逼近技术前沿时,它就加大了在基础学科领域的投入,通过在基础领域的突破创新获得市场领导力。华为在数学、物理、生物等领域加大投入,将基础学科的成果融入产品创新中,获得了技术领先优势。

第五,产业整合也有利于发挥企业的规模经济效应,增强市场竞争力。龙头企业发展能够集中利用人才、设备、资金,发挥协同效应。即使是世界领先企业,也积极通过产业链的并购投资,撬动资源,获得更强的市场竞争力。例如,2015 年 12 月全球销售额排名第一的英特尔投入 167 亿美元收购了阿尔特拉(Altera)公司,获得了可编程逻辑芯片领域的相关技术、知识产权(IP),进一步提升了高性能产品开发能力。尽管半导体产业的并购受到严格审查,但是仍有机会通过并购实现协同发展。产业关联企业之间的并购能够产生协同效应,为并购投资提供了经济利益基础。除了每个领域要实现专业化发展外,还要实现它们的协同发展。中国需要大力发展半导体装备制造业和材料产业,通过它们的发展带动关联产业发展。

第七章　战略性互补与合作创新激励

产业创新发展中除了企业竞争,也有企业合作。企业合作不仅可以节约创新成本、促进技术共享和互补性技术发展,还能改变竞争格局。例如两个企业合作可以共同提升针对第三方的市场竞争力。因此,合作创新有多种好处,它有助于合作伙伴间的技术外溢内部化,加大合作企业的 R&D 投入激励,促进创新资源有效配置。

近年来,合作创新案例越来越多。上下游企业之间的合作、不同行业领域的企业之间的合作,共同推动了创新发展。Hagedoorn and Wang(2012)显示,美国的合作创新案例从 20 世纪 80 年代的每年百件发展到近些年的每年近千件。高技术产业(尤其是生物医药业、电子信息业和航空航天业等)是开展合作创新的重点产业,它们的合作创新件数占到所有产业的合作创新件数的 80% 以上。Chesbrough(2003)提出开放式创新(open innovation)模式,该模式鼓励企业与客户、供应商等合作,有目的地让知识流入、流出,加速创新发展。英特尔、宝洁等曾采用该模式,它们与大学、客户等开展合作创新。宝洁提出了"联系与发展"的创新战略,通过引入外部资源开展创新,有效地提升了绩效。还有一些针对合作创新机理的研究,例如 Katz(1986)、D'Aspremont and Jacquemin(1988)、Kamien et al. (1992)、Leahy and Neary(1997)、Miyagiwa(2009)。

不过,现有研究有两个不足:

第一,大多数研究采用的是线性产品市场竞争模型,忽略了企业产品之间的不完全替代性。大多数研究是建立在 D'Aspremont and Jacquemin (1988)、Kamien et al. (1992)模型的基础上,其产品的市场需求函数为线性的,即 $P = A - BQ$。市场总供给由很多企业构成,即 $Q = \sum_{i=1} q_i$,它们以产品数量竞争为主,且不同企业的产品之间的竞争替代弹性无穷大,大多数研究忽略了不同产品替代弹性差异对合作模式选择的影响。

第二,仅考虑了合作企业间的内部竞争效应,忽略了合作团体对外的竞争效应及其对合作的激励效应。例如,刘卫民和陈继祥(2006)、王晓丽和刘和东(2012)尽管强调合作中的技术互溢可以加大合作激励,但是内部竞争效应依然很强。这些研究没有看到合作创新对第三方的竞争效应,忽略了其中的一部分合作激励效应。事实上,很多企业达成合作主要是为了提升一致对外竞争效应,提升合作成员的共同利益。例如:美国半导体企业在20世纪80年代结盟,于1987年成立半导体制造技术联盟(SEMATECH),美国政府每年补贴1亿美元;日本企业在20世纪70年代成立超大规模集成电路(very large scale integration, VLSI)联盟,由富士通、日立、三菱、NEC和东芝五家企业结盟,并联合了政府资助的科研机构。现有的研究忽略了这种合作团体对外的竞争性,没有考虑到这种对外竞争性对合作成员的激励效应。

此外,合作创新研究需要关注的一个问题是不同合作模式的选择问题。在给定条件下,不同合作模式的绩效不一样。本书强调合作创新中的竞争效应与互补效应之间的比较是合作模式选择的决定因素。以往的研究没有考虑到这一规律。企业之间的合作创新模式有多种:从联系较为松散的企业间技术分享协议(technology sharing pacts)、专利池(patent pool)、研发联盟(R&D alliance or consortia)到联系紧密的R&D合资(research joint venture,RJV),最后到一体化的并购等。例如,技术分享协议是关于协议双方单向或双向的技术分享,依据协议免费或部分有偿使用技术,以提升双方共同利益为目的。专利池是由企业组成的一个专利许可平台,企业之间可以进行横向许可,也可以统一将专利对第三方进行横向和纵向许可。研发联盟则是企业在R&D投入方面的合作,虽然各方仍按照专业优势独立进行R&D投入,但是研发努力以团体利益最大化为目标。R&D合资则是合作各方共同投资技术开发,以减少重复性投入,分享成果。

不同合作模式各有特点,其创新绩效也不同。创新绩效的差异根源来自经济结构、产业竞争结构、技术投入与产出结构等。在某些经济结构或参数条件下,特定的合作模式可能最优;但是在另一些经济结构下,例如产业竞争较弱的条件下、产品替代性较小的情形下,弱结盟可能更优,创新发展以多样化为主。因为结盟程度实际上取决于合作形成的利益一致性、成本分摊等因素,适用范围有所区别。Pastor and Sandonis(2002)曾对RJV与技术交叉许可进行了比较分析,认为RJV在创新激励方面更有效,它能获得协同效应和帮助合作伙伴更好地吸收"know-how"。不过RJV也面临合作成员更大的机会主义行为风险(在提供"know-how"方面)。Moris(2004)显示,中国与美国企业的合作研发模式在发生变化。1990—2001年,中国与美国企业共成立了 105 个合作研发项目,其中:1990—1995 年的 60 个合作项目中有 41 个采取合资企业的模式,有 19 个是非产权合作模式,两者的比例约为 2∶1;而在 1996—2001 年成立的 45 个合作研发项目中,有 12 个是合资企业模式,33 个为非产权合作模式,两者的比例约为 1∶3。合资模式相对减少,而非产权合作模式在逐渐增加。Stepanova and Tesoriere (2011)比较分析了 R&D 共谋和 R&D 寡头竞争时的创新绩效,发现在 R&D 投入溢出条件下,企业共谋时的均衡利润和 R&D 水平更高。除了 R&D 投入溢出,还有 R&D 产出溢出,后一种情况中非合谋企业(即寡头企业)的均衡 R&D 水平和社会福利更高。Song(2011)构建了动态的合作创新寡占模型并指出,尽管 RJV 能降低成员间的重复性 R&D 支出,但是它也可能使得创新企业失去了成为行业中唯一垄断者的机会。因此,创新企业会权衡加入 RJV 或成为唯一的垄断者的利益大小。Song(2011)利用美国半导体产业中英特尔与 AMD 的数据证实了上述模型猜测。RJV 使得企业的 R&D 支出相对于竞争环境时下降了 25%—50%,RJV 带来的利润提高和成本减少超过了错失成为单一垄断者而损失的利益。因此,RJV 形式的合作创新存在市场激励。

本书认为,在竞争性市场中,企业选择不同合作创新模式的关键在于合作产生的互补效应与竞争效应的比较。一方面,它由经济结构所决定;另一方面,为了提升合作的互补性,合作模式或组织本身需要优化、变革。合作中的互补效应有多种来源,技术互溢产生的成本节约效应只是源泉之一,而合作团体的协同性以及一致对外竞争特性也是互补效应的重要来源,它们有助于加大合作创新激励。目前,关于这一方面的研究并不多见。

一、竞争性产品市场

假定有 $n+1$ 家企业参与市场竞争,每一家企业提供一种产品,这些产品之间不完全替代,因而它们呈现垄断竞争的特点。另外,假定其中 n 家企业开展合作创新,而第 0 家企业代表其他企业,它们不与这 n 家企业开展合作。所有的企业之间都存在竞争,不过合作企业之间的竞争程度与非合作企业之间的竞争程度不一样。本书采用不同的产品替代弹性表示这种不同个体之间的竞争差异。

消费者的效用函数为:

$$U = \left[\gamma q_0^{-a} + (1-\gamma)\left(\sum_i q_i^{\rho}\right)^{-\frac{a}{\rho}}\right]^{-\frac{1}{a}} \tag{7.1}$$

其中，$0 < \gamma < 1, 0 < \rho < 1, -1 < \alpha < 0$。定义 $y = \left[\sum_i q_i^\rho \right]^{\frac{1}{\rho}}$，$y$ 为复合产品。第 0 家企业的产品与 y 之间的替代弹性为 $\sigma_1 = 1/(1+\alpha) > 1$，而 n 家企业之间的产品 q_i 的替代弹性为 $\sigma_2 = 1/(1-\rho) > 1$。不同企业的产品替代弹性大于 1，说明它们之间存在竞争性。

假定消费者的预算约束为：

$$q_0 + \sum_{i=1}^{n} p_i q_i = Y \tag{7.2}$$

其中，假定标准产品的价格为 1，其他产品的价格为 p_i。令 $p = \left[\sum_i p_i^{\frac{\rho}{\rho-1}} \right]^{\frac{\rho-1}{\rho}}$，且 $M = \gamma q_0^{-\alpha} + (1-\gamma)(\sum_i q_i^\rho)^{-\frac{\alpha}{\rho}}$。

由消费者的效用最大化求解得到：

$$\lambda = \frac{\partial U}{\partial q_0} = \gamma q_0^{-\alpha-1} M^{\frac{-1}{\alpha}-1} = \frac{\frac{\partial U}{\partial q_i}}{p_i} = (1-\gamma) y^{-\alpha-1} \frac{\partial y}{\partial q_i} M^{\frac{-1}{\alpha}-1} \frac{1}{p_i} \tag{7.3}$$

其中，λ 是拉格朗日乘子。进一步推得：

$$\lambda p = \frac{(1-\gamma) y^{-\alpha}}{\gamma q_0^{-\alpha} + (1-\gamma) y^{-\alpha}} \frac{U}{y} \tag{7.4}$$

$$\lambda (\sum_{i=1}^{n} p_i q_i) = \frac{(1-\gamma) y^{-\alpha}}{\gamma q_0^{-\alpha} + (1-\gamma) y^{-\alpha}} U \tag{7.5}$$

进一步得到：

$$\sum_{i=1}^{n} p_i q_i = p y \tag{7.6}$$

$$\lambda (q_0 + p y) = \lambda Y = U \tag{7.7}$$

可以得到某一企业 i 的产品的需求函数为：

$$q_i = y \left(\frac{p}{p_i} \right)^{1/(1-\rho)} \tag{7.8}$$

式 (7.8) 意味着 p_i 变动对 q_i 的影响路径有两条：一是直接影响效应，即在保持 p 不变的条件下，产品需求对价格变动的弹性为 $\partial(\ln q_i)/\partial(\ln p_i) = -1/(1-\rho)$。二是间接影响效应，如果 p_i 的变动引起其他企业做相应调整，那么 p 的变动将抵消 p_i 的变动。不过 p_i 的变动也将同时引起 y 的变动，最终对 q_i 有间接影响。

进一步讨论合作团体与非合作团体之间的竞争。结合下面的两个式子：

$$q_0 + p y = Y \tag{7.9}$$

$$p y \gamma q_0^{-\alpha-1} = (1-\gamma) y^{-\alpha} \tag{7.10}$$

可以得到：

$$y = \frac{Y}{p\left[1 + \left(\frac{\gamma}{1-\gamma}\right)^{\frac{1}{\alpha+1}} p^{-\frac{\alpha}{\alpha+1}}\right]} \tag{7.11}$$

$$q_0 = Y - \frac{Y}{1 + \left(\frac{\gamma}{1-\gamma}\right)^{\frac{1}{\alpha+1}} p^{-\frac{\alpha}{\alpha+1}}} \tag{7.12}$$

由式(7.11)、式(7.12)可知:y 是 p 的函数,即 $y(p)$。进一步可以证明:当 $\sigma = 1/(1+\alpha) > 1$,即 $-1 < \alpha < 0$ 时,第 0 家企业与其他 n 家企业之间的产品存在替代性时,$\partial(py)/\partial p < 0$。

可知,随着 p 减小,py 增大。这一规律意味着,如果 n 家合作企业同时降低它们的产品价格,将增大 py,并减小 q_0。同时,py 是每一家企业的销售收入的增函数,因此 py 增大,意味着每一家企业的销售收入也会上升。这意味着合作企业的竞争力提升,这将提升它们的市场地位,并使得每一家企业都能从中获益。因此,得到命题 1。

命题 1:当整个市场的所有企业划分为两类,一类是合作企业,另一类是非合作企业,如果合作企业的产品的平均价格相对于非合作企业的价格下降,将导致非合作企业的市场份额下降,下降程度取决于合作企业与非合作企业之间的竞争替代弹性。

二、合作创新的三种模式

进一步,比较三种合作创新模式的特点,即技术分享协议、研发联盟和 R&D 合资。在这三种合作模式中,不同企业之间的联系程度不同。

第一,技术分享协议假定合作成员只是分享它们的技术知识而不需要协调各自的 R&D 投入并最大化其联合利润(Greenlee,2005),例如技术交叉许可或专利池等。最近几十年里,这样的合作案例很多。专利池就是一种技术分享联盟,多个专利权人之间的交叉许可或共同向第三方许可协议,例如对 mpeg 2(moving picture experts group 2)技术标准进行管理的 mpeg 2 la(moving picture experts group 2 league alliance)就是著名的专利池,有哥伦比亚大学、富士通、朗讯、索尼等 9 个成员。技术分享协议通常涉及某一产品领域的多项技术,其具有一定的使用期限,成员间通常不需要支付技术使用费。

第二,研发联盟假定合作成员企业在 R&D 投入方面存在协调。合作成员的 R&D 投入会考虑其他成员的利益,即将其他企业的收益考虑进自身的 R&D 投入决策中。单个企业的 R&D 投入决策以最大化联盟的收益为目标。最著名的研发联盟之一是 1976—1979 年由 5 家日本企业和 2 家电子研究所成立的超大规模集成电路(VLSI)项目。VLSI 的研发金额达到 737 亿日元,取得了 1000 多项专利成果。第二个案例是美国的半导体制造技术战略联盟(SEMATECH),它从 1987 年成立以来,取得了丰硕成果。其成员包括英特尔、惠普、IBM 等。根据 Irwin and Klenow(1996)的实证研究结果,SEMATECH 避免了重复性的 R&D 活动,估计每年为成员企业节省了近 3 亿美元的 R&D 费用。

第三,R&D 合资假定合作成员组建一个联合实体。R&D 合资成员不仅共享技术知识,而且整合 R&D 资源,只是在产品市场展开独立竞争。典型的案例如华为与 3Com 合资成立的 RJV。并购则会形成一体化企业,它是 R&D 合资的最高形式。

(一)技术分享协议中的溢出效应与竞争效应

1.技术分享协议中的合作成员与非合作成员的收益比较

假定除了第 0 家企业之外,其他 n 家企业之间存在一个技术分享协议。这一合作模式的最重要特征是:n 家企业仍独立地做出它们各自的 R&D 决策,它们之间存在一个 R&D 投入的溢出效应,技术分享程度或溢出程度由参数 $\beta(>0)$ 决定,β 越大,技术分享程度越高。所有企业都从事成本节约型的技术创新,假定这些企业的研发密度分别为 z_0、z_1、z_i、z_n 等。

其中,第 0 家企业与其他 n 家企业的单位产品的生产成本函数分别为:

$$c_0 = c - z_0 \tag{7.13}$$

$$c_i = c - z_i - \beta \sum z_j \tag{7.14}$$

企业 i、j 等参与合作创新。上述合作企业的成本函数实际上也是一个 R&D 投入溢出函数,即合作企业之间的 R&D 投入会产生溢出效应。

各个企业开展创新活动的研发成本函数分别为:

$$R_0 = z_0^2/2, R_i = z_i^2/2, R_j = z_j^2/2 \tag{7.15}$$

企业的经营决策分为两个阶段:第一个阶段企业选择 R&D 支出;第二个阶段企业展开产品市场竞争,选择最优的产品定价和生产数量。

为了求出均衡解,从第二阶段开始逆序求解。

首先,参与合作创新的企业 i 的净收益函数为:$TR_i = (p_i - c_i)q_i$。约束条件为:$q_i = y\left(\dfrac{p}{p_i}\right)^{\frac{1}{1-\rho}}$。在给定 c_i、p 和 y 的条件下,企业的最优定价为:

$$p_i = c_i/\rho \tag{7.16}$$

其次,合作企业 i 通过选择研发密度来最大化利润:

$$\text{Max } \pi_i = \frac{1-\rho}{\rho} y p \rho^{\frac{1}{1-\rho}} \left(\frac{p}{c_i}\right)^{\frac{\rho}{1-\rho}} - \frac{1}{2} z_i^2$$

一阶条件为:

$$\frac{\partial \pi_i}{\partial z_i} = \frac{\partial TR_i}{\partial c_i} \frac{\partial c_i}{\partial z_i} - z_i = 0 = \frac{1-\rho}{\rho} y (\rho p)^{\frac{1}{1-\rho}} \frac{\rho}{1-\rho} c^{\frac{-1}{1-\rho}} - z_i \tag{7.17}$$

最后,推得在技术分享协议时企业 i 的均衡(最优)研发密度反应函数为:

$$z_i^s = c - \frac{\rho p}{y^{\sigma-1}} (z_i^s)^{\sigma-1} - \beta \sum z_j \tag{7.18}$$

其中,z_i^s 是技术分享协议时企业 i 的最优均衡研发密度。n 家企业对称,$\sum z_j^s = (n-1)z_i^s$,且有 $p = p_i n^{\frac{-(1-\rho)}{\rho}}$ 和 $p_i = c_i/\rho$,进一步求解得到:

$$z_i^s = \frac{y}{n^{\frac{1}{\rho}}} \tag{7.19}$$

结合前面分析可知,如果 z_i^s 越大,则 c_i 和 p 越小,且 y 越大。

另外,由式(7.11)得:

$$yp = \frac{Y}{1 + \left(\frac{\gamma}{1-\gamma}\right)^{\frac{1}{a+1}} p^{-\frac{a}{a+1}}} \tag{7.20}$$

可知,合作企业的整体销售收入 yp 也将提升。

而非合作企业,即第 0 家企业的销售收入 q_0 将下降:

$$q_0 = Y \left[1 - \frac{1}{1 + \left(\frac{\gamma}{1-\gamma}\right)^{\frac{1}{a+1}} p^{-\frac{a}{a+1}}} \right] \tag{7.21}$$

第 0 家企业没有获得来自其他企业的知识分享,它的最优研发密度为:

$$z_0^* = c - \frac{\rho p (z_0^*)^{\sigma-1}}{y^{\sigma-1}} \tag{7.22}$$

可以通过下面步骤证明 π_i^s 与 π_0^* 的大小关系。

首先,证明企业 i 的利润函数的二阶导数 $\pi''(z_i) < 0$。令 $v = \rho p y^{1-\rho}$,$\pi_i(z_i)$ 的最高点为:$z_i = [(1-\rho)v]^{\frac{1}{2-\rho}}$。另设函数 $\varphi(z_i) = z_i + v z_i^{\sigma-1}$,可知 $\varphi''(z_i) > 0$,$\varphi(z_i)$ 的最低点也为 $z_i = [(1-\rho)v]^{\frac{1}{2-\rho}}$。$\pi_i(z_i)$ 和 $\varphi(z_i)$ 如图 7-1 所示,$\pi_i(z_i)$ 的最高点与 $\varphi(z_i)$ 的最低点在同一垂直线上。当 $z_i < [(1-\rho)v]^{\frac{1}{2-\rho}}$ 时,$\varphi(z_i)$ 关于 z_i 是递减的;当 $z_i > [(1-\rho)v]^{\frac{1}{2-\rho}}$ 时,$\varphi(z_i)$ 关于 z_i 是递增的。

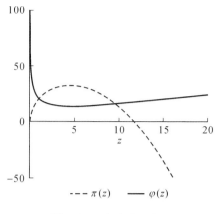

图 7-1　$\pi_i(z_i)$ 和 $\varphi(z_i)$

其次,最优解区间分析。由 $c = z_0^* + v(z_0^*)^{\rho-1}$ 和 $c = z_i^s + v(z_i^s)^{\rho-1} + \beta \sum z_j$ 可知,企业 0 有两个解分别为 $z_{1,0}^*$ 和 $z_{2,0}^*$,且 $z_{1,0}^* \leqslant z_{2,0}^*$,那么企业 i 的解 z_i^s 必在 $z_{1,0}^*$ 和 $z_{2,0}^*$ 之间。进一步判断分析可知有 $\pi_0(z_{2,0}^*) = \pi_0(z_{1,0}^*) \leqslant \pi_i(z_i^s)$。在同等利润条件下,企业 0 将选择 $z_{1,0}^*$,企业 i 的最优解 $z_{1,0}^* \leqslant z_i^s$。

因此,有命题 2。

命题 2:在技术分享协议中,合作企业的均衡研发密度 z_i^s 大于非合作企业的均衡研发密度 $z_{1,0}^*$,并且选择合作相对于选择不合作能够提升它们的整体销售收益,每个企业的均衡利润水平 $\pi_i(z_i^s)$ 都高于非合作企业的均衡利润水平 $\pi_0(z_{1,0}^*)$。

2. 技术分享协议中的内部竞争效应与互补效应

在技术分享协议中,每个参与合作的企业独立地做出 R&D 决策,并且不将合作伙伴的利润函数考虑进 R&D 决策中,只是按协议参数 β 分享各自的知识。如果一个合作企业的研发密度增大,它不仅对合作之外的企业有市场竞争效应,而且对合作成员内部有两个效应:一是竞争效应,即它降低了自身的生产成本,提高了其相对于其他合作企业的市场竞争力;二是溢出效应,即它降低了其合作伙伴的生产成本,提高了它们的产量。

合作伙伴的 R&D 投入也有相同的效应,即合作伙伴增加 R&D 投入,它在提升自身的竞争力的同时也会通过溢出效应提升合作伙伴的竞争力。如果溢出效应占主导,那么合作成员之间的 R&D 投入就具有互补作用,即任何一合作企业增加 z_i,都能提高所有合作成员的 R&D 投入和收益。反之,如果内部成员之间的竞争效应占主导,那么合作成员之间的 R&D 投入就具有替代作用,一家企业的 R&D 投入增加可能会减少另一家企业的 R&D 投入。如果溢出效应大于直接竞争效应,那么合作就是战略互补;如果溢出效应小于竞争效应,那么就存在战略替代。

合作成员之间到底是战略替代还是战略互补最终取决于知识分享程度参数 β 与各个企业的产品之间的替代弹性。

由企业的收益函数 TR_i、$q_i = y\left(\dfrac{p}{p_i}\right)^{1/(1-\rho)}$ 和 $y(p)$ 可知:

$$TR_i = (p_i - c_i)q_i = (p_i - c_i)y(p)\left[\frac{p}{p_i}\right]^{\frac{1}{1-\rho}} \tag{7.23}$$

如果企业 i 改变研发密度 z_i,其对 TR_i 的影响由两部分构成:一是 z_i 对 TR_i 的直接影响,即通过 c_i、p_i 影响企业的收益;二是 z_i 对 c_j、p 产生影响,并间接影响 TR_i:

$$\frac{\partial TR_i}{\partial z_i} = \sum_j \frac{\partial TR_i}{\partial p}\frac{\partial p}{\partial c_j}\frac{\partial c_j}{\partial z_i} + \frac{\partial TR_i}{\partial c_i}\frac{\partial c_i}{\partial z_i} \tag{7.24}$$

式(7.24)中,$\dfrac{\partial TR_i}{\partial c_i}\dfrac{\partial c_i}{\partial z_i}$ 是企业 i 加大研发密度 z_i 产生的对内竞争效应,$\dfrac{\partial TR_i}{\partial p}\dfrac{\partial p}{\partial c_j}\dfrac{\partial c_j}{\partial z_i}$ 是企业 i 对合作成员与非合作成员的综合影响效应。其中,后者还可以进一步区分,将净收益函数中的 py 和 p 分别对企业的研发密度求导,分别得到企业 i 提高研发密度 z_i 产生的技术外溢的对外竞争效应和对内竞争效应。假定所有合作企业对称,对式(7.24)进一步分解:

$$\frac{\partial TR_i}{\partial z_i} = \sum_{j=1}^{n-1}\left[\rho^{\frac{1}{1-\rho}}(yp)\left(\frac{p}{c_i}\right)^{\frac{\rho}{1-\rho}-1}\frac{1}{c_i}\frac{\partial p}{\partial c_j}\frac{\partial c_j}{\partial z_i} + \frac{1-\rho}{\rho}\rho^{\frac{1}{1-\rho}}\left(\frac{p}{c_i}\right)^{\frac{\rho}{1-\rho}}\cdot\right.$$
$$\left.\frac{\partial(yp)}{\partial c_j}\frac{\partial c_j}{\partial z_i}\right] - \rho^{\frac{1}{1-\rho}}(yp)\left(\frac{p}{c_i}\right)^{\frac{\rho}{1-\rho}-1}\frac{p}{c_i^2}\frac{\partial c_i}{\partial z_i} \tag{7.25}$$

式(7.25)将企业 i 的 R&D 活动的影响分为三部分:一是 $\rho^{\frac{1}{1-\rho}}(yp)\cdot\left(\dfrac{p}{c_i}\right)^{\frac{\rho}{1-\rho}-1}\dfrac{1}{c_i}\dfrac{\partial p}{\partial c_j}\dfrac{\partial c_j}{\partial z_i}$,它是企业 i 提升 z_i 对其他企业的 c_j 和 p 产生的溢出效应,会提升其他企业相对于企业 i 的竞争力。二是 $\dfrac{1-\rho}{\rho}\rho^{\frac{1}{1-\rho}}\left(\dfrac{p}{c_i}\right)^{\frac{\rho}{1-\rho}}\dfrac{\partial(yp)}{\partial c_j}\dfrac{\partial c_j}{\partial z_i}$,它是 z_i 变动产生的所有合作企业的对外竞争效应(扩大 py)。三是 $-\rho^{\frac{1}{1-\rho}}(yp)\left(\dfrac{p}{c_i}\right)^{\frac{\rho}{1-\rho}-1}\dfrac{p}{c_i^2}\dfrac{\partial c_i}{\partial z_i}$,它是企业 i 加大研发密度而直接提高的 TR_i。由模型判断得知,$\dfrac{\partial p}{\partial c_j} > 0$,$\dfrac{\partial c_j}{\partial z_i} = -\beta < 0$,$\dfrac{\partial c_i}{\partial z_i} = -1 < 0$,$\dfrac{\partial(yp)}{\partial c_j} < 0$。因而,可知溢出效应为负,因为它将降低企业 i 的 TR_i,而对内、对外的竞争效应为

正,它将提升企业 i 的 TR_i。合作团体内的溢出效应为负的原因在于企业 i 的研发活动通过技术分享降低了其他企业 j 的成本 c_j 和 p,它增强了其他企业的竞争力。

进一步, $\sum_{j=1}^{n-1}\left(\frac{1}{c_i}\frac{\partial p}{\partial c_j}\frac{\partial c_j}{\partial z_i}\right)-\frac{p}{c_i^2}\frac{\partial c_i}{\partial z_i}>0$。意味着企业 i 增加 R&D 投入获得的"正"的竞争效应超过其对自身"负"的溢出效应,它不仅能提高企业 i 自身的收益,也能提高其他企业的收益,因而使得创新合作具有互补性。企业有激励参与合作,并增加 R&D 投入。

当所有企业对称时,进一步可以化简为

$$\sum_{j=1}^{n-1}\left(\frac{1}{c_i}\frac{\partial p}{\partial c_j}\frac{\partial c_j}{\partial z_i}\right)-\frac{p}{c_i^2}\frac{\partial c_i}{\partial z_i}=\frac{1}{c_i}n^{\frac{-(1-\rho)}{\rho}}[1-(n-1)\beta] \tag{7.26}$$

显然,合作企业之间的 R&D 投入是否具有互补性取决于 $1-(n-1)\beta$ 是否大于零,如果 β 过大,则合作企业的 R&D 投入更多具有替代性。

因此,可以得到命题 3 和命题 4。

命题 3:在技术分享协议下,单一企业 i 的研发活动具有三种效应:一是提升企业 i 相对所有企业的竞争效应;二是溢出效应提升了其他合作企业相对于企业 i 的竞争力,削弱了研发活动原发企业的竞争力;三是溢出效应提升了所有合作企业对外部企业(针对非合作企业)的竞争力。

命题 4:如果 $\sum_{j=1}^{n-1}\left(\frac{1}{c_i}\frac{\partial p}{\partial c_j}\frac{\partial c_j}{\partial z_i}\right)-\frac{p}{c_i^2}\frac{\partial c_i}{\partial z_i}>0$,则合作企业的 R&D 投入具有互补性,合作成员之间呈现战略互补;反之,合作成员之间呈现战略替代。是战略替代还是战略互补与合作团队的大小 n、技术分享程度(参数 β)有关。 同时, 如果合作企业的对外竞争效应足够大, 即 $\sum_{j=1}^{n-1}\left[\frac{1-\rho}{\rho}\rho^{\frac{1}{1-\rho}}\left(\frac{p}{c_i}\right)^{\frac{\rho}{1-\rho}}\frac{\partial(yp)}{\partial c_j}\frac{\partial c_j}{\partial z_i}\right]$ 足够大且能保证 $\frac{\partial TR_i}{\partial z_i}>0$,那么即使合作成员的技术分享对内有竞争效应,它们也仍有激励参与合作。

(二) 研发联盟中的溢出效应与竞争效应

研发联盟在技术分享协议的基础上将各个企业之间的合作关系推进一步,即在研发联盟中,各个企业仍然独立做出 R&D 投入决策,并在产品市场展开竞争,但它们将团队的收益考虑进自身的 R&D 投入决策中。假定研发联盟中的知识分享程度依然为 β,企业的 R&D 投入决策函数为:

$$\max_{z_i}\pi=\sum_n TR_i-\frac{1}{2}z_i^2$$

因此，企业 i 的最优化均衡为：

$$\frac{\partial \mathrm{TR}_i}{\partial c_i} \frac{\partial c_i}{\partial z_i} + \sum_{j=1}^{n-1} \frac{\partial \mathrm{TR}_j}{\partial c_j} \frac{\partial c_j}{\partial z_i} - z_i = 0 \qquad (7.27)$$

对比技术分享协议和研发联盟的合作企业的研发密度均衡方程，可以发现：由于 $\frac{\partial \mathrm{TR}_j}{\partial c_j} \frac{\partial c_j}{\partial z_i} > 0$，研发联盟的合作企业的均衡研发密度 z_i^A 会更大。其原因在于它将团体利益考虑进自身决策中，这也正是存在技术外部性时个体所做的最优独立决策。

研发联盟在一定程度上弥合了企业的 R&D 投入的私人边际收益与社会收益的差距，因此它能够提高 R&D 投入水平。

进一步解析得到：

$$z_i^A = c - \frac{\rho p}{y^{\rho-1}} \left[\frac{z_i^A}{1 + \beta(n-1)} \right]^{\rho-1} - \beta \sum_j z_j \qquad (7.28)$$

由于研发联盟内的企业对称，则有 $z_j = z_i^A = z_n^A$，代入可以求解得：

$$z_i^A = \frac{y[1 + \beta(n-1)]}{n^{\frac{1}{\rho}}} \qquad (7.29)$$

将技术分享协议和研发联盟的单个企业的研发密度进行比较，可以发现：在 $\rho < 1$ 的条件下，合作企业数目 n 越大时，研发联盟的企业的均衡研发密度 z_i^A 会越大于技术分享协议的企业的均衡研发密度 z_i^s。

由于 $z_i^A > z_i^s$，结合前述的 $\pi_i(z_i)$ 和 $\varphi(z_i)$ 的方程特征，可知 $\pi_i(z_i^s) \leqslant \pi_i(z_i^A)$，即研发联盟的合作企业的均衡利润大于技术分享协议的合作企业的均衡利润。β 越大，则 $\pi_i(z_i^A)$ 越接近函数 $\pi_i(z_i)$ 的最高点。由此，得到命题 5。

命题 5：研发联盟的合作企业的均衡研发密度和利润 z_i^A、$\pi_i(z_i^A)$ 均大于技术分享协议的合作企业的均衡研发密度和利润 z_i^s、$\pi_i(z_i^s)$。并且 β 越大，研发联盟的合作企业的利润水平越高。

另外，对研发联盟中企业 i 提升研发密度 z_i 的效应进行分解，依据前述方法，有：

$$\sum_{k=1}^{n-1} \frac{\partial \mathrm{TR}_i}{\partial p} \frac{\partial p}{\partial c_k} \frac{\partial c_k}{\partial z_i} + \frac{\partial \mathrm{TR}_i}{\partial c_i} \frac{\partial c_i}{\partial z_i}$$

$$+ \sum_{j=1}^{n-1} \left[\sum_{k=1}^{n-1} \left(\frac{\partial \mathrm{TR}_j}{\partial p} \frac{\partial p}{\partial c_k} \frac{\partial c_k}{\partial z_i} \right) + \frac{\partial \mathrm{TR}_j}{\partial c_j} \frac{\partial c_j}{\partial z_i} \right] \qquad (7.30)$$

其中，$\frac{\partial \mathrm{TR}_i}{\partial c_i} \frac{\partial c_i}{\partial z_i} + \sum_{j=1}^{n-1} \frac{\partial \mathrm{TR}_j}{\partial c_j} \frac{\partial c_j}{\partial z_i}$ 是研发联盟中企业 i 增加研发密度的"竞争"效应，它直接提升了联盟内所有企业的收益。同时企业 i 的决策还影响了 p 和 py，一方面，某个企业 R&D 投入增加提高了对外竞争力，扩大了所有联盟企

业的共同市场份额 yp，另一方面，技术共享降低了 p，引起单个企业的收益下降，两者之和为：$\sum_{j=1}^{n-1}\left[\dfrac{\partial TR_i}{\partial p}\dfrac{\partial p}{\partial c_k}\dfrac{\partial c_k}{\partial z_i}+\sum_{k=1}^{n-1}\left(\dfrac{\partial TR_j}{\partial p}\dfrac{\partial p}{\partial c_k}\dfrac{\partial c_k}{\partial z_i}\right)\right]$。进一步解析，可得：

$$\frac{\partial \sum TR_j}{\partial z_i}=\sum_{j=1}^{n-1}\sum_{k=1}^{n-1}\left[\rho^{\frac{1}{1-\rho}}(yp)\left(\frac{p}{c_j}\right)^{\frac{\rho}{1-\rho}-1}\frac{1}{c_j}\frac{\partial p}{\partial c_k}\frac{\partial c_k}{\partial z_i}\right.$$

$$\left.+\frac{1-\rho}{\rho}\rho^{\frac{1}{1-\rho}}\rho^{\frac{\rho}{1-\rho}}\frac{\partial(yp)}{\partial c_k}\frac{\partial c_k}{\partial z_i}\right]-\sum_{j,n}\rho^{\frac{1}{1-\rho}}(yp)\left(\frac{p}{c_j}\right)^{\frac{\rho}{1-\rho}-1}\frac{p}{c_j^2}\frac{\partial c_j}{\partial z_i}。$$

其中，$\dfrac{\partial p}{\partial c_k}>0$ 或 $\dfrac{\partial p}{\partial c_k}=\dfrac{1}{\rho}n^{\frac{-(1-\rho)}{\rho}}$（对称），$\dfrac{\partial c_k}{\partial z_i}=-\beta<0$，$\dfrac{\partial c_i}{\partial z_i}=-1<0$ 且 $\dfrac{\partial(yp)}{\partial c_k}<0$。可以得到命题 6。

命题 6：研发联盟中单一企业 i 的研发活动具有三种效应：第一，降低了各个合作企业的成本 c_j，提高了整个联盟的收益，即 $-\sum_{j=1}^{n-1}\rho^{\frac{1}{1-\rho}}(yp)\left(\frac{p}{c_j}\right)^{\frac{\rho}{1-\rho}-1}\dfrac{p}{c_j^2}\dfrac{\partial c_j}{\partial z_i}$；第二，对外竞争效应，即 $\sum_{j=1}^{n-1}\sum_{k=1}^{n-1}\dfrac{1-\rho}{\rho}\rho^{\frac{1}{1-\rho}}\left(\frac{p}{c_j}\right)^{\frac{\rho}{1-\rho}}\dfrac{\partial(yp)}{\partial c_k}\dfrac{\partial c_k}{\partial z_i}$，它提高了整个合作集团的市场份额 py；第三，技术"溢出"或共享带来的内部竞争效应，即 $\sum_{j=1}^{n-1}\sum_{k=1}^{n-1}\left[\rho^{\frac{1}{1-\rho}}(yp)\left(\frac{p}{c_j}\right)^{\frac{\rho}{1-\rho}-1}\dfrac{1}{c_j}\dfrac{\partial p}{\partial c_k}\dfrac{\partial c_k}{\partial z_i}\right]$。如果第一、第三两效应之和大于 0，那么企业之间的 R&D 投入具有互补性，反之则是替代性。如果对外竞争效应足够大，那么研发联盟中的企业增加 R&D 投入的激励就较大。同技术分享协议相比，研发联盟的综合影响效应更大，两者关系为 $\dfrac{\partial \sum TR_j}{\partial z_i}=\sum_{j=1}^{n-1}\left(\dfrac{\partial TR_j}{\partial z_i}\right)$。

（三）R&D 合资中的竞争效应与互补效应

如果 n 个企业在研发阶段组成 R&D 合资企业，那么其相互间的知识分享系数 $\beta=1$，每家企业承担 $1/n$ 的总研发成本。此时，各个企业仍保持品牌独立，并在产品市场采取非合作行为。在第一阶段，各个企业联合决定总的 R&D 投入数量（$\sum_{i=1}^{n}z_i$）以使它们第二阶段利润之和最大化。R&D 合资的目标函数为：

$$\max \pi=\sum_{i=1}^{n}TR_i-\frac{1}{2}(\sum_{i=1}^{n}z_i)^2 \tag{7.31}$$

因此，最优均衡如下式：

$$\sum_{i=1}^{n} \frac{\partial \mathrm{TR}_i}{\partial c_i} \frac{\partial c_i}{\partial \sum_{i=1}^{n} z_i} - \sum_{i=1}^{n} z_i = 0 \tag{7.32}$$

即 $\sum_{i=1}^{n} (y p \rho^{\frac{1}{1-\rho}} p^{\frac{\rho}{1-\rho}} c_i^{\frac{-1}{1-\rho}}) = \sum z_i$。因为合作企业对称,有 $c_i = c_j = c_n$ 且 $z_i = z_j = z_n$,均衡处单个合作企业的研发密度为:

$$z_i^J = \frac{1}{n} \left[c - \frac{\rho p \ (z_i^J)^{\sigma-1}}{y^{\sigma-1}} \right] \tag{7.33}$$

其中,J 表示 R&D 合资。同样,R&D 合资中的企业的研发密度变动也产生内、外竞争效应,它通过影响 c_i、c_j 和 p、$py(p)$ 实现,即

$$\frac{\partial \sum_{i=1}^{n} \mathrm{TR}_i}{\partial \sum_{j=1}^{n} z_j} = \sum_{i=1}^{n} \frac{\partial \mathrm{TR}_i}{\partial c_i} \frac{\partial c_i}{\partial \sum_{j=1}^{n} z_j} + \sum_{i=1}^{n} \sum_{k=1}^{n} \frac{\partial \mathrm{TR}_i}{\partial p} \frac{\partial p}{\partial c_k} \frac{\partial c_k}{\partial \sum z_j} \tag{7.34}$$

具体而言,

$$\sum_{i=1}^{n} (y p \rho^{\frac{1}{1-\rho}} p^{\frac{\rho}{1-\rho}} c_i^{\frac{-1}{1-\rho}}) + \sum_{i=1}^{n} \sum_{k=1}^{n} \left[y p \rho^{\frac{1}{1-\rho}} \left(\frac{p}{c_i} \right)^{\frac{\rho}{1-\rho}-1} \frac{1}{c_i} \frac{\partial p}{\partial c_k} \frac{\partial c_k}{\partial \sum z_j} \right]$$
$$+ \sum_{i=1}^{n} \sum_{k=1}^{n} \frac{1-\rho}{\rho} \rho^{\frac{1}{1-\rho}} \left(\frac{p}{c_i} \right)^{\frac{\rho}{1-\rho}} \frac{\partial (yp)}{\partial c_k} \frac{\partial c_k}{\partial \sum_{j=1}^{n} z_j} \tag{7.35}$$

其中,$\frac{\partial p}{\partial c_k} > 0$,$\frac{\partial c_k}{\partial \sum z_j} < 0$,$\frac{\partial (yp)}{\partial c_k} < 0$。可以得到命题 7。

命题 7:R&D 合资中的企业增大研发密度 $\sum_{i=1}^{n} z_i$ 后,R&D 合资能提高各个合作成员的收益 $\sum (y p \rho^{\frac{1}{1-\rho}} p^{\frac{\rho}{1-\rho}} c_i^{\frac{-1}{1-\rho}})$;技术共享会带来价格下降效应,增强对内竞争,它带来的负效应为 $\sum_{i=1}^{n} \sum_{k=1}^{n} \left[y p \rho^{\frac{1}{1-\rho}} \left(\frac{p}{c_i} \right)^{\frac{\rho}{1-\rho}-1} \frac{1}{c_i} \frac{\partial p}{\partial c_k} \frac{\partial c_k}{\partial \sum z_j} \right]$;R&D 合资还能提高对外市场竞争力,增加的收益为 $\sum_{i=1}^{n} \sum_{k=1}^{n} \frac{1-\rho}{\rho} \rho^{\frac{1}{1-\rho}} \left(\frac{p}{c_i} \right)^{\frac{\rho}{1-\rho}}$ $\frac{\partial (yp)}{\partial c_k} \frac{\partial c_k}{\partial \sum z_j}$。如果前两者的效应之和为正,则合作企业的 R&D 投入具有互补效应,反之,则具有替代效应。

三、三种模式的绩效比较分析

表 7-1 列出了不同合作模式的企业均衡研发密度。当所有企业对称且

$yp = \bar{X}$（即合作企业的总市场份额不变）时，可以求解合作企业的均衡研发密度，并能证明当 $0 < \beta < 1$ 时，$z_i^J > z_i^s$，$z_i^A > z_i^s$。当 $\beta = 1$ 时，$z_i^A > z_i^J$；当 $\beta = 0$ 时，$z_i^A < z_i^J$。在 β 的某一个点，$z_i^A = z_i^J$。其中，S 代表技术分享协议，A 代表研发联盟，J 代表 R&D 合资。

表 7-1　不同合作模式的企业均衡研发密度

合作类型	均衡研发密度	$yp = X$ 时的均衡研发密度
非合作	$z_0 = c - \dfrac{\rho p z_0^{\rho^{\sigma-1}}}{y^{\sigma-1}}$	$z_0 = c - \dfrac{\rho p z_0^{\sigma-1}}{y^{\sigma-1}}$
技术分享协议	$z_i^s = c - \dfrac{\rho p}{y^{\sigma-1}}(z_i^s)^{\sigma-1} - \beta \sum z_j$	$z_i^s\{c - [1 + \beta(n-1)]z_i^s\} = \dfrac{\rho \bar{X}}{n}$
研发联盟	$z_i^A = c - \dfrac{\rho p}{y^{\sigma-1}}\left[\dfrac{z_i^A}{1+\beta(n-1)}\right]^{\sigma-1} - \beta \sum z_j$	$z_i^A\{c - [1 + \beta(n-1)]z_i^A\} = \dfrac{\rho \bar{X}[1+\beta(n-1)]}{n}$
R&D 合资	$z_i^J = \dfrac{1}{n}\left[c - \dfrac{\rho p\ (z_i^J)^{\sigma-1}}{y^{\sigma-1}}\right]$	$z_i^J(c - nz_i^J) = \dfrac{\rho \bar{X}}{n}$

首先，在 β 相同的条件下，研发联盟中的企业将合作企业的成本 c_j 考虑进自身的 z_i 决策中，因此它比技术分享协议中的企业进行 R&D 投入的激励大；R&D 合资中的企业间知识分享程度 $\beta = 1$，它高于技术分享协议时的知识分享程度，合资企业通过增加 R&D 投入获得互补效应的激励更大。

其次，研发联盟中的研发竞争性相比于 R&D 合资（类似垄断）更强。因为研发联盟中的成员企业独立做出 R&D 投入决策，而合资企业的 R&D 支出具有协调性，它们消除了过多的 R&D 支出。当 β 接近 1 时，两种合作模式的知识流动与共享程度趋同，但是竞争性环境下的企业的 R&D 投入激励更大。而当 β 接近 0 时，研发联盟的合作激励远小于 R&D 合资（其 $\beta = 1$），此时 R&D 合资中的企业通过增加创新投入获得互补效应的激励更大。

最后，得到命题 8。

命题 8：就创新绩效而言，当所有企业对称且 $yp = \bar{X}$，$0 < \beta < 1$ 时，研发联盟和 R&D 合资的企业研发密度大于技术分享协议的企业研发密度。当 β 接近 1 时，研发联盟的合作企业的研发密度大于 R&D 合资企业的研发密度；当 β 接近 0 时，情况则相反。特别是后一情况既有利于合作企业也有利于消费者，因为 R&D 合资协调了各个合作行为，也带来较大的研发密度和较高的创新绩效，有利于消费者。

四、合作创新中的激励因素与阻碍因素

不同企业之间的合作创新选择除了由经济结构决定之外,还由其他因素所决定。合作既有激励,也面临挑战。一方面,合作创新提升了合作成员对外的竞争力,使之可以获得更大的市场份额。另一方面,合作也面临一些障碍。正如 Belderbos et al.(2004a,2004b,2006)所指出,合作企业的知识溢出往往是不对称的。企业通过 R&D 合作增进外部技术信息流入,但是又控制技术信息流出,试图独占创新成果。合作企业之间仍存在很强的市场竞争性。

合作成员之间的竞争性或不对称性是导致合作摩擦的重要因素。技术分享协议、研发联盟中的合作企业独立做出 R&D 投入决策,因而它们在经营上更具灵活性,也可以最大化自身利益。特别是当它们具有不对称性时,这种松散的合作形式能够最大化自身利益。不过,企业独立做出 R&D 投入决策,也降低了合作中的协调性,不利于合作联盟的利益最大化。不同的合作方式各具优劣点。除此之外,合作创新中还有一些障碍因素,它们提高了组织成本,会抑制合作创新。

(一)合作中的机会主义

合作创新中最大问题的是合作成员的机会主义行为。因为当存在知识共享时,每家企业都有激励"搭便车"。共享程度越高,"搭便车"的企图就越强烈。正如本章分析技术分享协议时所论证的:如果合作成员的 R&D 投入具有互补性(取决于市场竞争程度与知识分享程度),它们有激励增加 R&D 投入;但是,如果合作成员的 R&D 投入具有替代性,那么企业试图"搭便车"的激励更大,这将降低均衡研发支出和创新绩效。

避免合作中的机会主义行为可以考虑以下策略:一是选择 R&D 合资模式,施行一体化经营管理。因为 R&D 合资中的机会主义倾向较弱:一方面,研发努力的联合协议迫使知识外部性完全内部化;另一方面,各个合作企业平摊研发成本,能消除"搭便车"企图。不过 R&D 合资也面临其他困难,比如合资企业中的组织、沟通与协调问题,协调成本较大,许多合资案例失败都说明了这一情况。二是制定相应的惩罚机制。例如,可以将合作拓展为多个阶段或者多轮合作,在重复博弈中,企业的机会主义行为将有所收敛。另外,可以建立信任机制或信用体系,并对违约企业进行相应惩罚。

Cabon-Dhersin and Ramani(2005)采用博弈方法研究了 R&D 合作中信任的作用,发现当溢出水平很高时,对于非机会主义者而言,需要较强的信任才能实现 R&D 合作。三是尽量扩大同一产业内不同生产阶段或价值链的合作,因为它们的合作能提高彼此的营利能力,合作中的互补性更强而竞争替代性更弱,合作激励也更大。

(二)共性技术合作与专有技术保护的权衡

创新中的技术可以划分为共性技术与专有技术。共性技术是一种关联技术,其投入大、不确定性大,涉及多个产业和企业;专有技术是企业的核心技术,影响企业的竞争力。共性技术的溢出与扩散能惠及多个企业,节约重复性开发成本,有利于企业更好地集中资源开发应用技术。而专有技术过多溢出则不利于企业发展。

在合作模式选择中要处理好共性技术分享与专有技术保护的问题,否则很容易导致合作激励弱化和合作失败。在 R&D 合资模式下,来自不同企业的技术人员在一起工作,容易导致专有技术的扩散,特别是企业在下游产品市场中面临直接竞争时,很容易产生纷争,不利于合作发展。由于担心专有技术过多泄露,即使合作企业成立了联合研发机构,也不会派遣优秀人员参加联合项目。另外,也容易出现合作成员"半心半意"现象,不尽全力。而在技术分享协议模式中,技术人员在各自的实验室工作,有利于企业的专有技术保护,因而合作激励可能更大。因此,如果共性技术的作用很突出,合作企业可以采取 R&D 合资或研发联盟模式。例如,日本企业在开发"超大规模集成电路技术"时组成的 VLSI 联盟,或者美国半导体产业的SEMATECH 联盟,它们都是基于共性技术或通用技术开发的。如果专有技术对企业发展更重要时,它们可以选择技术分享协议模式。还有两种可行策略:一是向专有技术接收方的企业收取一定补偿费用,或者制定相关协议,约束接收方的技术扩散行为。二是既成立联合实验室,也允许独立实验室的存在,按照研发项目的商业化应用程度分派任务,基础性或通用性研究由联合实验室实施,各个独立实验开发企业的专有技术。

(三)对研发合作引致的产品市场合谋的限制

一些研究发现,R&D 合作与企业在产品市场的合谋与控制紧密相关,它降低了社会福利水平,例如 Miyagiwa(2009)、Goeree and Helland(2019)、Duso et al.(2014)等。Goeree and Helland(2010)对 1986—2010 年

成立的 RJV 进行了实证研究,发现 RJV 的成立方便了企业间的合谋。其研究思路是:如果产品市场合谋不是形成 RJV 的动机,那么形成 RJV 的倾向不受反垄断政策的影响。结果发现,美国 1993 年的宽恕政策(leniency policy)使得 RJV 的形成概率显著下降,其中通信业的 RJV 的形成概率下降 34%,计算机和半导体行业的 RJV 的形成概率下降 33%,石油精炼行业的 RJV 的形成概率下降 27%。因此,R&D 合作与产品市场合谋相关。Duso et al.(2014)利用美国《国家合作研究法》(National Cooperative Research Act)实施后的相关数据信息,同样发现了类似结果,竞争者之间的 RJV 与产品市场的合谋紧密相关,而非竞争者之间的 RJV 则不会降低消费者福利水平。

对于上述问题的应对策略:一是利用反垄断政策对产品市场的合谋行为进行适当规制。如果政府最关注的是消费者剩余,那么反垄断政策应该越严厉越好,除非参与合作与竞争的企业数量很多。如果政府更关注的是新兴产业发展,那么可以适当放松反垄断政策,容忍一定程度的合谋行为。二是积极培育竞争性力量,利用一定的技术分享政策推动技术扩散,推进创新竞争。例如,缩短合作成员对非合作成员的许可限制性期限,鼓励合作企业以一定转让费将技术向所有企业开放,这既保证了合作企业的利益,也给其他企业带来了好处。

(四)非对称合作中的激励问题

在实际经济中,各个合作成员的技术吸收能力、承担研发费用的能力都不一样。有些企业规模偏小,技术吸收能力差,而且专有技术的保密对其发展尤为重要,这些企业如果从合作中得到的收益小,就极有可能退出合作。在非对称情形下,可以灵活采取不同的合作模式。例如:如果有一家企业的规模很大,合作创新可以采取技术分享模式,技术交叉许可既保护了小企业的利益,也激励了大企业参与合作;如果参与合作的企业都比较小,可以采取 R&D 合资模式,它们既不用担心泄露自己的专有技术,也能集中资源开发共性技术。大规模的企业还可以同时参与多种合作,基于合作项目的价值和企业发展战略而定,由此形成一个合作创新网络,利用各种资源提升创新竞争力。

五、小 结

合作创新能带来很多社会利益,它一方面能带来更高质量的产品、更低的产品价格,提高消费者福利水平;另一方面能促进新兴产业的发展,节约重复性研发成本,有助于技术突破,提高创新活动中的效率。促进合作创新发展,应注意模式选择、鼓励措施与反垄断政策的合理利用。

本章基于垄断竞争模型,分析了技术分享协议、研发联盟和 R&D 合资三种合作模式下的经济效应,主要发现有:

第一,合作中的一体化程度越高,合作企业的内部竞争效应越弱,合作创新的收益越高。不过,模型分析没有考虑合作中的组织成本和交易成本,它会降低合作收益。

第二,合作会产生两个竞争效应。一个是合作团队的对外竞争效应,一个是合作成员内部的竞争效应。如果合作对外的竞争效应越高,合作激励就会越大。

本章模型分析了合作中对内、对外的竞争效应与互补效应,阐释了推进合作创新发展的一些重要因素。首先,在一些新兴技术领域更容易推进合作创新发展,因为这些领域的产品更替速度快,合作产生的对外竞争效应更大,合作成员从快速的市场增长中获得的利益更大,这更能激励参与合作。而在一些市场拓展较慢的领域,内部竞争效应大,合作激励较小。因此,对于部分新兴产业的发展,政府可以通过制定《合作研发促进法》给予税收、财政补贴、直接资助等,加速合作。

其次,合作激励还取决于合作成员的技术分享带来的直接利益与内部竞争加剧所致的"失去利益"的比较。在本章模型中,决定合作企业之间竞争性的主要因素是它们的产品替代性。因此,促进合作创新发展的基点应是合作者的利益共同点,例如:拥有共性技术的上、下游企业之间的利益冲突较弱,更适合展开合作;基于合作者的异质性因素、互补资源或动态利益为基础进行合作,能保证合作的稳定性和长期性。此外,合作模式的选择也不是唯一的,灵活设计合作模式对促进合作创新发展也很重要。

最后,在鼓励企业之间的技术合作与分享的同时,也应警惕它们的垄断控制倾向。创新发展的相当部分动力来自市场压力,如果合作成员对技术形成了垄断控制,它们可能没有动力进行下一轮技术开发。它们与新进入者的创新激励不一样,新进入者有更大的激励"破坏"原有的市场结构,但是垄断企业则更愿意维持既有利益和原有的市场结构。政府在鼓励合作创新的同时也要加大反垄断审查,形成良好的创新市场激励。

第八章 主要结论与政策建议

一、主要结论

当前中国经济进入新发展阶段,创新发展对于经济持续增长非常重要。纵观全球经济发展史,可以发现全球经济越来越倚重创新发展。发达经济体从过去对全球自然资源、人力资源的利用逐渐转变为对科技资源的利用,并经过数百年的努力建立起强大的技术资本发展体系。一些公司也累积了雄厚的技术资本并利用它在全球市场中获得竞争优势与收入,反哺创新活动,继续保持技术资本优势。技术资本差异,即技术知识差异、人才优势差异是形成经济体间发展差异的重要因素,这背后又有多个决定因素:产业竞争、制度与政策、企业组织与激励等。

就微观企业而言,其竞争也是全球性的。一些企业凭借着技术资本优势获得全球市场竞争优势,并通过巨额的全球市场收入反哺其创新活动,保持领先优势,例如美国的苹果等。2021年,苹果的总收入为3658亿美元,总利润为1528亿美元,研发费用为219亿美元;2010年,苹果的总收入为652亿美元,总利润为172亿美元,研发费用为17亿美元。2021年,苹果的全年收入几乎等于全球GDP排名第36位的越南的GDP(3662亿美元)。2021年,苹果的雇员为15万人,越南劳动力为5615万人。从这些数据中,可以发现经济发展的巨大差异。当然,技术资本优势并不是绝对的,后发企业仍存在很多的赶超机遇。例如美国的特斯拉、中国的比亚迪等在电动汽车领域快速发展,抢占了相当部分的全球汽车市场份额。2021年,特斯拉的全球汽车销量为93万辆,2019年为36万辆;2021年,比亚迪的电动车销量为59万辆——并且它们在继续扩大产能。这样的赶超案例很多,苹果也是利用创新发展超越诺基亚,还有中国的华为、韩国的三星电子等。这些公司从无到有,利用外部技术的学习机会以及技术革新机遇(很多公司本身也是技术革新的推动者)实现了发展转变。因此,开放式发展既带来竞争压力,但是也带来很多机会,促使后发企业打破领先企业的技术资本优势。技术资本优势并不是绝对的,而是相对的,它的发展犹如阶梯一样,并非直线上升,而水平台阶就是给予后发企业的赶超机会。

本书以技术外部性和市场竞争为核心变量探究了经济体的创新发展机制。本书强调的最重要的观点就是创新发展是个体间互动的过程,既有个体间市场竞争,也有个体间相互学习、吸收外溢技术而获得技术资本。那些能有效从其他个体学习、吸收外溢技术的企业能够成长得更快。开放市场中的技术外部性并不会削弱创新发展动力,反而有助于经济体的创新发展。特别是后发经济体在面临强大的全球竞争时,更需要从技术外部性中获得发展的要素支撑,把握技术革新带来的机遇,推动市场结构向多极化发展。

本书研究了技术外溢对异质性企业的市场竞争和整个产业的创新绩效的影响,研究了技术外溢所产生的资源配置优化效应,研究了技术外溢对经济个体的技术资本积累以及产业竞争的影响,研究了技术外溢的限制性因素及其影响效应,还研究了技术外溢"内部化"与合作创新激励问题。具体而言,本书指出:

第一,技术外溢能促进创新竞争,提升产业创新发展绩效。在位企业向新进入企业的技术外溢能够激发竞争互动,促进在位企业的创新投入,优化资源配置,促进创新发展。如果开放经济带来的技术外溢效应大于竞争抑制本地企业的创新投入效应,那么开放经济的整体效应为正。

第二,外溢吸收投资对于企业的技术资本累积和长期发展很重要。外溢吸收投资不足会导致"低增长循环",导致企业间发展差异扩大化。外溢吸收投资不足与产业竞争、领先企业的先发优势以及报酬递增效应有关。因此,利用政策干预提升企业的外溢吸收投资有助于避免发展的"低增长循环"陷阱。

第三,在技术革新时期(或技术更新较快时期),后发经济体实施战略性R&D投入能够打破领先主体的技术资本优势,加速创新发展,实现竞争性赶超。

第四,针对特定经济体的外溢限制政策会抑制其发展,使得本不具备比较优势的另外一些经济体从技术外溢中获益,积累技术资本,最终造成不同地区之间的发展差异。技术外溢与技术资本积累结合,使得技术外溢具有动态效应,因此,开放市场竞争中的外溢限制政策具有很大的负面效应。

第五,合作创新激励取决于技术外溢带来的竞争替代效应与互补效应的比较。当技术外溢带来的互补效应超过替代效应时,合作创新就有牢固的经济基础。不同合作创新模式的技术外溢程度不一样,合作创新的绩效也不一样。

二、政策建议

综合以上研究,本书形成以下政策建议:

第一,坚持走开放创新发展道路。大量事实与经验表明,创新发展是无边界的。尽管市场开放会带来竞争压力,但是也会带来技术外溢,降低创新进入门槛,促进技术资本的形成与人力资本的培育。对于发展中经济体而言,这尤其重要。面对全球化竞争,发展中经济体更需要从全球技术资源中获得外溢效应。历史经验表明,美、日、韩等都从开放发展中获益,并完成了要素转型。中国也不例外,改革开放的 40 多年里,企业的经营机制变革、农村劳动力转入制造业以及大量的技术学习也促进了中国生产要素的转型,大批的技术人员、高新技术企业以及企业家成长起来,成为创新增长的基础。因此,继续走开放创新发展之路,在国际大循环中吸收技术要素,并把握技术革新机遇,就能实现中国经济的质变。对于单个企业而言,创新发展是一个自身与外部世界的互动过程,可以从外部世界(即其他企业)学习和吸收外溢技术。如果所有企业都如此,就能共享技术成果,加速创新发展。

第二,要破除技术外溢限制壁垒。通过国际政策协调、区域经济一体化以及适当的产业扶持,鼓励企业的技术资本积累,促进企业的生产要素结构转变,促进国际技术交流与合作,促进企业"走出去",利用各种方式促进技术信息、人员流动,破除限制性壁垒,包括破除地理距离限制、政策限制以及人为因素限制等。走开放创新发展之路还要扩大合作对象和交流领域,将技术开发活动延伸到基础层面,提升技术交流合作的层次与深度。

第三,鼓励创新竞争,促使产业发展从低效状态走向高效状态。本书的研究表明,技术外溢能够增加竞争性进入,激发整个产业的创新活力。因此,一要优化市场竞争环境,限制市场垄断行为。在保护知识创造者的合法利益的同时,打击滥用专利权的行为。过度的专利保护只会增加其他企业的创新成本,不利于形成竞争有序、高效的创新市场。中国应继续优化知识产权保护体系,营造良好的创新竞争环境。二是鼓励大企业的跨领域、跨业发展,为产业竞争提供新生力量。华为是成功案例之一,它从通信设备制造延伸到芯片设计,其全资子公司海思半导体已经成为全球半导体产业中的重要力量之一。在美国,早在 20 世纪 80 年代就不断有新生的半导体公司成立,苹果、谷歌等互联网企业也加入到半导体产业中,它们是美国半导体产业获得持久竞争力的原因之一。大企业进入半导体产业不仅能够为持续性的 R&D 投入提供资金保障,还能够利用它们的管理与人才优势获得竞争力。中国应充分发挥超大规模市场效应和人力资本优势,为大企业的跨领域发展提供支持,鼓励它们参与到全球半导体产业的市场竞争中,占据有利的分工位置。三是鼓励合作创新发展。尤其是一些新兴产业,要推动合作创新,减小单个企业的创新投入压力,促进技术分享,加快创新步伐,提升对外市场竞争力。中国可以制定《合作创新促进法》,通过给予一定的税收优惠等方式促进企业合作创新发展。

第四,鼓励企业进行战略性 R&D 投入,加速技术资本积累。技术资本包括企业的技术知识储备、人员的经验和技能以及研发的基础设施和条件等。在中国经济发展的早期阶段,企业普遍强调生产,不注重研发机构的建设和技术人才的培养,几乎无技术资本概念。改革开放以后,中国企业从 FDI 引入形成的技术外溢获取技术资本,一些企业也通过进出口贸易、人才外聘等方式来增加企业的技术资本。但是这一类的技术资本积累方式较被动,获取的外溢效应较小。在创新发展阶段,中国应主要通过增加 R&D 投入的方式积累技术资本,R&D 投入并不意味着完全的自主创新,也可以积极吸收外溢技术形成技术资本。

为了促进技术资本的形成:一是政府要给予企业 R&D 投入激励,支持企业的技术学习投资和技术能力提升。另外,政府要鼓励技术资源和人才流动,创造技术外溢和技术学习的机会。二是对于企业而言,一方面,要提升外溢吸收的深度,积极与学术机构等开展合作,将基础领域的技术突破与产业创新结合,带来重大发展;另一方面,要提升溢出吸收的广度,即让更多的企业参与到技术创新与吸收活动中,让不同层次的企业参与创新竞争,提高整个市场的再开发、再创新的速度。三是加大基础研究领域的投资。公共研发应该成为一个重要的技术外溢源泉,弥补私人市场的溢出技术不足。政府资助是创新活动的加速器。特别是在"市场失灵"的基础研究领域,政府资助能解决私人企业研发不足的问题。重大的技术突破往往需要足够的创新努力,但是其一旦获得成功,私人企业从中获得的商业回报又可能很低。在这种技术外部性显著的情形中,私人企业的研发努力会显得不足。政府在这一领域能发挥重要作用。

参考文献

一、中文文献

[1]陈继勇,盛杨怿,2008. 外商直接投资的知识溢出与中国区域经济增长[J]. 经济研究(12):39-49.

[2]陈涛涛,2003. 影响中国外商直接投资溢出效应的行业特征[J]. 中国社会科学(4):33-43.

[3]陈涛涛,陈娇,2006. 行业增长因素与我国 FDI 行业内溢出效应[J]. 经济研究(6):39-47.

[4]傅晓霞,吴利学,2013. 技术差距、创新路径与经济赶超——基于后发国家的内生技术进步模型[J]. 经济研究(6):19-32.

[5]傅元海,唐未兵,王展祥,2010. FDI 溢出机制、技术进步路径与经济增长绩效[J]. 经济研究(6):92-104.

[6]黄先海,刘毅群,2008. 设备投资、体现型技术进步与生产率增长:跨国经验分析[J]. 世界经济(4):47-61.

[7]黄先海. 2005. 蛙跳型经济增长——后发国发展路径及中国的选择[M]. 北京:经济科学出版社.

[8]蒋宾,2005. 以色列的半导体产业[J]. 集成电路应用(1):81-85.

[9]蒋殿春,张宇,2008. 经济转型与外商直接投资技术外溢效应[J]. 经济研究(7):26-38.

[10]金麟洙,尼尔森,2011. 技术、学习与创新——来自新兴工业化经济体的经验[M]. 吴金希,戴德余,等译. 北京:知识产权出版社.

[11]敬承,丰涛,1994. 台湾半导体市场发展趋势[J]. 电子材料(6):20-28.

[12]库兹涅茨,1989. 现代经济增长:速度、结构与扩展[M]. 戴睿,易诚,译. 北京:北京经济学院出版社.

[13]拉佐尼克,2011. 创新魔咒——新经济能否带来持续繁荣[M]. 上海:上海远东出版社.

[14] 李平,崔喜君,刘建,2007. 中国自主创新中研发资本投入产出绩效分析——兼论人力资本和知识产权保护的影响[J]. 中国社会科学(2):32-42.

[15] 林毅夫,任若恩,2007. 东亚经济增长模式相关争论的再探讨[J]. 经济研究(8):4-12,57.

[16] 刘培林,张鹏飞,2014. 发展的机制:企业家和创新者的自我发现[J]. 比较(3):218-236.

[17] 刘卫民,陈继祥,2006. 内生溢出与 R&D 竞争、合作的激励问题[J]. 管理工程学报(3):1-5.

[18] 刘毅群,2014. 动态外部性、创新竞争与跨国间增长差异研究[D]. 杭州:浙江大学.

[19] 马修斯,赵东成,2009. 技术撬动战略[M]. 北京:北京大学出版社.

[20] 彭向,蒋传海,2011. 产业集聚、知识溢出与地区创新:基于中国工业行业的实证检验[J]. 经济学(季刊)(3):913-934.

[21] 沙文兵,李桂香,2011. FDI 知识溢出、自主 R&D 投入与内资高技术企业创新能力——基于中国高技术产业分行业动态面板数据模型的检验[J]. 世界经济研究(1):51-56.

[22] 世界银行,2008. 增长报告:可持续增长和包容性发展的战略[M]. 北京:中国金融出版社.

[23] 陶锋,李诗田,2008. 全球价值链代工过程中的产品开发知识溢出和学习效应——基于东莞电子信息制造业的实证研究[J]. 管理世界(1):115-122.

[24] 汪进,金廷镐,1996. 韩国半导体产业发展的经验与启示[J]. 中国工业经济(7):71-74.

[25] 王晓丽,刘和东,2012. 基于混合溢出的技术创新联盟博弈分析[J]. 科技管理研究(13):6-9.

[26] 吴波,2008. FDI 知识溢出与本土集群企业成长——基于嘉善木业产业集群的实证研究[J]. 管理世界(10):87-95.

[27] 冼国明,严兵,2005. FDI 对中国创新能力的溢出效应[J]. 世界经济(10):18-25.

[28] 许和连,魏颖绮,赖明勇,等. 2007. 外商直接投资的后向链接溢出效应研究[J]. 管理世界(4):24-31,39.

[29] 易纲,樊纲,李岩,2003. 关于中国经济增长与全要素生产率的理论思

考[J].经济研究(8):13-20.

[30]余泳泽,2012. FDI 技术外溢是否存在"门槛条件"——来自我国高技术产业的面板门限回归分析[J].数量经济技术经济研究(8):49-63.

[31]俞忠钰,1988. 我国集成电路产业的现状和发展趋势[J].半导体技术(1):2,7.

[32]袁诚,陆挺,2005. 外商直接投资与管理知识溢出效应——来自中国民营企业家的证据[J].经济研究(3):69-79.

[33]袁富华,2012. 长期增长过程的"结构性加速"与"结构性减速":一种解释[J].经济研究(3):127-140.

[34]约翰斯通,2004. 我们在燃烧——日本电子企业研发史[M].李先柏,译.北京:华夏出版社.

[35]张冠华,1996. 台湾半导体工业的崛起及发展[J].海峡科技与产业(5):12-15.

[36]张强,卢荻,2011. 技术外溢、规模效应和内生经济增长[J].南开经济研究(2):86-99.

[37]中国经济增长与宏观稳定课题组,2010. 资本化扩张与赶超型经济的技术进步[J].经济研究(5):4-20.

[38]钟昌标,2010. 外商直接投资地区间溢出效应研究[J].经济研究(1):80-89.

[39]朱东平,2004. 外商直接投资、知识产权保护与发展中国家的社会福利[J].经济研究(1):93-101.

二、英文文献

[1]Abraham F,Konings J,Slootmaekers V,2010. FDI spillovers in the Chinese manufacturing sector:Evidence of firm heterogeneity[J]. Economics of Transition(1):143-182.

[2]Abramovitz M,1986. Catching up,forging ahead,and falling behind [J]. Journal of Economic History(2):385-406.

[3]Acemoglu D,Aghion P,Zilibotti F,2006. Distance to frontier[J]. Journal of the European Economic Association(1):37-74.

[4]Acemoglu D,Akcigit U,2012. Intellectual property rights policy, competition and innovation[J]. Journal of The European Economic

Association(1)：1-42.

[5]Acemoglu D，Johnson S，Robinson J A，2001. The colonial origins of comparative development：An empirical investigation［J］. American Economic Review(1)：1369-1401.

[6]Acemoglu D，Johnson S，Robinson J A，2002. Reversal of fortune：Geography and institutions in the making of the modern world income distribution［J］. Quarterly Journal of Economics(4)：1231-1294.

[7]Acharya R，Keller W，2008. Estimating the productivity selection and technology spillover effects of imports［R］. NBER Working Paper，No. 14079.

[8] Adams J，Jaffe A，1996. Bounding the effects of R&D：An investigation using matched establishment-firm data［J］. RAND Journal of Economics(4)：700-721.

[9] Aghion P，Akcigit U，Howitt P，2013. What do we learn from schumpeterian growth theory？［R］. NBER Working Paper，No. 18824.

[10] Aghion P，Bloom N，Blundell R，et al，2005. Competition and innovation：An inverted-U relationship［J］. Quarterly Journal of Economics(2)：701-728.

[11]Aghion P，Harris C，Howitt P，et al，2001. Competition，imitation，and growth with step-by-step innovation［J］. Review of Economic Studies(3)：467-492.

[12]Aghion P，Howitt P，1992. A model of growth through creative destruction［J］. Econometrica(2)：323-351.

[13] Agrawal A，Oettl A，2008. International labor mobility and knowledge flow externalities［J］. Journal of International Business Studies(8)：1242-1260.

[14] Agrawal A，Cockburn I，Rosell C，2010. Not invented here? Innovation in company towns［J］. Journal of Urban Economics(1)：78-89.

[15]Agrawal A，McHale J，Oettl A，2014. Why stars matter［R］. NBER Working Paper，No. 20012.

[16] Agrawal A，McHale J，Oettl A，2018. Does scientist immigration

harm US science? An examination of spillovers[R]. NBER Working Paper，No. 24519.

[17]Agrawal A，McHale J，Oettl A，2015. Collaboration，Stars，and the Changing Organization of Science：Evidence from Evolutionary Biology，The Changing Frontier：Rethinking Science and Innovation Policy[M]. Chicago：University of Chicago Press.

[18]Aitken B，Harrison A，1999. Do domestic firms benefit from direct foreign investment? [J]. American Economic Review(3)：605-618.

[19]Alfaro L，Kalemli-Ozcan S，Volosovych V，2008，Why doesn't capital flow from rich to poor countries? An empirical investigation [J]. The Review of Economics and Statistics(2)：347-368.

[20]Alvarez F，Buera F，Lucas R，2013. Idea flows，economic growth，and trade[R]. NBER Working Paper，No. 19667.

[21] Amir R，2000. Modelling imperfectly appropriable R&D via spillovers[J]. International Journal of Industrial Organization (7)：1013-1032.

[22]Amiti M，Konings J. 2007. Trade liberalization，intermediate inputs and productivity：Evidence from Indonesia[J]. American Economic Review(5)：1611-1638.

[23]Arora A，Cohen W，Cunningham C，2018. Inventive capabilities in the division of innovative labor [R]. NBER Working Paper，No. 25051.

[24]Arrow K，1962a. The economic implications of learning by doing[J]. Review of Economic Studies(3)：155-173.

[25]Arrow K，1962b. Economic welfare and the allocation of resources for innovation[M]//Nelson R，The Rate and Direction of Inventive Activity. Princeton：Princeton University Press.

[26] Arrow K，1969. The Organization of Economic Activity：Issues Pertinent to the Choice of Market versus Non-market Allocations，Public Expenditure and Policy Analysis[M]. Chicago：Markham.

[27]Arthur W，1989. Competing technologies，increasing returns，and lock-in by historical events[J]. Economic Journal(394)：116-131.

[28] Arthur W，1994. Increasing Returns and Path Dependence in the

Economy[M]. Michigan：University of Michigan Press.

[29]Audretsch D，Feldman M，1996. R&D Spillovers and the geography of innovation and production[J]. American Economic Review（3）：630-640.

[30] Audretsch D，Feldman M，2004. Knowledge spillovers and the geography of innovation [J]. Handbook of Regional and Urban Economics（4）：4-61.

[31]Azariadis C，Drazen A，1990. Threshold externalities in economic development[J]. Quarterly Journal of Economics（2）：501-526.

[32] Azoulay P，Zivin G，Wang J，2010. Superstar extinction [J]. Quarterly Journal of Economics（2）：554-589.

[33]Barro R，1998. Determinants of Economic Growth：A Cross-country Empirical Study[M]. Cambridge：MIT Press.

[34] Barro R，Sala-I-Martin X，1997. Technological diffusion，convergence，and growth[J]. Journal of Economic Growth（1）：1-26.

[35]Barro R，Sala-I-Martin X，1995. Economic Growth[M]. New York：McGraw Hill.

[36]Baumol W，1986. Productivity growth，convergence，and welfare：What the long-run data show[J]. American Economic Review（5）：1072-1085.

[37]Baumol W，Blackman S，Wolff E，1989. Productivity and American Leadership[M]. Cambridge：MIT Press.

[38]Baumol W，2002. Free Market Innovation Machine：Analyzing the Growth Miracle of Capitalism[M]. Princeton：Princeton University Press.

[39]Baumol W，1952. Welfare Economics and The Theory of the State [M]. Cambridge：Harvard University Press.

[40]Beaudry C，Schiffauerova A，2009. Who's right，Marshall or Jacobs? The localization versus urbanization debate[J]. Research Policy（38）：318-337.

[41]Belderbos R，Carree M，Diederen B，et al，2004. Heterogeneity in R&D cooperation strategies[J]. International Journal of Industrial Organization（22）：1237-1263.

［42］Belderbos R，Carree M，Lokshin B，2004. Cooperative R&D and firm performance［J］. Research Policy(10)：1477-1492.

［43］Belderbos R，Carree M，Lokshin B，2006. Complementarity in R&D cooperation strategies［J］. Review of Industrial Organization（4）：401-426.

［44］Bessen J，Maskin E，2009. Sequential innovation，patents，and imitation［J］. RAND Journal of Economics(4)：611-635.

［45］Bettencourt L，Lobo J，Strumsky D，2007. Invention in the city：Increasing returns to scale in metropolitan patenting［J］. Research Policy(1)：107-120.

［46］Blalock G，Veloso F，2007. Imports，productivity growth，and supply chain learning［J］. World Development(7)：1134-1151.

［47］Bloom N，Schankerman M，Reenen J，2013. Identifying technology spillovers and product market rivalry ［J］. Econometrica （4）：1347-1393.

［48］Boldrin M，Levine D，2008. Against Intellectual Monopoly［M］. Cambridge：Cambridge University Press.

［49］Boldrin M，Levine D，2013. The case against patents［J］. Journal of Economic Perspectives(1)：3-22.

［50］Bottazzi L，Peri G，2003. Innovation and spillovers in regions：Evidence from European patent data［J］. European Economic Review（4）：687-710.

［51］Brezis E，Krugman P，Tsiddon D，1993. Leapfrogging in international competition：A theory of cycles in national technological leadership［J］. American Economic Review（5）：1211-1219.

［52］Budd C，Harris C，Vickers J，1993. A model of the evolution of duopoly：Does the asymmetry between firms tend to increase or decrease? ［J］Review of Economic Studies(3)：543-573.

［53］Caballero R，Jaffe A，1993. How high are the giants' shoulders：An empirical assessment of knowledge spillovers and creative destruction in a model of economic growth［J］. NBER Macroeconomics Annual(8)：15-86.

［54］Cabon-Dhersin M，Ramani S，2005. Does trust matter for R&D

cooperation? A game theoretic examination[J]. Theory and Decision (2):143-180.

[55]Cassiman B, Veugelers R, 2002. R&D cooperation and spillovers: Some empirical evidence from Belgium [J]. American Economic Review(4): 1169-1184.

[56]Ceccagnoli M, Graham M, Higginsy M, 2014. Behind the scenes: Sources of complementarity in R&D[J]. Journal of Economics & Management Strategy(1): 125-148.

[57]Chen T, Kokko A, Gustavsson P, 2011. FDI and spillovers in China: Non-linearity and absorptive capacity [J]. Journal of Chinese Economic and Business Studies(1): 1-22.

[58] Chesbrough H, 2003. Open Innovation: The New Imperative for Creating and Profiting from Technology[M]. Cambridge: Harvard Business School Press.

[59] Chipman J, 1970. External economies of scale and competitive equilibrium[J]. Quarterly Journal of Economics(3): 347-385.

[60]Coase R, 1960. The problem of social cost[J]. Journal of Law and Economics(10): 1-44.

[61] Coe D, Helpman E, 1995. International R&D spillovers [J]. European Economic Review(5): 859-871.

[62] Coe D, Helpman E, Hoffmaister A, 2009. International R&D spillovers and institutions [J]. European Economic Review (7): 723-741.

[63]Cohen W, Levinthal D, 1989. Innovation and learning: The two faces of R&D[J]. The Economic Journal(397): 569-596.

[64] Cohen W, Levinthal D, 1990. Absorptive capacity: A new perspective on learning and innovation[J]. Administrative Science Quarterly(1): 128-152.

[65] Criscuolo P, Narula R, 2008. A novel approach to national technological accumulation and absorptive capacity: Aggregating Cohen and Levinthal[J]. European Journal of Development Research (1): 56-73.

[66] Dahlman C, 1993. Electronics development strategy: The role of

government[M]// Wellenius B, Miller A, Dahlman C. Developing the Electronics Industry. Washington: World Bank.

[67]Dasgupta P, Stiglitz J, 1980. Uncertainty, industrial structure, and the speed of R&D[J]. Bell Journal of Economics(1): 1-28.

[68]D'Aspremont C, Jacquemine A, 1988. Cooperative and noncooperative R&D in duopoly with spillovers [J]. American Economic Review(5):1133-1137.

[69]Davis W, Hatano D, 1985. The American semiconductor industry and the asendancy of East Asia[J]. California Management Review(1): 128-143.

[70]De Loecker J, 2007. Do exports generate higher productivity? Evidence from Slovenia[J]. Journal of International Economics(1): 69-98.

[71]Delgado M, Porter M, Stern S, 2014. Clusters, convergence, and economic performance[J]. Research Policy(10): 1785-1799.

[72]Denicolai S, Zucchella A, Strange R, 2014. Knowledge assets and firm international performance[J]. International Business Review (1):55-62.

[73]Dequiedt V, Versaevel B, 2013. Patent pools and dynamic R&D incentives[J]. International Review of Law and Economics(36): 59-69.

[74]Desrochers P, Leppala S, 2011. Opening up the 'Jacobs Spillovers' black box: Local diversity, creativity and the processes underlying new combinations[J]. Journal of Economic Geography(5): 843-863.

[75] Diaz-Diaz N, Aguiar-Diaz I, Saá-Pérez P, 2008. The effect of technological knowledge assets on performance: The innovative choice in Spanish firms[J]. Research Policy (9):1515-1529.

[76]Dixit A, Stiglitz J, 1977. Monopolistic competition and optimum product diversity[J]. American Economic Review(3): 297-308.

[77]Ductor L, Fafchamps M, Goyal S, et al, 2014. Social networks and research output [J]. Review of Economics and Statistics (5): 936-948.

[78]Duso T, Röller L, Seldeslachts J, 2014. Collusion through joint

R&D: An empirical assessment[J]. The Review of Economics and Statistics(2):349-370.

[79]Economides N, 1996. The economics of networks[J]. International Journal of Industrial Organization(2): 673-699.

[80]Eriksson R, 2011. Localized spillovers and knowledge flows: How does proximity influence the performance of plants? [J] Economic Geography(2): 127-152.

[81]Escribano A, Fosfuri A, Tribo J A, 2009. Managing external knowledge flows: The moderating role of absorptive capacity[J]. Research Policy(1): 96-105.

[82]Fagerberg J, 1994. Technology and international differences in growth rates[J]. Journal of Economic Literature(3): 1147-1175.

[83]Farrell J, Shapiro C, 2008. How strong are weak patents? [J] American Economic Review(4): 1347-1169.

[84]Feldman M, Audretsch D, 1999. Innovation in cities: Science-based diversity, specialization and localized competition [J]. European Economic Review(2):409-429.

[85]Fransman M, 1995. Janpan's Computer & Communications Industry [M]. Oxford University Press.

[86]Freeman C, Soete L, 1997. The Economics of Industrial Innovation [M]. London: Pinter.

[87]Gerschenkron A, 1962. Economic Backwardness in Historical Perspective[M]. Cambridge: Belknap Press.

[88]Ghosh A, 2011. Residual brilliance: Ghosh in conversation with economist Robert Solow[J]. Finance & Development(1): 4-7.

[89]Gilbert R, 2006. Competition and innovation [J]. Journal of Industrial Organization Education(1): 1-23.

[90]Gilbert R, 2011. A world without intellectual property? A review of Michele Boldrin and David Levine's against intellectual monopoly [J]. Journal of Economic Literature(2): 421-432.

[91]Girma S, 2005. Absorptive capacity and productivity spillovers from FDI: A threshold regression analysis [J]. Oxford Bulletin of Economics and Statistics(3): 281-306.

[92]Glaeser E, Saiz A, 2004. The rise of the skilled city[M]//Brookings-Wharton Papers on Urban Affairs. Washington: Brookings Institution Press.

[93]Glaeser E, Kallal H, Scheinkman J, et al, 1992. Growth in cities[J]. Journal of Political Economy(6): 1126-1152.

[94]Goeree M, Helland E, 2009. Do research joint ventures serve a collusive function [R]. University of Zurich Working Paper, No. 448.

[95]Goldberg I, Lee B, Goddard J, et al, 2008. Globalization and technology absorption in Europe and Central Asia[R]. World Bank Working Paper, No. 150.

[96]Görg H, Greenaway D, 2004. Much ado about nothing? Do domestic firms really benefit from foreign direct investment? [J]. World Bank Research Observer(2):171-197.

[97]Goyal S, Konovalov A, Moraga-Gonzalez J, 2008. Hybrid R&D networks[J]. Journal of the European Economic Association(6): 1309-1338.

[98]Greenlee P, 2005. Endogenous formation of competitive research sharing joint venture[J]. The Journal of Industrial Economics(3): 355-391.

[99]Greenstone M, 2010. Identifying agglomeration spillovers: Evidence from million dollar plants[J]. Journal of Political Economy(3): 536-598.

[100]Greenwood P, Ingene C, 1978. Uncertain externalities, liability rules, and resource allocation[J]. American Economic Review(3): 300-310.

[101]Griffith R, Redding S, Van Reenen J, 2004. Mapping the two faces of R&D: Productivity growth in a panel of OECD industries[J]. Review of Economics and Statistics(4): 883-895.

[102]Grossman G, Helpman E, 1991. Quality ladders in the theory of growth[J]. Review of Economic Studies, 58(1):43-61.

[103]Grossman G, Helpman E, 2015. Globalization and growth[J]. American Economic Review: Papers & Proceedings(5): 100-104.

[104] Grossman G，Helpman E，Innovation and Growth in the Global Economy[M]. 1991，Cambridge：MIT Press.

[105] Hagedoorn J，Roijakkers N，2006. Inter-firm R&D partnering in pharmaceutical biotechnology since 1975：Trends，patterns，and networks[J]. Research Policy(3)：431-446.

[106] Hagedoorna J，Wang Ning，2012. Is there complementarity or substitutability between internal and external R&D strategies? [J] Research Policy(6)：1072-1083.

[107] Hall B，Lotti F，Mairesse J，2013. Evidence on the impact of R&D and ICT investment on innovation and productivity in Italian firms [J]. Economics of Innovation and New Technology(3)：300-328.

[108] Harris C，Vickers J，1985. Perfect equilibrium in a model of a race [J]. Review of Economic Studies (2)：193-209.

[109] Harris C，Vickers J，1987. Racing with uncertainty[J]. Review of Economic Studies(1)：1-21.

[110] Helpman E，2004. The Mystery of Economic Growth，Cambridge [M]. Massachusetts：Harvard University Press.

[111] Henderson J，2007. Understanding knowledge spillovers [J]. Regional Science and Urban Economics(4)：497-508.

[112] Hobday M，1995. East Asian latecomer firms：Learning the technology of electronics[J]. World Development(7)：1171-1193.

[113] Hobday M，1996. Innovation in South-East Asia：Lessons for Europe? [J]. Management Decision(9)：71-81.

[114] Hovhannisyan N，Keller W，2011. International business travel：An engine of innovation? [R]. NBER Working Paper，No. 17100.

[115] Hulten C，2014. Decoding Microsoft：Intangible capital as a source of company growth[R]. NBER Working Paper，No. 15799.

[116] Iacovone L，Javorcik B，Keller W，et al，2011. Supplier responses to Walmart's invasion in Mexico[R]. CEPR Discussion Papers，No. 8540.

[117] Irwin D，Klenow P，1996. High tech R&D subsidies：Estimating the effects of sematech[J]. Journal of International Economics(3-4)：323-344.

[118]Ito B, Yashiro N, Xu Z, et al, 2012. How do Chinese industries benefit from FDI spillovers? [J] China Economic Review (2): 342-356.

[119]Jacobs J, 1969. The Economy of Cities[M]. New York: Random House.

[120]Jones B, 2009. The burden of knowledge and the 'death of the renaissance man': Is innovation getting harder? [J]. Review of Economic Studies(1): 283-317.

[121]Jones C, 1995. R&D-based models of economic growth[J]. Journal of Political Economy(4):759-784.

[122]Jones C, 1999. Growth with or without scale effects[J]. American Economic Review(2): 139-144.

[123]Jones C, Romer P, 2010. The new kaldor facts: Ideas, institutions, population, and human capital[J]. American Economic Journal: Macroeconomics(1): 224-245.

[124]Kaldor N, 1961. Capital Accumulation and Economic Growth[M]. New York: St. Martins Press.

[125]Kamien M, Muller E, Zang I, 1992. Research joint ventures and R&D cartels[J]. American Economic Review(5):1293-1306.

[126] Kamien N, Schwartz N, 1970. Market structure, elasticity of demand and incentive to invent [J]. The Journal of Law and Economics(1): 241-252.

[127]Katz M, 1986. An analysis on cooperative R&D development[J]. The RAND Journal of Economics(4): 527-543.

[128]Katz M, Shapiro C, 1986. Technology adoption in the presence of network externalities [J]. Journal of Political Economy (4): 822-841.

[129]Keller W, 2002. Geographic localization of international technology transfer[J]. American Economic Review(1): 1293-1306.

[130]Keller W, Yeaple S, 2009. Multinational enterprises, international trade, and productivity growth: Firm-level evidence from the United States[J]. Review of Economics and Statistics(4): 821-831.

[131] Kerr W, 2008. Ethnic scientific communities and international

technology diffusion[J]. Review of Economics and Statistics(3): 518-537.

[132]Klette J, Kortum S, 2004. Innovating firms and aggregate innovation[J]. Journal of Political Economy(5): 986-1018.

[133]Kneller P, Stevens P, 2006. Frontier technology and absorptive capacity: Evidence from OECD manufacturing industries [J]. Oxford Bulletin of Economics and Statistics(1): 1-21.

[134]Kogut B, Zander U, 1992. Knowledge of the firm, combinative capabilities, and the replication of technology [J]. Organization Science(3):383-397.

[135]Kokko A, Zejan M, 1996. Productivity spillovers from FDI in the Uruguayan manufacturing sector [J]. Journal of Development Studies(4): 602-611.

[136]Krugman P, 1994. The myth of Asia's miracle[J]. Foreign Affairs (6): 62-78.

[137]Laffont J, 1987. Externalities, The New Palgrave Dictionary of Economics[M]. London: Macmillan.

[138]Lambertini L, Rossini G, 2009. The gains from cooperative R&D with a concave technology and spillovers[J]. International Game Theory Review(1): 1-9.

[139]Lampe R, Moser P, 2012. Do patent pools encourage innovation? Evidence from 20 U. S. industries under the New Deal[R]. NBER Working Paper, No. 18316.

[140]Landes D, 2001. The Wealth and Poverty of Nation[M]. New York: W. W. Norton and Company.

[141]Leahy D, Neary J, 2007. Absorptive capacity, R&D spillovers, and public policy[J]. International Journal of Industrial Organization (5): 1089-1108.

[142]Leahy D, Neary J, 1997. Public policy towards R&D in oligopolistic industries[J]. American Economic Review(4): 642-662.

[143]Lee C, 2010. A theory of firm growth: Learning capability, knowledge threshold, and patterns of growth[J]. Research Policy (2): 278-289.

[144]Lerner J, 2009. The empirical impact of intellectual property rights on innovation: Puzzles and clues[J]. American Economic Review (2): 343-48.

[145]Lerner J, Strojwas M, Tirole J, 2007. The design of patent pools: The determinants of licensing rules[J]. The RAND Journal of Economics(3): 610-625.

[146]Levin R, Klevorick A, Nelson R, et al, 1987. Appropriating the returns from industrial research and development[J]. Brookings Papers on Economic Activity(3): 783-820.

[147]Lin P, Liu Z, Zhang Y, 2009. Do Chinese domestic firms benefit from FDI inflow? Evidence of horizontal and vertical spillovers[J]. China Economic Review(4): 677-691.

[148]Lucas R E, Moll B, 2011. Knowledge growth and the allocation of time[R]. NBER Working Paper, No. 17495.

[149]Lucas R, 1988. On the mechanics of economic development[J]. Journal of Monetary Economics(1):3-32.

[150] Lucas R, 1990. Why doesn't capital flow from rich to poor countries? [J] American Economic Review(2):92-96.

[151] Lucas R, 2008. Ideas and growth[R]. NBER Working Paper, No. 14133.

[152]Lucas R, 2002. Lectures on Economic Growth[M]. Cambridge: Harvard Universuty Press.

[153] Lucking B, Bloom N, Reenen J, 2018. Have R&D spillovers changed? [R]. NBER Working Paper, No. 24622.

[154]Lychagin S, Pinkse J, Slade M, et al, 2010. Spillovers in space: Does geography matter? [R] NBER Working Paper, No. 16188.

[155] Madsen J, 2007. Technology spillovers through trade and TFP convergence:135 years of evidence for OECD countries[J]. Journal of International Economics(2): 464-480.

[156]Mancusi M, 2008. International spillovers and absorptive capacity: A cross-country cross-sector analysis based on patents and citations [J]. Journal of International Economics(2): 155-165.

[157] Mancusi M, 2012. National externalities and path-dependence in

technological change: An empirical test [J]. Economica (4):
329-349.

[158] Mankiw N G, Romer D, Weil N, 1992. A contribution to the
empirics of economic growth[J]. Quarterly Journal of Economics
(2):407-437.

[159]Mansfield E, 1985. How rapidly does new industrial technology leak
out? [J]. Journal of Industrial Economics (2): 217-223.

[160]Mansfield E, Schwartz M, Wagner S, 1981. Imitation costs and
patents: An empirical study[J]. The Economic Journal (364):
907-918.

[161] Marshall A, 1890. Principle of Economics [M]. London:
Macmillan.

[162]Martin S, 2002. Spillovers, appropriability, and R&D[J]. Journal
of Economics(1): 1-32.

[163]Martin S, 2006. Competition policy, collusion, and tacit collusion
[J]. International Journal of Industrial Organization(6): 159-176.

[164] Meade J, 1952. External economies and diseconomies in a
competitive situation[J]. Economic Journal(245): 54-67.

[165]Miyagiwa K, 2009. Collusion and research joint ventures[J]. The
Journal of Industrial Economics(4): 768-784.

[166]Moris F, 2004. U. S.-China R&D linkages: Direct investment and
industrial alliances in the 1990s[R]. National Science Foundation
Science Resources Statistics Info Brief, NSF 04-306.

[167]Morton J, 1968. The improbable years[J]. Electronics(19):81-82.

[168]Mukherji N, Silberman J, 2013. Absorptive capacity, knowledge
flows, and innovation in U. S. metropolitan areas[J]. Journal of
Regional Science(3): 392-417.

[169] Murphy K, Shleifer A, Vishny R, 1989. Income distribution,
market size and industrialization [J]. Quarterly Journal of
Economics(3):537-564.

[170]Nelson R, 2000. The Sources of Economic Growth[M]. Cambridge:
Harvard University Press.

[171] Nelson R, 1993. National Innovation Systems: A Comparative

Analysis[M]. New York: Oxford University Press.

[172]Nooteboom B, Haverbeke W, Duysters G, et al. , 2007. Optimal cognitive distance and absorptive capacity[J]. Research Policy(7): 1016-1034.

[173] North D, 1990. Institution, Institutional Change and Economic Performance[M]. New York: Cambridge University Press.

[174] Packalen M, Bhattacharya J, 2015. Cities and ideas[R]. NBER Working Paper, No. 20921.

[175]Parente S, Prescott E, 2004. A unified theory of the evolution of international income levels [R]. Federal Reserve Bank of Minneapolis Staff Report, No. 333.

[176] Pastor M, Sandonis J, 2002. Research joint ventures vs. cross licensing agreements: An agency approach[J]. International Journal of Industrial Organization(2): 215-249.

[177] Pigou A, 1932. The Economics of Welfare [M]. London: Macmillan.

[178]Porter M, 1990. The Competitive Advantage of Nations[M]. New York: The Free Press.

[179]Powell W, Grodal S, 2004. Innovation networks[M]//Fagerberg J, Mowery D, Nelson R. Oxford Handbook of Innovation. Cambridge: Oxford University Press.

[180]Rasiah R, 1994. Flexible production systems and local machine-tool subcontracting:Electronics components transnationals in Malaysia [J]. Cambridge Journal of Economics(3):279-298.

[181]Reenen J, Yueh L, 2012. Why has China grown so fast? The role of international technology transfer[R]. Economics Series Working Papers, No. 592.

[182]Rogers E, Larsen J, 1984. Silicon Valley Fever[M]. New York: Basic Books, Inc.

[183]Romer P, 1983. Dynamic competitive equilibria with externalities, increasing returns and unbounded growth returns[D]. Chicago: Chicago University.

[184]Romer P, 1986. Increasing returns and long-run growth[J]. Journal

of Political Economy(5):1002-1037.

[185] Romer P，1990. Endogenous technological change[J]. Journal of Political Economy(5):71-102.

[186] Romer P，1993. Idea gaps and object gaps in economic development [J]. Journal of Monetary Economics(3):543-573.

[187] Romer P，2010，Which parts of globalization matter for catch-up growth? [R]. NBER Working Paper，No. 15755.

[188] Roper S，Hewitt-Dundas N，2015. Knowledge stocks，knowledge flows and innovation: Evidence from matched patents and innovation panel data[J]. Research Policy(7):1327-1340.

[189] Roper S，Love J，2006. Innovation and regional absorptive capacity [J]. The Annals of Regional Science(2):437-447.

[190] Rupiettaa C，Backes-Gellnerb U，2019. Combining knowledge stock and knowledge flow to generate superior incremental innovation performance: Evidence from Swiss manufacturing[J]. Journal of Business Research(1): 209-222.

[191] Sachs J，2001. Tropical underdevelopment[R]. NBER Working Paper，No 8119.

[192] Scherer F，Huh K，1992. R&D reactions to high-technology import competition[J]. Review of Economics and Statistics(2): 202-212.

[193] Schmookler J，1962. Economic sources of inventive activity[J]. The Journal of Economic History(1): 1-20.

[194] Schumpeter J，1942. Capitalism，Socialism and Democracy[M]. New York: Harper Row.

[195] Schumpeter J，1934. The Theory of Economic Development: An Inquiry Into Profits，Capital，Credit，Interest，and the Business Cycle[M]. Cambridge: Harvard University Press.

[196] Scott A，1987. The semiconductor industry in South-East Asia: Organiztion，location，and the international division of labour[J]. Regional Studies(1): 143-160.

[197] Shapiro C，2003. Antitrust limits to patent settlements[J]. RAND Journal of Economics(2): 391-411.

[198] Shapiro C，2012. Competition and innovation: Did arrow hit the

bull's eye? [M]//Lerner J, Stern S. The Rate and Direction of Inventive Activity Revisited. Chicago: University of Chicago Press.

[199]Smith K, Christopher J, Collins C, et al, 2005. Existing knowledge, knowledge creation capability, and the rate of new product introduction in high-technology firms [J]. Academy of Management Journal (2):346-357.

[200] Solow R, 1957. Technical change and the aggregate production Function[J]. Review of Economics and Statistics(3):312-320.

[201]Song M, 2011. A dynamic analysis of cooperative research in the semiconductor industry [J]. International Economic Review (4): 1157-1177.

[202]Sonn J, Storper M, 2008. The increasing importance of geographical proximity in technological innovation [J]. Environment and Planning (5): 1020-1039.

[203]Spence M, 1976. Product selection, fixed costs, and monopolistic competition[J]. Review of Economic Studies(2): 217-235.

[204]Spencer W, Grindley P, 1993. SEMATECH after five years: high-technology consortia and U. S. competitiveness [J]. California Management Review(4):9-32.

[205] Sporck C, Molay R, 2001. Spinoff: A Personal History of The Industry That Changed the World[M]. New York: Saranac Lake Publishing.

[206] Starrett D, 1972. Fundamental nonconvexities in the theory of externalities[J]. Journal of Economic Theory(2): 180-199.

[207] Stepanova A, Tesoriere A, 2011. R&D spillovers monopoly vs duopoly[J]. The Manchester School(1):125-144.

[208]Storper M, Venables A, 2004. Buzz: Face-to-face contact and the urban economy[J]. Journal of Economic Geography(4): 351-370.

[209] Teece D, Pisano G, Shuen A, 1997. Dynamic capabilities and strategic management [J]. Strategic Management Journal (7): 509-533.

[210]Temple J, 1999. The new growth evidence[J]. Journal of Economic Literature(1): 112-156.

[211]Thompson P, Kean M, 2005. Patent citations and the geography of knowledge spillovers: A reassessment [J]. American Economic Review(1): 450-460.

[212]Utar H, 2009. Learning by Exporting through Access to Foreign Technical Service Markets[M]. Colorado: University of Colorado Press.

[213]Veblen T, 1915. Imperial Germany, and the Industrial Revolution [M]. New York: Macmillan:186-194.

[214]Waldinger F, 2010. Quality matters: The expulsion of professors and the consequences for PhD student outcomes in Nazi Germany [J]. Journal of Political Economy(4): 787-831.

[215]Waldinger F, 2012. Peer effects in science: Evidence from the dismissal of scientists in Nazi Germany[J]. Review of Economic Studies(2): 838-861.

[216]Weithaus L, 2005. Absorptive capacity and connectedness: Why competing firms also adopt identical R&D approaches [J]. International Journal of Industrial Organization(5-6): 467-481.

[217]Weitzman M, 1998. Recombinant growth[J]. Quarterly Journal of Economics(2):331-360.

[218]World Bank, 1993. The East Asian Miracle[M]. New York: Oxford University Press.

[219]Wu J, Shanley M, 2009. Knowledge stock, exploration, and innovation: Research on the United States electromedical device industry[J]. Journal of Business Research(4): 474-483.

[220]Wuchty S, Jones B, Uzzi B, 2007. The increasing dominance of teams in production of knowledge[J]. Science(316): 1036-1039.

[221]Xu B, 2000. Multinational enterprises, technology, diffusion, and host country productivity growth [J]. Journal of Development Economics(2): 477-493.

[222]Young A, 1928. Increasing returns and economic progress[J]. Economic Journal(152):527-542.

[223]Zahra S, George G, 2002. Absorptive capacity: A review, reconceptualization, and extension [J]. The Academy of

Management Review,(2):185-203.

[224]Zhang Y, Li H, Li Y, et al, 2010. FDI spillovers in an emerging market: The role of foreign firms' country origin diversity and domestic firms' absorptive capacity [J]. Strategic Management Journal(9):969-989.

[225]Zucker L, Darby M, Furner J, et al, 2007. Minerva unbound: Knowledge stocks, knowledge flows and new knowledge production [J]. Research Policy(6):850-863.